最新

知りたいことがパッとわかる

給与計算の
事務手続き・届け出
ができる本

特定社会保険労務士
多田智子

ソーテック社

本書の内容には、正確を期するよう万全の努力を払いましたが、記述内容に誤り、誤植などがありましても、その責任は負いかねますのでご了承ください。

＊本書の内容は、特に明記した場合をのぞき、2021年9月1日現在の法令等に基づいています。

Cover Design…Yoshiko Shimizu (smz')

はじめに

　この本は、給与計算を担当している、会社の縁の下の力持ちであるあなたに贈ります。給与計算という業務は、会社の中でもトップレベルで大切な仕事です。**給与計算は、間違うことができない……**。そればかりでなく、給与計算時期は毎月決まっているので、体調が悪くても会社を休むことがなかなかできないのが実情です。さらに従業員の給与額は機密業務なので、気軽に誰かに相談できる内容でもありません。そんな毎月のプレッシャーの中、不安や迷いを少しでも軽減したいと思い、本書を1頁1頁めくっていくと、最後には給与計算がミスなく漏れなく無事に終了している……そんなことをイメージして書きました。

- 給与計算の担当になったばかりの人（はじめて給与計算を経験する）
- 実は、給与計算の知識を体系的に勉強したことがなく担当をしていることが不安な人
- これから給与計算担当になりたいと思っている人

給与計算をどう進めていいのかわからない
最初は、段取りもわからず不必要に時間がかかってしまいます。本書に書いてある順番で業務を進めていけば、確実に正しい給与処理ができるような構成になっています。大丈夫です。本書のとおりに進めてください。

給与計算を進めるにあたって迷うこと
給与計算は確認に確認を重ねる性質の業務なので、自分の進めている処理が正しいのかこの本で確認ができます。なるべく多くのケースを載せているので図表を見て確認できます。

給与計算と連動している社会保険、税金についても知識を得られる
給与計算は、単純に差し引きすれば終わる業務ではなく、労働法、社会保険法、税法の知識があって、その上で最後に計算をします。つまり計算は手段であり、その前提である計算根拠は法律によるところが多いので、知っておくべき法律知識もまとめてあります。

　私は、給与計算は会社にとってなくてはならない大切な業務なのですから、あなたはその担当になっていることを、ぜひとも誇りに思ってほしいと考えています。

多 田 智 子

目　次

第1章　給与計算に必要な基本知識

01　給与計算の基礎知識 ………………………………………… 16
- 給与計算の作業と構成

02　給与支給明細書から給与計算を理解する ………… 18
- 給与支給明細書でわかる給与計算項目

03　給与計算に関係する法律と会社のルール ………… 20
- 労働時間計算上の労働基準法と就業規則の位置づけ
- 労働時間計算上の主なルール

04　社会保険料と税金の控除額 …………………………… 22
- 控除する保険料と税金の特徴
- 所得税の計算プロセス

05　賞与計算の基礎知識 ……………………………………… 24
- 賞与計算のプロセス

06　年末調整の基礎知識 ……………………………………… 26
- 源泉徴収票に関わる書類
- 年末調整の手順

07　従業員の入退社時 ………………………………………… 30

08　賃金支払いの5原則と最低賃金のルール ………… 32
- 賃金支払いの5原則
- 地域別最低賃金（令和元年度）

09　賃金体系（給与の構成）と割増賃金の基礎知識 … 36
- 賃金体系（給与の構成）の例
- 算定基礎から外せる7つの手当

10　給与の締め日と支払日の基礎知識 ………………… 40
- 月額給与の締め日と支払日の例

11　賃金台帳と労働者名簿の基礎知識 ………………… 42
- 法律で義務づけられた賃金台帳の記載事項

- 賃金台帳例
- 法律で規定された労働者名簿の記載事項
- 労働者名簿の例

12 平均賃金で計算する手当 46
- 算定基礎額として平均賃金が使われる手当や制裁の制限など
- 平均賃金から除かれるもの
- 平均賃金を基準とする手当

第2章 毎月の給与計算 STEP1
今月の従業員情報を確認する

01 従業員の動きをチェックする 50
- 給与計算に関係する従業員の動きと給与計算への影響

02 入社した従業員の社会保険 52
- 入社した社員の社会保険加入確認のフローチャート
- 社会保険料の控除開始月

03 入社した従業員の住民税 54
- 入社した従業員の住民税の処理パターン
- column 住民税は1月1日在住の市区町村に納める 56
- 特別徴収を引き継ぐときの給与所得者異動届出書例
- 特別徴収への切替申請書例

04 退職する従業員の社会保険料 58
- 退職と社会保険（健康保険、厚生年金保険）の関係

05 退職する従業員の住民税 60
- 退職する従業員の住民税の処理パターン
- 普通徴収・一括徴収の給与所得者異動届出書例

06 退職時の源泉徴収票 62
- 年の中途で退職する従業員の源泉徴収票例

07 退職金の税金 64
- 退職金の退職所得税額の計算式
- 課税退職所得金額に対する税率と退職所得税額の計算方法

- 退職所得申告書例
- 退職所得申告書を提出しなかった場合の退職所得税額の計算方法
- 退職所得税額の計算例

  column 所得税の課税方法は「総合課税」と「分離課税」の
  2種類がある 68

- 退職金支給明細書例
- 退職金の源泉徴収票例

08 従業員の個別の変更処理 70
- 住所変更と住民税の処理
- 扶養家族の変更による所得税・家族手当の変更
- 給与処理
- 大幅な給与変動による社会保険料の変更

09 休職・休業時の賃金や社会保険 74
- 休職・休業時の社会保険料と公的保険による休業補償の法的ルール
- 休業補償の給付金の計算方法
- 労災と認定されるための要件
- 傷病手当金と労災給付金（休業補償給付、休業特別支給金）の待機期間の違い
- 出産手当金の計算方法と産前産後休業の支給期間
- 育児休業の期間と社会保険料の扱い
- 育児休業給付金の計算方法
- 従業員情報の確認のチェックシート例

第3章 毎月の給与計算 STEP2 今月の勤怠情報を確認する

01 従業員の勤怠確認 82
- 勤怠確認
- 勤怠項目の種類

  column 「減給制裁」と「ノーワーク・ノーペイ」は違う 83

02-1 出勤した日としない日 84
- 勤怠項目部分の給与支給明細書例

02-2 休憩時間と年次有給休暇 86

- 休憩時間の法的ルール
- 有給休暇を取得できる条件と付与日数
- 有給休暇の繰り越しと消滅
- 有給休暇の賃金支払いの3つの基準
- 有給休暇の買いあげが例外的に認められる3つのケース

  column 働き方改革について 89

02-3 法定休日労働と振替休日・代休 90
- 法定休日と所定休日の違い
- 振替休日と代休の違い
- 振替休日で時間外労働が発生するケース
- 振替休日で割増賃金を支払うケース

03-1 残業（時間外労働）時間 94
- 残業時間と賃金の割増率
- 残業時間60時間超の割増率5割を猶予されている中小企業

03-2 深夜労働と休日労働の時間 96
- 深夜労働と賃金の割増率
- 休日労働と賃金の割増率

03-3 複雑な労働時間の計算 98
- 遅刻と残業がある場合の賃金
- 時間外労働が法定休日におよんだ場合の賃金の割増率
- 法定休日労働が所定労働日におよんだ場合の賃金の割増率

04-1 変形労働時間制 100
- 1カ月単位の変形労働時間制の内容と特徴
- 1年単位の変形労働時間制の内容と特徴
- 1カ月単位のフレックスタイム制の内容と特徴
- 3カ月単位のフレックスタイム制

04-2 みなし労働時間と裁量労働 104
- 事業場外労働に対するみなし労働時間制
- 裁量労働制の種類と内容

  column 時間外労働の上限規制 105

第4章 毎月の給与計算 STEP3 給与支給項目を計算する

- **01 給与支給項目** 108
  - 支給項目の構成とチェックのポイント
- **02 固定的支給項目の計算** 110
  - 支給項目部分の給与支給明細書例
  - 家族手当の範囲（給与規程例）
  - column 手当が多い企業は悩みも多い!? 112
  - 所得税法上と健康保険上の扶養適用条件の違い
  - 家族手当変更届例
- **03 通勤手当の計算** 114
  - マイカー・自転車通勤の非課税限度額
  - column 通勤手当の不正受給にも目を光らせよう 115
  - 通勤手当の各種算定基礎への算入の取り扱い
  - 交通費支給ルール例
- **04-1 時間外労働時間の計算をする** 118
  - 時間外手当の割増賃金の計算プロセス（月給制）
  - 時間外手当の時間単価の出し方（月給制）と割増賃金額
- **04-2 割増賃金の計算で発生する端数処理** 122
  - 割増賃金を計算するときの端数処理のルール
  - 1日の残業時間の端数処理の違いにより1カ月で差が出る
  - 割増賃金の計算プロセスと端数処理
- **04-3 時間外労働が重なった場合の割増賃金の計算** 126
  - 重複した割増賃金の計算例
  - 猶予される中小企業
- **04-4 時給、日給、歩合給、年俸制の割増賃金の計算** 130
  - 時給と日給の時間外手当の割増賃金額の求め方
  - column 管理職は残業代がなくても割増賃金は発生する 131
  - 歩合給の時間外手当の時間単価の出し方
  - 年俸制の時間外手当の時間単価の出し方

| 05 | **欠勤や遅刻・早退の控除額** 134
- 不就労控除の1日単価の計算方法
- 1カ月の日数の計算方法のメリット・デメリット
- 欠勤控除の控除方式と支給方式の使い分け
- 不就労控除の時間単価の計算方法

| 06 | **入社・退職時の日割り計算** 140
- 計算方法の違いによる入退職時の日割り賃金

| 07 | **有給休暇の給与計算** 142
- 有給休暇の賃金計算方法
- 半日有休と残業の賃金計算方法
- 従業員情報の確認のチェックシート例

第5章　毎月の給与計算 STEP 4
給与からの控除項目を計算する

| 01 | **給与から控除できる項目** 146
- 控除項目の種類とチェックのポイント

| 02-1 | **健康保険料と厚生年金保険料** 148
- 控除項目部分の給与支給明細書記入例
- 標準報酬月額と保険料率、控除する保険料の関係
- 社会保険料の保険料率と会社と従業員の負担割合

| 02-2 | **健康保険料と厚生年金保険料の端数処理** 152
- 社会保険料の計算と端数処理の考え方

| 02-3 | **随時改定（保険料の途中変更）と
育児休業・産前産後休業後の改定** 154
- 随時改定を行うための条件
- 育児休業等終了時改定・産前産後休業終了時改定の流れ
- 随時改定と育児休業等終了時改定・産前産後休業終了時改定の違い
- 厚生年金の養育期間に関する特例措置

| 02-4 | **同日得喪（60歳以降の再雇用時の保険料改定）** 158
- 60歳到達時の手続き（社会保険）

- 60歳到達時以後の手続き（社会保険）
- 同日得喪と随時改定との違い
- 同日得喪のメリットと注意点
  - column 厚生年金の減額防止のための措置から役割が拡大 162
- 標準報酬月額の等級と保険料

03 雇用保険料 164
- 雇用保険料の計算式と本人負担分の出し方
- 端数処理は50銭を超えたら切り上げ
- 雇用保険の賃金とは

04 保険料と年齢の関係 166
- 年齢による保険料徴収の変化
- 介護保険料の徴収開始と終了

05 所得税 168
- 源泉所得税額を計算する流れ
- 税法上の扶養親族の範囲は6親等内の血族または3親等内の姻族
- 扶養親族等の数の数え方

06 住民税 172
- 住民税の税額決定と給与からの徴収の流れ
- 住民税の特別徴収のサイクル

07 協定控除（財形貯蓄などの控除） 174
- 協定控除（その他控除項目）を実施する条件
- 協定控除の控除項目で見られる主な項目

第6章　毎月の給与計算 STEP 5　給与計算の終了

01 給与計算終了後の作業 178
- 給与計算終了後の作業の流れとポイント
- 給与計算終了後のチェックシート例

02 給与の支給方法と銀行振込の手順 182
- 銀行口座振込依頼書例

- ● 振込依頼書（同意書）に記載する項目

03 給与支給明細書の作成・交付と賃金台帳への記入 184
- ● 給与支給明細書に記載された法定通知事項と賃金台帳

04 社会保険料と所得税、住民税の納付 186
- ● 所得税納付の用紙と書き方
- ● 住民税納付の用紙と書き方
- ● 健康保険と厚生年金の保険料の納付の流れ
- ● 雇用保険料納付の流れ

05 「申し送りシート」を作成 190
- ●「申し送りシート」例
- ● 給与計算スケジュール

第7章 賞与計算の流れと実務を理解する

01 賞与計算のしかた 194
- ● 給与計算と賞与計算の違いと共通点
- ● 賞与支給明細書でわかる賞与計算項目

02-1 賞与にかかる社会保険料控除 196
- ● 健康保険と厚生年金の標準賞与額の上限の違い
- ● 健康保険と厚生年金の賞与保険料控除額の計算式

02-2 入社・退職時・休業前後の賞与からの社会保険料 198
- ● 賞与に対する社会保険料控除のルール

03 賞与から控除する源泉所得税額 200
- ● 賞与の源泉所得税額算出の流れと計算例

04 社会保険料と所得税の納付 202
- ● 被保険者賞与支払届例
- ● 賞与不支給報告書例
- column 賞与支払届の総括表が廃止 203
- ● 源泉所得税の納付書例（納期特例のケース）

第8章　年末調整の流れと実務を理解する

- **01　年末調整の対象者を確認しスケジュールを立てる** 206
  - 年末調整のスケジュール一覧
  - 年末調整の対象者になる人、ならない人
- **02　年末調整で配布・回収する書類と確認のポイント** 208
  - 控除対象扶養親族の年齢確認早見表
  - 給与所得者の扶養控除等申告書のチェックポイント
  - 寡婦・寡夫控除のフローチャート
  - 給与所得者の保険料控除申告書と給与所得者の基礎控除申告書 兼 配偶者控除等申告書 兼 所得金額調整控除申告書のチェックポイント
  - 住宅借入金等特別控除申告書のチェックポイント
- **03　源泉徴収簿で集計** 216
  - 年末調整の計算プロセスのフローチャート
  - 税務署が配布している源泉徴収簿例
  - 総支給金額と給与所得控除後の給与等の金額の計算手順
  - **扶養控除等控除額の計算手順 ❶**
  - **扶養控除等控除額の計算手順 ❷**
  - 差引課税給与所得金額の計算
  - 最終的な税額の計算手順
- **04　源泉徴収票を作成し交付する** 228
  - column　受給者番号は会社が任意につけておくと便利 229
  - 源泉徴収簿から転記
  - 保険料控除申告書などから転記
- **05　年末調整後は納税と税務署・市区町村へ書類提出をする** 234
  - 源泉徴収票を税務署に提出する必要のある人
  - 法定調書合計表の書き方とポイント
  - 給与支払報告書（総括表）の書き方とポイント
  - 市区町村への提出

第9章 年間スケジュール

01 6月　労働保険の確定申告 ……………………………… 240
- 労働保険対象者の範囲
- 労働保険料の納付の流れ
- 労働保険申告書記入例
- 労働保険料の対象となる賃金

02 6月　住民税の変更 ……………………………………… 246
- 特別徴収税額決定通知書（会社用）
- 特別徴収税額決定通知書（納税者用）
- 特別徴収納入書（6月から翌年5月分）

03 7月　社会保険の算定 …………………………………… 248
- 標準報酬月額の決定（改定）時期と適用期間
- 定時決定のしくみと1年間の適用サイクル
- 標準報酬月額の決定要素に含まれる給与（報酬月額）とは
- 算定対象月と支払基礎日数の数え方
- 算定事例【正社員の場合】
- 算定事例別の例　【産前産後休業の場合】
- 算定基礎届例
- 報酬月額変更届記入例
- 事業所業態分類票

04 8月12月　賞与計算と支払届 ………………………… 262
- 賞与計算チェックリスト

05 12月　年末調整とマイナンバー ……………………… 264
- 年末調整とマイナンバー

第10章 社会保険の手続き

01 社会保険と雇用保険の取得 268
- 健康保険・厚生年金保険 被保険者資格取得届例
- 雇用保険被保険者資格取得届例

02 社会保険と雇用保険の喪失 270
- 雇用保険 離職証明書の記入例

03 社会保険と雇用保険の変更 272
- 健康保険被扶養者（異動）届／国民年金第３号被保険者関係届例

索引 276

第1章 給与計算に必要な基本知識

01　給与計算の基礎知識

02　給与支給明細書から給与計算を理解する

03　給与計算に関係する法律と会社のルール

04　社会保険料と税金の控除額

05　賞与計算の基礎知識

06　年末調整の基礎知識

07　従業員の入退社時

08　賃金支払いの5原則と最低賃金のルール

09　賃金体系（給与の構成）と割増賃金の基礎知識

10　給与の締め日と支払日の基礎知識

11　賃金台帳と労働者名簿の基礎知識

12　平均賃金で計算する手当

01 勤怠項目・支給項目・控除項目・給与支給明細書

給与計算の基礎知識

毎月の作業として「勤怠管理」「支給額」「控除額」「手取り額」、1年間の中で定期的に行う「賞与の計算」「年末調整」「保険料と住民税の額」、必要に応じて行う「従業員の入社・退職」といった作業があります。

給与計算にかかわる作業は月間と年間、不定期がある

① **毎月の給与計算**：給与計算の基本は毎月の作業です。大きく次の3つのSTEPに分かれます。

STEP❶ 勤怠項目のチェック：出勤日数や勤務時間、残業時間などの労働時間をチェックします。時間外手当や遅早控除はこの勤怠項目から計算するため、給与の額を左右する大事な作業のひとつです。

STEP❷ 支給項目の計算：基本給や諸手当、時間外手当を計算します。欠勤した際の欠勤控除があれば、その分を差し引いて総支給額を計算します。

STEP❸ 控除項目の計算：社会保険料や税額を計算し、毎月の総支給額から控除します。そうすることで、「毎月の手取り額」が計算されます。

② **年間の定期作業**：年間に定期的に行われる給与計算には、主に次の3つがあります。

Ⓐ **賞与計算**：賞与が支給される月には、毎月の給与とは別に賞与の計算も行います。

Ⓑ **社会保険料・住民税の変更**：健康保険料や厚生年金保険料は、保険料と給与額のバランスを保つために原則として年に1度、9月（10月納付分）に変更します。住民税は毎年6月に変更します。

Ⓒ **年末調整**：毎月控除する所得税は、毎月の給与に対して計算されています。1年の中で給与額や扶養親族の数が変わると年間総所得に対する税額と控除額に違いが生じるので、その年の最後に支払われる給与または賞与にてその差額を調整する作業を行います。

ONE POINT
給与の呼び方

給与は、法律によって呼び方が違います。労働基準法や雇用保険法では「賃金」、健康保険法と厚生年金保険法では「報酬」、税法では「給与」と呼びます。対象範囲も法律によって若干違いがあります。

勤怠とは

勤怠とは出勤や退勤をはじめ、休憩や休暇などの社員の「出勤状況」を示すものです。給与計算では社員がどのくらい出社して、どの程度残業し休みを取っているかなどを把握し、給与に反映させる作業が必要です。

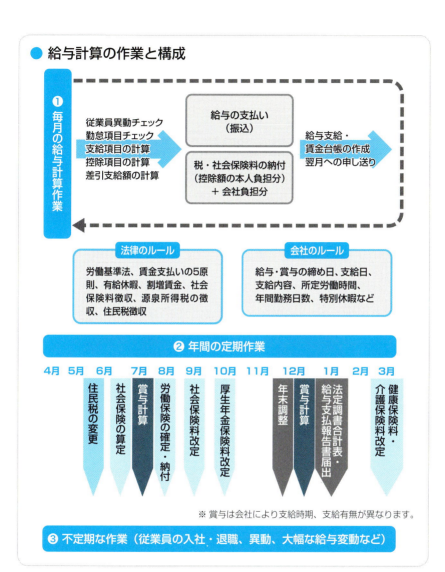

③ **不定期な作業**：必要に応じて行う給与計算には、主に次の2つがあります。

　❹ 従業員が入社・退職したとき：給与の日割計算（期間の途中で入社・退職した場合）。社会保険の取得・喪失。

　❺ 大きな給与額の変動があったとき：社会保険料（健康保険、厚生年金）の変更。

02 勤怠項目・支給項目・控除項目・給与支給明細書

給与支給明細書から給与計算を理解する

給与支給明細書は、基本となる毎月の給与計算の全体を表しています。

給与支給明細書は勤怠・支給・控除の3要素

① **給与支給明細書**：毎月の給与を支払うときには、給与明細書を従業員本人に発行します。次頁は給与支給明細書の例です。記載される項目を見ると、給与計算に必要な作業がよくわかります。

② **作業に入る前の準備**：勤怠項目のチェックをする前に、入退職者の有無や交通費、扶養親族の変更など、個々の従業員の異動チェックを行います。

③ **勤怠チェックで労働時間を把握**：勤怠をチェックする項目には、勤務した日数と時間の項目があります。従業員が出勤した日数、欠勤した日数、有給休暇取得日数、遅刻・早退時間、時間外労働時間、休日労働時間を記入していきます。これが給与の支給項目計算へつながります。

④ **支給項目で総支給額を計算**：基本給や諸手当など、従業員本人に支給する項目の額を合計します。時間外手当は勤怠項目をもとに計算します。支給項目をすべて合計した額が毎月の総支給額です。欠勤や遅刻・早退などの不就労控除（遅早控除を含む）がある場合は、その額を差し引いた額が総支給額になります。

⑤ **控除項目で差し引かれる額を計算**：控除項目は、労働者が負担する「社会保険料（健康保険、介護保険、厚生年金、雇用保険）」、「税金（所得税、住民税）」といった法定控除と、「その他」の協定控除に分類されます。「その他」の項目には財形貯蓄や労働組合費、任意で加入する会社（団体）の生命保険料などがあり、これらは給与

ONE POINT

不就労項目

欠勤、遅刻、早退、私用外出など、働かなかった（労働が提供できなかった）時間のことです。賃金は労働の提供の対価なので、不就労部分を控除することができます。ただし、計算方法については労働基準法に明確な規定がないため、計算方法を就業規則などに定めておく必要があります。

社会保険の種類

狭義の社会保険は、「健康保険」「介護保険」「厚生年金」の3つですが、広義の社会保険には、「労働保険（雇用保険、労災保険）」も含まれます。なお、労災保険の保険料は全額が会社負担なので、従業員本人の控除はありません。

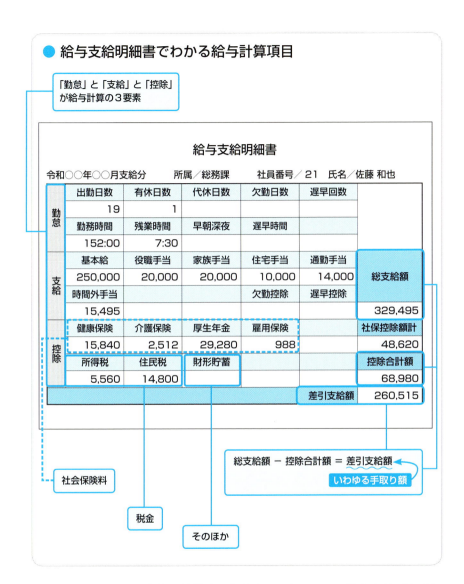

から控除するには会社と従業員の代表者が、あらかじめ協定を結ばなければなりません。

⑥ **差引支給額が手取り額**：④の総支給額から⑤の控除合計額を差し引いた額が、いわゆる「手取り額」になります。一般的には銀行振込で支給されるので、支給日に間にあうように手続きをします。

03 賃金支払いの5原則・最低賃金法・時間外手当・36協定

給与計算に関係する法律と会社のルール

給与計算は法律の規定が前提となり、そのうえで会社のルールが決められています。

給与計算に関係する法律

① **賃金支払いの5原則**：一般的に、毎月の給与支払日に現金が従業員の銀行口座（または直接）に支払われています。これは「賃金支払い5原則」という労働基準法にしたがったものです。そのため、毎月の給与の支払いを不定期にしたり、本人以外（両親など）に支払うことはできません。

② **最低賃金法**：最低賃金は「最低賃金法」によって定められています。都道府県別の「地域別最低賃金」と特定地域内の特定の産業を対象とした「特定（産業別）最低賃金」があります。原則として、この最低額よりも安い賃金に設定することはできません。

③ **労働時間に関する法律**：給与計算において、時間外手当は所定労働時間を超えて働いた時間に支払います。しかし、時間外手当を支払ったからといって、時間制限なく労働させることはできません。労働基準法では「1日8時間、週40時間」を通常業務の労働時間の原則として定めています。この法定労働時間を超えた残業や休日労働をさせるためには「36協定」を従業員側と締結し、労働基準監督署へ届け出る必要があります。また、法で定められた時間外労働には「割増賃金」を支払うことも必要です。基本は次頁図の割増率ですが、「時間外＋深夜」といった条件が重なった場合、計算が非常に複雑になります。

④ **給与支給に関する会社のルール**：給与の支給内容や支給方法は、会社の就業規則で定めます。具体的には給与の締め日、支給日、給与の内容（基本給、手当の種類、金額など）、勤怠のルール、法律で決められた項目以外の

ONE POINT

賃金支払いの5原則
労働基準法では、賃金について「通貨で」「労働者に直接」「全額を」「毎月1回以上」「一定の日に」支払わなければならないと定めています。

最低賃金の格差
令和3年10月の地域別賃金改定では、最高は東京都の時給1,041円、最低は、15県（沖縄県、他）の820円となっています。

36協定とは
法定時間外労働や法定休日労働に関する労使協定です。労働基準法第36条に規定されているので36協定と呼ばれています。36協定を締結せずに法定を超える残業や休日出勤をさせると違法となり、罰則があります。

● 労働時間計算上の労働基準法と就業規則の位置づけ

	労働基準法（法定ルール）	就業規則（会社のルール）
位置づけ	・法律上最低限守らなければならない ・法律違反の場合は罰則あり	・法定ルールを順守したうえで会社のルールをつくり、事業主および従業員が守らなければならない

● 労働時間計算上の主なルール

	労働基準法（法定ルール）	就業規則（会社のルール）
労働時間	**法定労働時間** ・原則1日8時間、週40時間	**所定労働時間** ・会社が定めた労働時間（始業から終業までの時間から休憩時間を差し引いた時間） ※ 午前9時〜午後6時で昼休み1時間の場合、所定労働時間は8時間
休日	**法定休日** ・毎週1日、もしくは4週4日の休日	**法定外休日（所定休日）** ・法定休日以外の休日 ※ 週休2日の場合、1日は法定休日でもう1日は法定外休日となる
時間外・休日労働	**法定労働時間を超える労働、法定休日の労働** ・36協定の締結が必要 ・時間外労働には限度時間がある （1カ月の場合原則45時間まで）	・36協定を締結したうえで、必要時に時間外・休日労働を指示する
深夜労働	午後10時から午前5時までの間の労働	・会社で時間帯を広げられる

割増賃金

種類	割増率（労働基準法）	割増率（就業規則）
時間外労働	2割5分以上 ※（月60時間以上は5割以上）	・割増率は法律以上の率を会社が決めることができる ・法定内残業についての割増の有無は会社で決める
深夜労働	2割5分以上	
法定休日労働	3割5分以上	

	労働基準法（法定ルール）	就業規則（会社のルール）
有給休暇	・6カ月以上継続勤務し、かつ8割以上出勤している場合に付与 ・年間10日から1年ごとに付与日数が増え、6年6カ月以降は年間20日	・原則従業員が希望した日に与える ・一定の条件のもとで会社が指定した日に与えることができる →（業務繁忙期の時季変更権） ・確実に有給消化するための計画的付与は会社で決める （就業規則に規定する、労使協定を結ぶなどの制約がある）

※ 中小企業は2023年4月1日より

控除項目などを決めていきます。

04 控除項目・社会保険料・所得税・住民税

社会保険料と税金の控除額

控除項目の計算方法は法律で定められています。所得税と社会保険料では計算のもとになる所得が違います。

社会保険料と税の控除額の算出

① **健康保険料と厚生年金保険料**：健康保険料、厚生年金保険料は同じ計算方法です。毎月の給与を一定の幅で区分した「標準報酬月額」が一覧になっている表にあてはめることで、それぞれが負担する社会保険料がわかります。給与の額によって、健康保険料なら50等級、厚生年金保険料なら32等級まで区分されています。たとえば、毎月の給与が23万円以上25万円未満の場合、標準報酬月額の表にあてはめると健康保険で19等級、厚生年金で16等級となり、標準報酬月額は24万円とわかります。この標準報酬月額に、共通の保険料率（毎年改定）を掛けることで保険料額を計算します。この保険料額は従業員と会社で折半するので、半額の本人負担分だけが給与から控除されます。

② **雇用保険料**：雇用保険料額は、税引き前の毎月の給与に掛けます。会社と従業員で負担割合が違うので、本人負担分だけを給与から控除します。事業によって違いがありますが、一般の会社の場合、令和3年度の保険料の負担割合は会社が0.6％、本人が0.3％です。

③ **所得税**：一般的な会社員の所得税は、源泉徴収という形で毎月の給与から天引きされます。このとき、もうけにあたらないとされる「非課税所得」（交通費などの必要経費、傷病手当、出産手当など）と健康保険料や雇用保険料などの社会保険料を、総所得額から差し引いた金額に課税されます。所得税は計算式で計算するのではなく、「源泉徴収税額表」に課税金額をあてはめることで簡単に求められます。源泉徴収税額表を見るときに必要なのが「扶

ONE POINT

扶養親族の数
毎年従業員から提出してもらう「給与所得者の扶養控除等（異動）申告書」で確認します。

非課税交通費と社会保険料の給与
交通費は、源泉徴収のときは一定額まで非課税所得扱いですが、社会保険料計算のときは給与に含めて計算します。

住民税額
会社は1月末までに、従業員の1月1日現在の住所地の市区町村へ「給与支払報告書」を送付します。その後、市区町村が住民税を計算し、毎年5月ごろに「特別徴収税額通知書」で税額を通知してきます。会社はその税額を、6月から翌年5月までの給与から控除します。

● 控除する保険料と税金の特徴

控除する税金	特 徴
健康保険料 厚生年金保険料	・給与額によって区分された標準報酬月額に保険料率を掛ける
雇用保険料	・毎月の給与総額に保険料率を掛ける
所得税	・「源泉徴収税額表」にあてはめて税金を算出する ・非課税所得、社会保険料控除額を差し引いたあとの金額で計算する
住民税	・昨年の所得にかかった住民税を控除する ・市区町村から送られてくる「住民税決定通知書」で控除金額を毎月控除する

● 所得税の計算プロセス

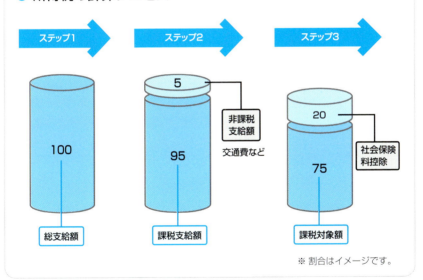

※ 割合はイメージです。

養親族の数」で、対象となる扶養親族が多いほど税額は安くなります。

④ **住民税**：住民税も原則として毎月の給与から控除します。所得税と違って1年間の税額を12で割っているので、毎月同額になります。税額は6月から翌年5月までの適用分なので、毎年6月に住民税の控除額が変更になります。

05 控除項目・社会保険料・所得税・住民税・標準賞与額

賞与計算の基礎知識

賞与計算では、特に「社会保険料」や「税の控除の計算方法」に注意が必要です。

賞与とは

① **賞与の支給（年３回以下）**：必ず支払われるものではありませんが、夏と冬にそれぞれ一時金として支給することが一般的です。そのほか、決算賞与として会社の業績に応じて特別に支給されるケースもあります。ちなみに、社会保険料を計算するうえで、賞与の対象になるのは「1年に3回以下の一時金」です。年に4回以上支給する場合には、毎月の給与として処理しなければなりません。

② **賞与にかかる社会保険料**：健康保険料、介護保険料、厚生年金保険料は、賞与からも控除します。ただし、毎月の給与にかかる保険料の計算とは少し計算方法が違います。毎月の給与計算で使用する「標準報酬月額」ではなく、「標準賞与額」が基準になります。標準賞与額は、賞与金額の1,000円未満を切り捨てた額です。保険料率を掛けて計算します。

> **例** 賞与金額：65万5,500円の場合
> 標準賞与額は65万5,000円

③ **標準賞与額の上限**：標準賞与額には上限があり、厚生年金の場合は1回150万円、健康保険・介護保険は同年度に合計573万円までが保険料の計算対象となります。雇用保険にはこのような上限はありません。

ONE POINT
賞与は必ず支払われるものではない
労働基準法では「毎月の賃金は必ず支払わなければならない」とされています。一方、賞与については会社で自由に支給の有無を決めることができます。年俸制で1/12の企業には賞与はありません。

決算賞与
企業によっては年度末に利益が出たときにかぎり、賞与を支給するケースもあります。

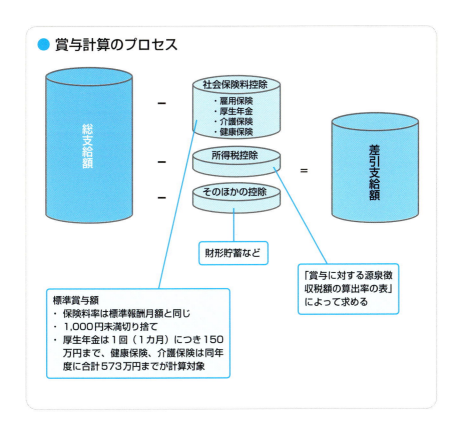

> **例** 賞与金額：1回目500万円、2回目100万円の場合
> **健康保険** 1回目＋2回目＝600万円
> 　　　　600万円－573万円＝27万円が健康保険料計算対象外
> **厚生年金** 1回目の500万円のうち350万円が厚生年金保険料計算対象外

④ **雇用保険料**：総支給額に保険料率を掛けます。
⑤ **税金は所得税額だけを控除**：所得税の課税も、賞与用の特別な「賞与に対する源泉徴収税額表」を使用します。なお、賞与からは住民税は徴収しません。

06 源泉徴収簿・所得税の還付または徴収・所得控除・税額控除・給与所得控除・源泉徴収票

年末調整の基礎知識

年末に、毎月の給与からすでに源泉徴収した所得税額と1年間の総所得から確定した所得税額との差額を調整するために、年末調整を行います。

1年間の源泉徴収税額を集計する

① **年末調整とは**：所得税は、毎月の給与から控除しています。そのため、毎月の給与額や扶養親族の数が変わった場合、1年間の総所得から割り出される所得税額とずれが生じてしまいます。そのずれた差額を調整するのが「年末調整」です。1年間の所得税の総精算ともいうべき作業です。

② **年末調整の流れ**：給与、賞与を含めて確定した1年間の総収入（総支給額）で所得税を計算し（中途入社の人は前職の収入も含める）、実際に源泉徴収済みの所得税と比較して、差額を還付または徴収します。

③ **必要書類の準備**：年末調整の手順は29頁のとおりですが、まず必要となる次の5種類の書類を準備します。

- Ⓐ 扶養控除等（異動）申告書（28頁参照）
- Ⓑ 保険料控除申告書（28頁参照）
- Ⓒ 基礎控除申告書 兼 配偶者控除等申告書 兼 所得金額調整控除申告書（28頁参照）
- Ⓓ 源泉徴収簿（28頁参照）
- Ⓔ 住宅借入金等特別控除申告書（215頁参照）

④ **必要書類の記入**：Ⓐ～Ⓓの書類は、11月ごろ、税務署から会社に送られてきます。Ⓔの「住宅借入金等特別控除申告書」は、住宅の取得や増改築をした従業員のみ本人に送られてきます。Ⓐ～Ⓒの書類は従業員に配布し、必要事項を記入してもらい回収します。これらの書類は、年末調整の計算過程の中で「所得控除」や「税額控除」に使用します。

ONE POINT

年末調整の対象者

年末調整には対象になる人とならない人がいます。たとえば、年収2,000万円を超える人、「扶養控除等（異動）申告書」を提出していない人、年の途中で退職した人（死亡退職を除く）などは年末調整の対象になりません。

所得控除と税額控除

所得控除は課税前の所得から差し引くのに対して、税額控除は課税後の税額から直接差し引きます。所得控除は税率分の減税効果しかありませんが、税額控除は控除額がそのまま減税になります。代表的なものとしては、住宅借入金等特別税額控除があります。

⑤ **源泉徴収簿の作成**：年末調整は、源泉徴収簿に計算結果を記入しながら進めていきます。まず毎月の総支給額、社会保険料の控除額、源泉徴収税額を集計して1年間の総額を求めることからはじめます。同様に賞与も1年間を集計し、給与額と合算します。これらは、各従業員の給与が記載された賃金台帳（43頁参照）からの転記ですみます。

実際の所得税額を計算し徴収済みの税額と調整する

① **給与所得金額の計算**：1月1日から12月31日までの1年間に支払った毎月の給与と賞与を合算し、総支給額を割り出します。このとき、中途入社の人は前職の収入も加算します。そこから、すべての会社員に認められている控除分である「給与所得控除」を差し引きます。給与所得控除は、自営業者の必要経費（仕入原価など）にあたるものです。給与所得控除は計算でも求められますが、早見表が用意されています。さらに前頁で用意した書類で確認した❹扶養控除額、❺保険料控除額、❻配偶者特別控除額などの「所得控除」を差し引いたものが「課税所得金額」になります。

② **課税所得金額から所得税を計算**：①で求めた課税所得金額を、税額が割り出せる速算表（227頁参照）にあてはめることで、年間に支払うべき所得税額である「年調所得税額」が求められます。住宅借入金等特別控除（215頁参照）などの「税額控除」がある場合は、ここで控除します。

③ **還付と徴収で調整する**：②で求めた「年調所得税額」と、「毎月の給与から源泉徴収済の所得税額」を照らしあわせて差額を割り出します。税金を納めすぎている場合には「還付」、不足している場合には「徴収」になります。還付や徴収は一般的には12月の給与支給時に行いますが、決められているわけではありません。

ONE POINT
毎月の給与計算にも給与所得控除がある
会社員の所得税や住民税を軽減するための給与所得控除は、実は年末調整のときだけでなく、毎月の給与計算でも行われています。税を決めるときに見る源泉徴収税額表（169頁参照）には、すでに給与所得控除が差し引かれた金額が書かれています。

（次頁に続く）

● 源泉徴収票にかかわる書類

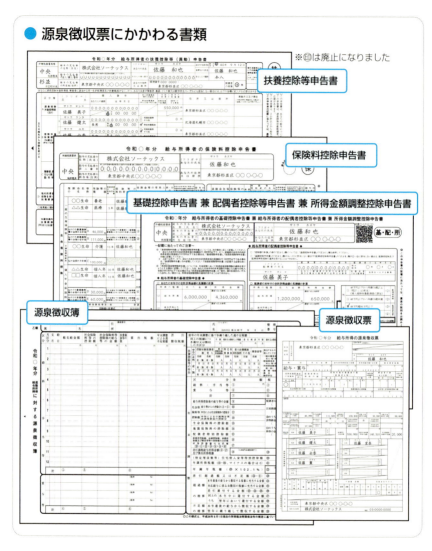

④ **源泉徴収票を発行する**：年末調整が終了したら、従業員の氏名、扶養親族等の数や給与、所得税、社会保険料などの金額が記載された「源泉徴収票」（上図参照）を4枚作成します。従業員本人に1枚配布し、税務署提出用に1枚、明けた年の1月1日現在の住所地の市区町村の役所に2枚（給与支払報告書）送付します（提出期限：1月31日）。市区町村では、翌年の住民税と国民健康保険料（税）の計算資料として使います。

● 年末調整の手順

❶ 必要書類の準備（5種類）
従業員に配布 → 本人が記入後回収

- Ⓐ 扶養控除等（異動）申告書、Ⓑ 保険料控除申告書
- Ⓒ 配偶者特別控除申告書、Ⓓ 源泉徴収簿
- Ⓔ 住宅借入金等特別控除申告書
- ※ 源泉徴収簿以外は従業員に記入してもらうため、ⒶⒷⒸは事前に配布

→ 控除の確定情報が得られる

❷ 源泉徴収簿の作成

賃金台帳から従業員1人ひとりの毎月の総支給額（交通費など非課税支給額は除く）、社会保険料の控除額、所得税額を転記し、1年間の合計額をまとめる。賞与も同様に合計する

→ 支給額、控除額、源泉徴収税額の実績を集計する

❸「給与所得金額」の計算

1年間の給与と賞与の合計額から「給与所得控除」を差し引いて「給与所得金額」を求め、源泉徴収簿に記入する
※ 給与所得控除額は「年末調整等のための給与所得控除後の給与等の金額の表」で求められる

→ 給与所得控除はサラリーマンの必要経費にあたる

❹「課税所得金額」の計算

給与所得金額から1年間の「所得控除額」（社会保険料控除、生命保険料控除など）を差し引いて「課税所得金額」を求め、源泉徴収簿に記入する

→「扶養控除等（異動）申告書」など、準備段階で従業員から回収した書類から把握する

❺「算出所得税額」の計算

課税所得金額から、所得税額の速算表で算出所得税額を求め、源泉徴収簿に記入する

→ これが1年間の実際の税額

❻「年調所得税額」の計算

算出所得税額から税額控除を差し引いて年調所得税額を求め、源泉徴収簿に記入する

→ 税額控除は、主に住宅借入金等特別控除

❼ 過不足の調整

❷の源泉徴収額と❻の年調所得税額を照合し、❷が❻より超過していれば差額を還付し、不足していれば差額を徴収する

→ 源泉徴収票（給与支払報告書）を作成して、交付・提出。本人（確定申告等用）1枚、市区町村（住民税用）2枚、税務署（所得税用）1枚の計4枚を用意する

第1章 給与計算に必要な基本知識

07 社会保険・住民税・退職所得控除・退職所得申告書

従業員の入退社時

不定期な作業が発生するのは、主に従業員の入社・退職時です。毎月、正確な給与計算を行うために、その都度処理が必要です。

従業員の入社時の社会保険

① **入社した従業員の社会保険加入**：従業員が新たに入社したときは、社会保険への加入手続きが必要となります。社会保険には「健康保険」「介護保険」「厚生年金」「雇用保険」「労災保険」の5つがあり、「健康保険（協会けんぽ）」と「厚生年金保険」は年金事務所、「雇用保険」はハローワーク（公共職業安定所）で加入手続きをします。このとき、従業員の条件によっては加入できない場合があるので確認が必要です。たとえば、規模500人以下の企業でパートタイマーの場合、勤務時間が正社員の4分の3未満だと健康保険や厚生年金に加入できません。逆に、勤務時間が4分の3以上の場合は、必ず加入しなければなりません。加入手続きは入社日から5日以内に行います。

② **社会保険料の控除開始時期**：健康保険や厚生年金の保険料は、その月の分を翌月支給の給与から差し引くのが一般的です。締め日にもよりますが、通常は入社して最初の給与から「健康保険」「厚生年金」の保険料は控除しません。2回目に支払われる給与から控除を行います。ただし、雇用保険は最初の給与から控除を行います。

従業員の入社時の住民税

① **新卒従業員の住民税**：住民税は前年の所得に対して課税されます。新卒従業員は前年所得がない場合が多いので、翌年の5月まで住民税の控除はありません。

② **中途入社の住民税**：転職のタイミングなど、個々の条件によって住民税の控除がすぐにはじまる場合と、しばらく控除しない場合とがあります（左記ONE POINT参照）。

ONE POINT

年齢による加入条件にも注意
厚生年金と健康保険は通常セットで加入しなければなりませんが、70歳以上の従業員は厚生年金に加入できません。また介護保険料は40歳未満65歳以上の従業員からは控除しません。

退職金と確定申告
退職金は「退職所得申告書」（67頁参照）を提出していれば、通常は確定申告の必要がありません。しかし、退職所得申告書を提出していない場合は、退職金の20.42%（復興特別所得税を含む）が源泉徴収されてしまいます。そのため、確定申告で還付を受ける必要があります。

中途入社の住民税
前職で一括徴収した場合は、6月から控除がはじまります。

入退社時の日割計算

① **入社退職時の給与計算**：従業員が給与の締め日以外で入社・退職した場合の給与は、一般的には日割り計算で算出します。日割り計算のやり方は、会社それぞれの就業規則にしたがいます。

従業員の退職時の社会保険

① **いつまで控除するか**：健康保険や厚生年金の加入期間は1カ月単位のため、「退職日の翌日の属する月の前月まで」が被保険者期間になります。たとえば末締め当月支払いの会社において、月末退職の場合は2カ月分の保険料を控除する必要があります。

> **例** 3月31日に退職する場合、翌日の4月1日が属する月は4月なので、その前月にあたる3月までが、加入期間となります。給与の締めが末日で当月払いの場合、3月31日締めで2月分と3月分の2カ月分の保険料を控除します。

退職金を支給したとき

① **退職金の税金**：所得税と住民税を計算するとき、給与や賞与は合算して課税金額を計算します。しかし、退職金はほかの所得と合算しない「分離課税」のため、給与・賞与とは別に退職金だけで税金の計算を行います。
② **退職所得控除**：退職金には「退職所得控除」という控除が適用されます。税金を軽減するための控除で、退職金から退職所得控除額を引き、さらに2で割った金額に課税します。勤務年数が20年以下の場合は、勤続年数×40万円、さらに勤続年数が20年を超える場合は、21年目からの勤続年数×70万円を所得から差し引くことができます。最低保証控除額は80万円になります。退職金がそれ以下の場合、税金はかかりません。
③ **退職所得を計算する**：退職金から②で計算した退職所得控除額を差し引き、さらに2で割った金額が課税されるのが「退職所得」です。

> **例** 勤続30年で退職金が2,000万円の場合
> **退職所得控除** （40万円 × 20年）＋（70万円 × 10年）＝ 1,500万円
> **退職所得** （2,000万円 − 1,500万円）÷ 2 ＝ 250万円

退職金を2,000万円もらっても、250万円に対する課税ですみます。従業員の退職時の住民税と源泉徴収票は、2章05、06を参照してください。

08 5原則の例外・口座振込・最低賃金

賃金支払いの5原則と最低賃金のルール

賃金をきちんと支払うには「賃金支払いの5原則」にあわせてチェックし、同時に最低賃金を上回っていることを確認しなければなりません。

労働基準法に定められた賃金支払いの5原則

① **賃金支払いのルール**：労働基準法第24条では、賃金が確実に従業員に支払われるための規定を定めています。具体的な内容は次頁のとおりですが、一般に「賃金支払いの5原則」と呼ばれています。5つの原則は厳格に守らなければなりませんが、そのまま適用すると従業員と会社、双方にとって不便になってしまうこともあります。そこで「労働協約」や「労使協定」を結ぶことで、一定の条件を満たせば例外とすることも可能です。

② **直接払いの原則と銀行振込**：現金を「労働者に直接」支払うという原則からすると、銀行振込は認められないことになります。しかし利便性の観点から、一般的には本人の同意があったときにかぎり銀行振込をすることができます。ただし、本人が指定する本人名義の口座であることが必須です。配偶者や両親など、他人名義の口座への振込はできません。

③ **全額払いだと控除はどうなる？**：賃金は全額支払うのが原則ですが、税金と社会保険料は控除できます。そのほかにも労使協定があれば、財形貯蓄、組合費、団体生命保険料、社宅費用などを控除することができます。

④ **一定期日払いの原則と支給日**：賃金は毎月決まった期日に支払わなければなりません。たとえば「毎月第4金曜日」といった支給日は一見確定しているようですが、月によって日が変動するので認められません。なお、「月末」という指定のしかたは可能です。

ONE POINT

現物支給と労働協約
現物支給は原則として認められませんが、労働協約を結んでいれば自社製品の現物支給などが認められる場合もあります。

労働協約と労使協定
労働協約とは、会社と労働組合との間で組合員についての労働条件を決めるものです。そのため、社内に労働組合がないと締結はできません。一方、労使協定は従業員の過半数を代表する者と結ぶもので、労働組合がなくても締結できます。

小切手
商取引では小切手は現金と同様に扱われますが、換金のプロセスが必要なため、現金支給の観点から給与の支払いとしては認められません。しかし、退職金の場合は労働基準法での取り決めがないため、小切手での支払いや分割払いも可能です。

● 賃金支払いの5原則

	このようなことはできない	例外
通貨払いの原則 ❶ 通貨で	×小切手で支払う ×自社の商品で支払う	○本人名義の預貯金口座への振り込みで支払う
直接払いの原則 ❷ 労働者に直接	×代理人に支払う ※親も不可	○やむを得ない事情で、単なる使者として来た者に支払う ※本人が病気で配偶者や子、親が会社に給与を取りに来たときなど
全額払いの原則 ❸ 全額を	×一部を翌月に繰り越す ※会社の経営が厳しいことを理由に、給与支払いを繰り越すことはできない ×残業代を賞与で支払う	○社会保険料や税金を控除する（天引き） ○財形貯蓄や組合費などを控除する ※労使協定などが必要
毎月払いの原則 ❹ 毎月1回以上	×給与を2カ月に1回支払う ×年俸制なので年1回まとめて支払う	○賞与は年2回支払う ○退職金は退職時に支払う
一定期日払いの原則 ❺ 一定の日に	×毎月第4金曜日に支払う ×毎月月末までに支払う ×毎月10日または20日に支払う	○毎月月末に支払う ○支払日が銀行の休業日の場合は直前の営業日に支払う ※月末払い以外は前倒しでも後ろ倒しでもいい

最低賃金法で守られる最低賃金のしくみ

① **基本は地域別賃金**：労働者の賃金額は「最低賃金法」で定められた最低賃金額以上でなければなりません。この法律は、正社員だけでなく、パートタイマーやアルバイトも含めたすべての従業員に適用されます。最低賃金は、47都道府県別に定められる「地域別最低賃金」が基本です。金額は毎年10月ごろ改定され、令和3年度の全国平均額は930円ですが、次々頁のように地域格差がかなり大きくなっています。

② **本店や支店が都道府県をまたぐ場合**：所在地が都道府県をまたぐ企業の場合は、本社や支店の所在地ごとの最低賃金が適用されます。また、

派遣社員の場合は派遣元ではなく、派遣先の所在地の最低賃金が適用されます。

③ **時給に換算して比較する**：最低賃金は1時間あたりの「時間額」、いわゆる時給で定められています。自社の賃金が月給や日給のときは、会社が定めた労働時間である「所定労働時間」をもとに時給に換算して比較します。

時給の場合 時給額 ≧ 最低賃金額
日給の場合 日給額 ÷ 1日の所定労働時間 ≧ 最低賃金額
月給の場合 月給額 ÷ 1カ月の平均所定労働時間
　　　　　　　　　　　　　　　　　　≧ 最低賃金額

歩合給・出来高払いの場合
賃金算定期間の賃金の総額 ÷ 賃金算定期間の総労働時間数
　　　　　　　　　　　　　　　　≧ 最低賃金額

④ **最低賃金に含まれない賃金**：最低賃金は、通常の業務に対して毎月支払われる基本的な賃金がベースとなります。そのため、次のような賃金は最低賃金に含まれません。

- 精皆勤手当、通勤手当および家族手当
- 臨時に支払われる賃金（結婚手当など）
- 1カ月を超える期間ごとに支払われる賃金（賞与など）
- 時間外労働、休日労働および深夜労働の割増賃金

ONE POINT
産業別最低賃金
最低賃金には、地域別のほかに、特定（産業別）最低賃金があります。鉄鋼業、出版業といった特定の産業に設定されているものです。地域別と産業別の両方の最低賃金の対象になる場合には、高いほうの賃金を最低賃金に適用します。

最低賃金の決定プロセス
まず厚生労働省の最低賃金審査会が審議して目安を提示します。その目安を参考にしながら、地方の最低賃金審査会が審査し、各地の実情に応じて決定します。

最低賃金の減額の特例
精神または身体の障害により、著しく労働能力が低い場合は、都道府県労働局長の許可を受けることで、最低賃金より低く賃金を設定できる特例があります。

最低賃金は毎年変わるので必ずチェックしましょう！

● 地域別最低賃金（令和3年度）

都道府県名	最低賃金時間額	発効年月日	都道府県名	最低賃金時間額	発効年月日
北海道	889	令和3年10月1日	滋賀	896	令和3年10月1日
青森	822	令和3年10月6日	京都	937	令和3年10月1日
岩手	821	令和3年10月2日	大阪	992	令和3年10月1日
宮城	853	令和3年10月1日	兵庫	928	令和3年10月1日
秋田	822	令和3年10月1日	奈良	866	令和3年10月1日
山形	822	令和3年10月2日	和歌山	859	令和3年10月1日
福島	828	令和3年10月1日	鳥取	821	令和3年10月6日
茨城	879	令和3年10月1日	島根	824	令和3年10月2日
栃木	882	令和3年10月1日	岡山	862	令和3年10月2日
群馬	865	令和3年10月2日	広島	899	令和3年10月1日
埼玉	956	令和3年10月1日	山口	857	令和3年10月1日
千葉	953	令和3年10月1日	徳島	824	令和3年10月1日
東京	1,041	令和3年10月1日	香川	848	令和3年10月1日
神奈川	1,040	令和3年10月1日	愛媛	821	令和3年10月1日
新潟	859	令和3年10月1日	高知	820	令和3年10月2日
富山	877	令和3年10月1日	福岡	870	令和3年10月1日
石川	861	令和3年10月7日	佐賀	821	令和3年10月6日
福井	858	令和3年10月1日	長崎	821	令和3年10月2日
山梨	866	令和3年10月1日	熊本	821	令和3年10月1日
長野	877	令和3年10月1日	大分	822	令和3年10月6日
岐阜	880	令和3年10月1日	宮崎	821	令和3年10月6日
静岡	913	令和3年10月2日	鹿児島	821	令和3年10月2日
愛知	955	令和3年10月1日	沖縄	820	令和3年10月8日
三重	902	令和3年10月1日			

第1章　給与計算に必要な基本知識

09 基本給・手当・基準内賃金と基準外賃金・割増賃金の算定基礎

賃金体系（給与の構成）と割増賃金の基礎知識

賃金体系を見れば、自社の給与の支給項目と内容がわかります。また「時間外手当の割増計算の対象となる手当」の確認が重要です。

基本給と手当

① **賃金体系（給与の構成）**：月給〇万円といっても、会社によってその構成には違いがあります。一般的には賃金の基本的部分である「基本給（本給）」と、さまざまな種類がある「手当」から構成されています。次頁の表は、基本的な賃金体系の例です。

② **固定的賃金と非固定的賃金**：所定労働時間（会社が決めた通常の労働時間）働いた場合、毎月額が変わらない賃金が「固定的賃金」です。「基本給」「役職手当」「家族手当」「住宅手当」「通勤手当」「営業手当」「資格手当」などの項目がこれにあたります。対して、毎月変動的に支給されるのが「非固定的賃金」です。主に「時間外勤務手当」「休日勤務手当」「深夜勤務手当」「宿日直手当」といった、割増賃金または回数などに応じて支給されるものです。

③ **基準内賃金と基準外賃金**：一般的に、残業代などの割増賃金を計算する際の基礎となる額のことを「基準内賃金」、計算の基礎に含まない賃金のことを「基準外賃金」といいます。割増賃金は、毎月支給される賃金の総額ではなく、家族手当や通勤手当など、「個人の事情によって額が変わる手当を差し引いた金額」を使って計算します。つまり、家族手当や通勤手当は基準内賃金に含まれない基準外賃金という扱いになるため、時間外手当の計算には含めません。ただし個人の事情に関係なく、労働者へ一律に支給される手当の場合、基準内賃金とするケースもあります。

ONE POINT

固定的賃金と社会保険料
健康保険と厚生年金保険がいくらになるかは、固定的賃金の額によって判断されています。そのため、基本給のアップや新たな手当の支給などで固定的賃金の変動があった場合、4カ月後に標準報酬月額が変動する場合があります。

手当の名称
手当の名称や種類には、特に決まりはありません。同じ内容の手当も、会社によって名称はさまざまです。たとえば、「家族手当」のことを「扶養手当」や「配偶者手当」と呼んだり、「役職手当」のことを「役付手当」「管理職手当」と呼ぶこともあります。

● 賃金体系（給与の構成）の例

賃金				
基準内賃金 割増賃金の計算に含む （主に毎月固定的に支給される賃金）		基本給		
	基準内手当	役職手当	役職に応じて支給	
		家族手当	扶養家族の人数に関係なく一律に支給 **例** 家族がいる従業員全員にひと月あたり1万円支給	
		住宅手当	実際の費用に関係なく一律に支給 **例** 賃貸は一律2万円、持ち家は一律1万円を支給	
		通勤手当	通勤にかかる実際の費用または距離に関係なく一律に支給 **例** 従業員全員に1日あたり300円支給	
基準外賃金 割増賃金の計算に含まない （主に支給要件により、変動的に支給される賃金）	基準外手当	家族手当	扶養家族の人数などに応じた支給 **例** ひと月あたり配偶者1万円、その他の扶養家族5,000円支給	
		住宅手当	住宅にかかる実際の費用に応じた支給 **例** 家賃・ローン額に応じて支給（12〜10万→2万、10〜8万→1万）	
		通勤手当	通勤にかかる実際の費用や距離に応じた支給 **例** 1カ月の通勤定期券代を支給	
		単身赴任手当	転勤により家族と離れる二重生活への補填 **例** 月額4万円支給	
		臨時に支払われる賃金	結婚手当、傷病見舞金、退職金など	
		1カ月を超える期間ごとに支払われる賃金	賞与、1カ月超の期間を対象とする「精勤手当」「勤続手当」「奨励加給または能率手当」などさまざま	

※従業員の事情に関係なく一律に支給される手当は割増賃金の計算に含める

ONE POINT
通勤手当と割増賃金の計算対象
個人の事情によって変わる通勤手当は、割増賃金の計算の対象には含みません。通勤費が高い人ほど、同じ残業時間でも時間外手当が高くなり、不公平になってしまうためです。

割増賃金の計算の算定基礎額

① **割増賃金の計算**：給与支給明細書の支給項目欄には「時間外手当」があります。従業員が残業や休日出勤をしたときには、時間外手当や休日出勤手当という項目で割増賃金を支給します。割増賃金の計算のもととなる賃金（算定基礎額）には、労働基準法で定められたルールがあります。基本給だけでなく、手当も含めた基準内賃金を基礎として、時間単価を計算します。

> **割増賃金額** ＝ 1時間あたりの賃金額
> × 所定労働時間を超えた労働時間
> × 割増賃金率

② **割増賃金の計算に含まない手当**：割増賃金の算定の基礎となる賃金は、主に固定的に支給される賃金になります。基本的には、基本給に加えて手当も割増賃金の算定基礎になります。しかし、「通勤手当」や「家族手当」など、一部の実費的な手当は割増賃金の算定基礎から外すことができます。算定基礎から外せる手当は労働基準法で定められていて、次頁の表の7つにかぎられています。逆にいえば、7つ以外の手当は割増賃金の算定基礎に含めなければなりません。

割増賃金の算定基礎から外す判断基準

① **同じ手当名でも取り扱いが違う**：同じ手当でも会社の考え方や実態によって、割増賃金計算に含むか含まないかが変わります。たとえば家族手当なら、家族の人数に応じて支給される場合は割増賃金に含めませんが、人数に関係なく一律に定額が支給される場合は割増賃金に含めなくてはなりません。前頁の表にあるように、住宅手当や通勤手当にも判断基準があります。

② **基準外賃金なら外せるとはかぎらない**：家族手当や住宅手当、通勤手当などは手当の名称や区分ではなく、その実態で判断されます。

● 算定基礎から外せる7つの手当

各手当	支給内容
家族手当	扶養家族数またはこれを基礎とする家族手当額を基準として算出した手当 ※ 名称ではなく、実質的に判断する
通勤手当	社員の通勤距離または通勤に要する費用に応じて算定される手当
別居手当	転勤などにより、扶養している家族と別居せざるを得ない労働者に対し、別居に伴う生活費の増加分を補うために支給される手当
子女教育手当	子どもの教育にかかる費用を援助する目的で支給される手当
住宅手当	住宅に要する費用に応じて算定される手当
臨時に支払われた賃金	臨時的、突発的事由にもとづいて支払われたもの、および結婚手当など支給条件は予め確定されているが、支給事由の発生が不確定であり、かつ非常に稀に発生するもの
1カ月を超える期間ごとに支払われる賃金	・1カ月を超える期間の出勤成績によって支給される精勤手当 ・1カ月を超える一定期間の継続勤務に対して支給される勤続手当 ・1カ月を超える期間にわたる事由によって算定される奨励加給または能率手当

第1章 給与計算に必要な基本知識

割増賃金の算定の基礎となる7つの手当は、名称ではなく実態で判断されるので注意しましょう。

10 起算日・締日・支払日・給与計算期間・時間外手当等の計算期間

給与の締め日と支払日の基礎知識

毎月の給与計算は、締め日から支払日までに終了しなければなりません。ただし時間外手当など変動給与の締め日は、計算が間にあわないことから、締め日をずらして運用することも可能です。

会社によって締め日や支払日は違う

① **賃金の計算期間**：賃金を計算する期間は「起算日」と「締め日（締切日）」で決められます。起算日から締め日までの期間で計算された賃金が「支払日」に支給されます。毎月の給与の支払日（支給日）に支払われるのは、直前の締日までの計算期間の支給額です。

② **締め日と支払日**：起算日、締め日、給料日（給与の支払日）は、会社が自由に決めることができます。ただし、支払日は毎月決まった日とすることが労働基準法で決められています。

③ **欠勤・時間外手当の反映**：当月中に給与を支払う、もしくは締め日から支払日までの計算日数が短い会社の場合、計算が間にあわないために欠勤控除や時間外手当などの勤怠項目の給与への反映が1カ月ずれることがあります。そのため、基本給の計算期間とは別に、勤怠項目の締め日と支払日を設定している会社もあります。

> **例** 基本給の計算期間は20日締めの25日払いで、勤怠項目の計算期間は月末締めの翌月25日払い。

④ **社会保険料は前月分を徴収**：社会保険料は、当月分の給与から前月分を徴収するのが一般的です。そのため締め日に関係なく、当月支払日の給与から前月分を控除します。

⑤ **雇用保険は当日分を徴収**：雇用保険は当日分の給与から徴収します。

ONE POINT
締め日の前に支払日？
普通は締め日のあとに支払日があると思いがちですが、支払日が締め日の前にある場合もあります。たとえば、次頁の事例の真ん中のケースは、締め日は当月末ですが、支払日は当月25日です。この場合、見越して支払うことになります。ただし、時間外手当など勤怠関係の支払いは翌月になります。当月末締め、当月25日払いは大企業によくみられます。

離職票に注意
時間外手当が翌月の場合、従業員が退職したときの離職票の記載に注意が必要です。離職票には過去6カ月間の賃金を記載しなくてはいけないので、当月分も同じく記載します。そのため、退職時には時間外手当だけを1カ月、前倒しで計算して記載することになります。

● 月額給与の締め日と支払日の例

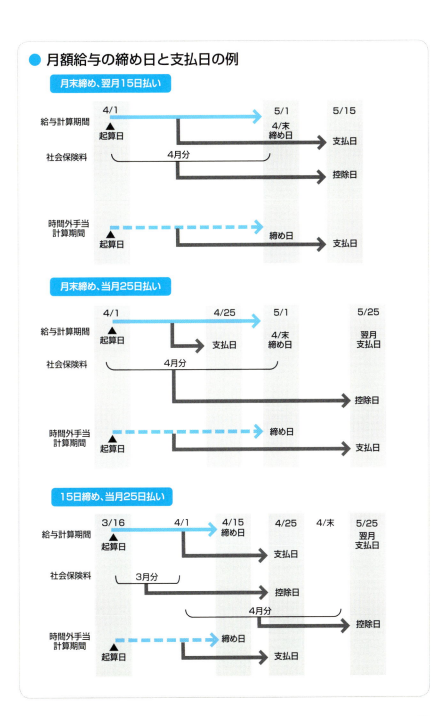

11 3年間保存・法定記載事項・労働基準監督署への提示・法定三帳簿

賃金台帳と労働者名簿の基礎知識

賃金台帳と労働者名簿は、労働基準法で作成が義務づけられています。その作業や記載内容は給与計算と密接にリンクしているため、同時に作業することで効率的に作成できます。

賃金台帳は賃金管理の法定書類

① **賃金台帳の法定記載事項**:会社には、従業員ごとにいつ、いくら賃金を支払ったのかを記載した「賃金台帳」を作成し備えつけることが義務づけられています。賃金だけでなく、下の表のように労働時間数や日数なども記載されていなければなりません。一般的な様式例(日雇い労働者以外)は次頁のとおりです。

② **事業場ごとに作成する**:賃金台帳は、事業場ごとに作成しなくてはいけません。本社のほかに営業所や支店などがある場合は、それぞれに賃金台帳を作成して保管しなければなりません。本社で全事業場の賃金計算を一括で処理する場合でも、原則として事業場ごとに作成、保管します。

ONE POINT
様式は任意に決められる
賃金台帳や労働者名簿は、法律で定められた事項が記載してあれば、様式(書式)は任意でかまいません。厚生労働省のサイトにひな形もありますが、自社オリジナルで、使いやすい様式にしましょう。

● **法律で義務づけられた賃金台帳の記載事項**

❶ 氏名
❷ 性別
❸ 賃金計算期間
❹ 労働日数
❺ 労働時間数
❻ 時間外、休日労働時間数および深夜労働の時間数
❼ 基本給、手当その他賃金の種類ごとにその額
❽ 賃金控除の額

● 賃金台帳例

賃金台帳

令和○○年

氏名	佐藤和也	性別	男	所属	総務部			
賃金計算期間	1月	2月	3月	4月		賞与(夏)	賞与(冬)	合計
労働日数								
労働時間数								
休日労働時間数								
早出残業時間数								
深夜労働時間数								
欠勤日数								
有休日数								
基本給								
時間外労働手当								
役職手当								
通勤手当								
住宅手当								
家族手当								
課税合計								
非課税合計								
総支給額								
健康保険料								
介護保険料								
厚生年金保険料								
雇用保険料								
社会保険料計								
課税対象額								
所得税								
住民税								
控除額計								
差引支給額								

第1章 給与計算に必要な基本知識

③ **保管期間は最終記入日から5年間**：賃金台帳は、賃金を支払うたびに記入しなければなりません。また、最終記入日から5年間保管する義務があります。

④ **給与計算が終わったら賃金台帳に記載する**：賃金台帳の作成は、さほど大変ではありません。毎月従業員に渡す給与支給明細書と項目がよく似ているため、給与計算が終わったらそのまま賃金台帳へ転記するだけで作業は完了します。年末調整の際は、賃金台帳からの転記によって源泉徴収簿を作成します。賃金台帳を源泉徴収簿の様式とあわせておけば、賃金台帳からの転記の手間も省けます。通常、給与ソフトで対応しています。

⑤ **すべての従業員に作成する**：正社員、パートタイマー・アルバイト、日雇い労働者も含めた全従業員に対して作成しなければなりません。

労働者名簿には最新の本人情報を記載する

① **労働者名簿の法定記載事項**：会社には、従業員本人の情報を記載した「労働者名簿」の作成が義務づけられています。記載しなければならない事項と一般的な様式例は、次頁のとおりです。賃金台帳と同様に、本社、本店、営業所といった事業場ごとに作成し、保管をする必要があります。

② **作成しなくていい場合**：日雇い労働者の場合、労働者名簿は作成する必要はありません。ただし、継続して1カ月以上働く場合には作成が必要です。

③ **保管期間は退職日から5年間**：記載項目の変更があった場合には、速やかに変更内容を訂正しなければなりません。また、従業員の退職日（解雇日、死亡日）から、5年間保管することが義務づけられています。

④ **個人情報の確認に活用**：労働者名簿には、従業員の最新の個人情報が記載されています。そのため、結婚などで氏名変更や住所変更があったときや、従業員の入・退社時の情報確認に活用できます。

ONE POINT
保管期間がすぎた場合の処分方法

●**紙の場合**
一般的にはシュレッダーでの裁断です。最近増えているものとしては、溶解業者による溶解処分もあります。溶かすことで完全に再生できないようにすることが期待されますが、外部の業者に任せてしまうのでその会社から漏洩してしまう可能性もゼロではありません。溶解を使う場合は、廃棄証明書の発行を必ず依頼し、可能であれば秘密保持契約を取っておきましょう。

●**電子データの場合**
USBフラッシュメモリや、PCに内蔵されるHDDを指します。記憶媒体に保存されるのは上記の電子データなので、データだけを消したい場合はHDD内のデータを完全に削除できるツールを活用してデータの削除を行い、媒体の廃棄で問題ありません。そういったツールを利用せずに廃棄する場合は物理的な破壊が求められます。USBメモリは破砕したり、HDDであればドリルで穴を空けたり、再利用できないよう処分しましょう。

● 法律で規定された労働者名簿の記載事項

❶ 氏名　❷ 生年月日　❸ 履歴　❹ 性別　❺ 住所
❻ 従事する業務の種類（常時30人未満の事業場では不要）
❼ 雇入れ年月日
❽ 退職年月日およびその事由（退職の事由が解雇の場合はその理由）
❾ 死亡年月日およびその原因

● 労働者名簿の例

労働者名簿

フリガナ		社員番号	
氏名		従事する業務の種類	
生年月日	年　月　日		
性別	男　女		
住所	〒		
雇入れ年月日	年　月　日		
退職（解雇）または死亡	年月日	年　月　日	
	事由（原因）		
履歴			
備考			

12 算定基礎額・直前３カ月の平均賃金・時間外割増賃金と平均賃金・労災保険の給付基礎日額

平均賃金で計算する手当

毎月の給与計算とは関係ありませんが、解雇予告手当や休業手当などの計算のときには、直前３カ月に支払われた賃金をもとにした「平均賃金」が使われます。

平均賃金は主に収入の減少を補てんするのが目的

① **平均賃金とは**：従業員を解雇する際の「解雇予告手当」や「休業手当」などを計算するときの基礎となる額のことです。主に生活保障のための手当であることから、従業員が通常得ている１日あたりの賃金が目安となります。

② **平均賃金を使う手当**：平均賃金を計算するとき、その計算のもとにする算定基礎額として使う手当は、次頁の図表のように決められています。これらは、「主に収入の減少を補てんする性格の手当」です。病気やケガによる休業で収入が減ったり解雇になって収入がなくなったりしたとき、生活保障のために収入をある程度補うために支給されます。

③ **平均賃金の計算方法**：休業などは日数でカウントするため、平均賃金も１日あたりの額が単位となっています。次頁の計算式のように、直前３カ月に支払われた賃金の総額を３カ月間の日数で割ります。このときの日数は労働日数ではなく、暦どおりの総日数になります。

④ **最低保証額の計算方法**：「最低保障額」の計算では、労働日数が分母になります。賃金が日給や時間給、出来高給の場合、労働日数が少ないと、③の計算方法では額が極端に少なくなることがあるからです。日給、時間給、出来高給の場合は「原則的な計算で出した平均賃金」と「最低保障額」を比較して、高いほうで計算します。

⑤ **平均賃金は支給総額で計算**：平均賃金は、実際に本人へ支給された賃金が基本となるので、基本給や時間外手当

ONE POINT

有給休暇の算定基礎額は３つから選択

有給休暇については、「平均賃金」「所定労働時間働いたときの通常の賃金」「標準報酬日額」の３つから、計算の基本となる算定基礎額を選ぶことができます。ただし、選択方法は就業規則で定めておく必要があります。一般的には、最もわかりやすい「所定労働時間働いたときの通常の賃金」が使われています。

起算日は前日

平均賃金の算定では、算定の必要が発生した日（解雇予告日、労災の発生日など）以前の３カ月で計算します。ただし当日は含めず、前日から起算して３カ月間が算定期間です。そのため、締め日が発生当日の場合、その前の締め日が起算日になります。

端数処理は銭単位

平均賃金の計算で端数が出た場合は、１銭未満を切り捨てます。たとえば6,527.5586円であれば6,527.55円となります。実際の支給額の端数は、１円未満を四捨五入または切り上げます。

● 算定基礎額として平均賃金が使われる手当や制裁の制限など

解雇予告手当	労働者を解雇するときの予告に代えて支払う手当 ⇒ 最大で（30日前解雇の場合）平均賃金の30日分以上支払う
休業手当	会社の都合で従業員を休業させる場合 ⇒ 休業1日につき平均賃金の6割以上支払う
年次有給休暇の賃金	年次有給休暇を取得した日の賃金 ⇒ 平均賃金で支払うことにした場合
休業補償などの災害補償	労災（業務災害のみで通勤災害は除く）のときの補償 ⇒ 1日につき平均賃金の6割以上を支払う ※ 労災保険の休業補償は4日目からなので、3日間は会社が休業補償する必要がある
減給制裁の制限	例 就業規則に定める減給の制裁 ⇒ 1回の限度額は平均賃金の半額まで 　総額の限度額は支払賃金総額の1割まで

● 平均賃金から除かれるもの

平均賃金の計算から除かれる賃金

❶ 賞与など（3カ月を超える期間ごとに支払われる賃金）
❷ 臨時に支払われた賃金（結婚手当、私傷病手当、加療見舞金、退職金など）
❸ 法令または労働協約で定められていない現物給与

$$平均賃金 = \frac{直前3カ月の賃金総額（支給総額）}{3カ月間の総日数（暦日数）}$$

- 労災（業務災害）による療養のための休業期間
- 産前産後の休業期間
- 会社の都合による休業期間
- 育児・介護休業期間
- 試用期間

平均賃金の総日数から除かれる休業期間など（支払われた賃金も賃金総額から除く）

などの割増賃金はもちろん、通勤手当など労働時間に直接関係しない賃金も含めた支給総額をもとに計算します。割増賃金の計算は、時間給単位になるので注意します。

⑥ **平均賃金に含まない賃金**：賞与は平均賃金の計算から除外します。直前3カ月の平均賃金が賞与を含む月にかかっているかいないかで、平均賃金が大きく違ってきてしまうからです。また、結婚手当、退職金などの臨時に支払われた手当も計算から除外します（前頁図表参照）。

⑦ **総日数に含まない日**：労災や産前産後などの休業期間がある場合、計算に使う総日数から除きます。休業期間中は賃金が減ったり支払われなかったりするため、平均賃金の計算に含まないのが原則です。また、休業期間中に支払われた賃金も支給総額から差し引きます。なお試用期間中に平均賃金の必要が生じたときには、試用期間中の賃金と日数で計算します。

● **平均賃金を基準とする手当**

	平均賃金
対象となる手当	解雇予告手当、休業手当、年次有給休暇の賃金、休業補償などの災害補償、減給制裁の制限
計算方法	直前3カ月に支払われた賃金の平均額 ※ 賞与などは除く ── わかりやすくいえば賃金総額の平均額
計算式	$\dfrac{\text{直前3カ月の賃金総額（支給総額）}}{\text{3カ月間の総日数（暦日数）}}$ ※ 賃金が日給、時間給、出来高給の場合は以下の算式が最低保障額となる $\dfrac{\text{直前3カ月の賃金総額（支給総額）}}{\text{3カ月間の実労働日数}} \times 0.6$
計算例	事例：直前3カ月の賃金 　6月　33万2,210円 　7月　32万5,264円 　8月　31万6,254円 $\dfrac{33万2,210円 + 32万5,264円 + 31万6,254円}{30日+31日+31日}$ ＝ 1万584円（平均賃金）── 平均賃金は「日額単価」

第2章 毎月の給与計算 STEP1 今月の従業員情報を確認する

01 　　従業員の動きをチェックする

02 　　入社した従業員の社会保険

03 　　入社した従業員の住民税

04 　　退職する従業員の社会保険料

05 　　退職する従業員の住民税

06 　　退職時の源泉徴収票

07 　　退職金の税金

08 　　従業員の個別の変更処理

09 　　休職・休業時の賃金や社会保険

01 入社・退職・変更(名前、住所、扶養家族)・休業・休職・社会保険料・源泉所得税・住民税・退職金

従業員の動きをチェックする

給与計算に入る前に入社や退職、住所変更など、給与計算に関係してくる従業員の情報を確認しましょう。勤怠チェックの前準備です。

入社・退職、住所変更、休業者、休職者などのチェック

① **入社・退職の処理**:入社では最初の給与の計算や各種手続きが発生します。

社会保険料(入社) 健康保険料・厚生年金保険料の決定および翌月より徴収を行います。

雇用保険料 当月より徴収します。

源泉所得税 「扶養控除等(異動)申告書」の提出の有無で税額表の使用欄が異なります。

住民税 控除する場合としない場合があります。

社会保険料(退社) 月末退職かどうかで社会保険料の控除が異なります。

② **変更に伴う処理**:給与計算に関係する変更には、主に氏名、住所、扶養家族の変更があります。

氏名変更 結婚などで姓が変わった場合、変更後の本人名義の口座でなければ給与を振り込むことはできません。

住所変更 通勤手当など、すぐに支給額が変わる可能性のあるものを確認します。住民税の変更はすぐにはありません。

③ **休業・休職に伴う処理**:休業や休職の場合は、給与が支給される場合とされない場合があります。また給与が支給されなくても、社会保険料が控除される場合とされない場合があるので注意しなければなりません。

休職 各社の就業規則により無給または給与の一部支給などさまざまです。社会保険料は給与が発生しなくても控除します。

産前産後休業や育児休業 社会保険料は免除になるため、控除しません。

介護休業や労災休業 社会保険料を控除します。

ONE POINT

給与がないときの社会保険料控除

給与がなくても社会保険料控除をしなければならない場合、本人に支払ってもらったり、会社が一時立て替えることもできます。健康保険の傷病手当金や労災保険の休業補償は、会社を経由して支払うことも可能なので、会社が社会保険料を控除したうえで本人口座へ振り込むのもひとつの方法です。

労災で会社が払う休業補償は非課税

労災保険の給付は4日目からなので、当初3日間は会社が平均賃金の6割以上を支払います。あくまで休業補償であり、給与ではないので課税されません。

● 給与計算に関係する従業員の動きと給与計算への影響

従業員の動き		チェック事項と給与計算への影響	
入社		入社日	・給与の起算日、日割計算など（30頁参照）
		社会保険の適用	・社会保険・雇用保険適用確認 ・社会保険料の控除時期（当月開始、翌月開始）
		会社の手続き	・社会保険加入手続き
		源泉所得税	・「扶養控除等（異動）申告書」を従業員に提出してもらう（税額表の使用欄を確認） ・転職前の会社から交付された「源泉徴収票」を提出してもらう（年末調整に使用）
		住民税	・控除の有無、「給与所得者異動届」の届出
退職		退職日	・給与の支払方法（30頁参照）
		社会保険の控除	・退職日によって控除が変わってくる
		会社の手続き	・社会保険の喪失届・離職票の作成
		源泉所得税	・退職から1カ月以内に源泉徴収票を交付
		住民税	・退職後の分を控除するかしないか ・給与所得者異動届を住民税納付先の市区町村または転職先企業に送付
		退職金	・退職金の計算と支払い
変更	氏名の変更	振込口座	・振込口座の変更
	住所の変更	住民税、通勤手当	・住民税の変更は翌年6月まで行われない ・通勤手当の変更
	扶養家族の変更	所得税、家族手当	・所得税、家族手当の変更
	給与の大幅変更	社会保険料	・原則として変更の4カ月目から
休業・休職	休職	傷病手当金	・休職期間中は社会保険料控除
	労災休業	労災休業補償	・休業4日目より（3日目までは会社が支給） ・給与未支給でも社会保険料は控除
	産前産後休業 育児休業	社会保険料	・休業期間中は社会保険料免除
	介護休業	社会保険料	・休業期間中は社会保険料控除

労働基準法26条に基づく「休業手当」も同様の扱いです（使用者の責に帰すべき事由による休業）。

02 4分の3ルール・1カ月の勤務日数・1日の勤務時間・
社会保険料の控除開始月・翌月控除と当月控除・501名以上の企業

入社した従業員の社会保険

入社した従業員の勤務時間によって、対象となる社会保険の種類は異なります。

社会保険の対象と法改正

① **4分の3以上勤務ならすべて加入**：社会保険（健康保険、厚生年金）は、正社員の4分の3（1カ月の勤務日数と1週間の勤務時間）以上勤務する従業員は加入する義務があります。パートタイマーやアルバイトでも、要件にあてはまれば社会保険への加入が必要です。

② **社会保険加入要件の法改正（501人以上の企業）**：平成28年10月からの法改正で、従業員501人以上の企業、週20時間以上勤務などの条件を満たした場合は、社会保険への加入義務が発生するようになりました。

③ **雇用保険のみ対象となる短時間従業員**：労働時間が比較的短いパートタイマーや、定年後の継続雇用従業員などは、雇用保険だけが対象となる場合があります。労働時間が週20時間以上、週30時間未満（フルタイムで3日勤務）が目安となります。

④ **労災保険は全従業員が加入**：労災保険はアルバイトやパートタイマー、短期間従業員に至るまで、すべての従業員が対象になります。労災保険料は全額会社負担のため、従業員からの徴収はありません。

社会保険料の控除開始月

① **健康保険と厚生年金**：健康保険と厚生年金は入社した月から適用されます。原則として、翌月の給与支給日から控除を開始します。しかし、当月給与支給日に控除する会社もあります。なお、国からの請求は入社の翌月からとなります。

② **雇用保険**：入社した月の給与支給日から控除を開始します。ただし、給与が月末締め翌月末払いの場合、加入し

ONE POINT
従業員数が500人以下の企業でも社会保険加入ができる
平成29年4月以降、従業員数が500人以下の企業で働く人も要件を満たしている場合、労使で合意がなされれば、社会保険に加入することができるようになりました。

65歳以上の方も雇用保険の適用対象
平成29年1月1日以降、65歳以上の労働者についても、「高年齢被保険者」として雇用保険の適用の対象となりました。現在、会社にいる65歳以上の従業員も雇用保険に加入手続きが必要です。

介護保険料の対象になる場合もある
入社した従業員が40歳以上65歳未満の場合、健康保険料に介護保険料も含めて徴収しなければなりません。

● 入社した社員の社会保険加入確認のフローチャート

		健康保険・厚生年金	雇用保険	労災保険	注意点
正社員		○	○	○	・厚生年金は70歳未満の者のみ ・健康保険は75歳未満の者のみ ・40歳以上65歳未満の者は介護保険料も徴収
パートタイマーなど	1カ月の勤務日数と1週間の勤務時間がどちらも正社員の4分の3以上	○	○	○	
	次のすべてを満たす者 ・1カ月の勤務日数および1週間の勤務時間が正社員の4分の3未満 ・週20時間以上勤務 ・31日以上雇用見込み	×	○	○	・目安として週20時間以上30時間未満勤務の者が該当
	次のいずれかに該当する者 ・勤務時間が週20時間未満 ・31日以上の雇用見込みがない	×	×	○	・労災保険はどのような雇用でも適用(例:日雇い労働者) ・労災保険の保険料は全額会社負担
501名以上の企業・パートタイマーなど	次のすべてを満たす者 ・1週間の所定労働時間が20時間以上 ・月額賃金8.8万円以上(年収106万円以上) ・1年以上継続して雇用される見込みがある ・被保険者の数が501人以上の企業 ・学生ではない	○	○	○	・週20時間以上30時間未満勤務の者が該当

※令和4年10月より、101名以上の企業でもパートタイマー等の加入が義務化される予定です。

●社会保険料の控除開始月

健康保険 厚生年金 → **翌月**の給与支給時から控除開始

4月 ▼入社 ▼給与日　5月 ▼給与日
　　　　　　　　　　　　　▲控除開始

雇用保険 → **当月**の給与支給時から控除開始

4月 ▼入社 ▼給与日　5月 ▼給与日
　　　　　▲控除開始

た月の労働に対する賃金から控除をはじめます。

03 一括徴収・特別徴収の引き継ぎ・普通徴収から特別徴収への切り替え・給与所得者異動届出書・特別徴収への切替申請書

入社した従業員の住民税

住民税は、入社した従業員の状況によって「給与からの控除を開始する」か「5月まで控除せず6月から開始する」の2通りの処理があります。

住民税とは

① **住民税**：都道府県が徴収する「都道府県民税」と、市町村が徴収する「市町村民税」（東京23区は特別区民税）の総称です。徴収方法には「特別徴収」と「普通徴収」があります（左記ONE POINT参照）。

入社した従業員の住民税控除の方法は3通り

① **前の会社で徴収済みの場合**：転職前の会社を退職するときに年度末までの住民税を一括で納付している場合は、翌年5月まで徴収の必要はありません。住民税の控除開始は翌年6月の給与からになります。ただし4月途中入社の場合は、当年6月から切り替えをして控除をはじめます。

② **前の会社から引き継いで徴収する場合**：前の会社を退職するときに、転職後の会社にそのまま特別徴収を引き継ぐことを従業員が選んだ場合は、次頁のような所定の手続きをして入社後控除をはじめます。なお、これが選択できるのは、1カ月以上の間を置かずに次の会社に入社する場合にかぎられます。

③ **普通徴収にしていた場合**：前の会社を退職するとき、普通徴収に切り替えていた場合は、入社後に特別徴収に切り替える手続きをします。その後、給与から住民税を控除します。なお、納付期限をすぎている部分は切り替えができないので、従業員が自分で納めます。

特別徴収をする場合の書類と手続き

① **前の会社から引き継ぐ場合**：

　何を　前の会社から「給与所得者異動届出書」を提出して

ONE POINT

住民税の課税対象

住民税の課税対象となるのは、毎年1月1日～12月31日までの1年間の所得で、所得のあった翌年の6月から納めることになります。住民税は、都道府県の分と一緒に市区町村へまとめて納めます。

新卒者の住民税

新卒者は一般的には前年所得がないので、翌年5月までは住民税の徴収はありません。翌年6月給与分から住民税の控除がはじまります。

特別徴収と普通徴収

住民税の徴収方法には特別徴収と普通徴収があります。特別徴収とは、給与から天引きして納める方法です。一方、普通徴収とは市区町村から郵送される納付書によって本人が自分で納める方法です。普通徴収の場合は、一括で納める方法と分割で納める方法の2つがあり、本人が自由に選ぶことができます。分割で納めるときは、6月、8月、10月、翌年1月の年4回が一般的です。

● 入社した従業員の住民税の処理パターン

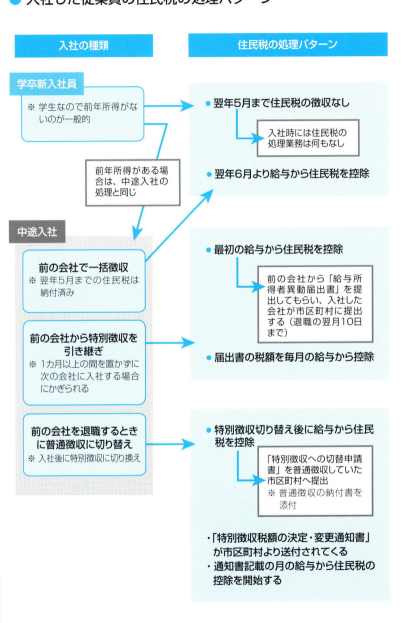

もらいます。

どこへ 転職先の会社が、その届出書の市区町村に退職月の翌月10日までに提出します。

どのように 前の会社からの届出書は、本人が前の会社の退職時に受領し、転職先の会社に提出するのも一案です。前の会社から届出書を提出してもらうことによって、転職先の会社では納税先の市区町村や5月までの住民税額の控除額がわかります。届出書の市区町村への提出後は、届出書に書かれていた住民税額を本人の給与から控除していきます。

② **普通徴収からの切り替え**：前の会社を退職後、普通徴収として自分で住民税を納めていた人が入社したとき

何を「特別徴収への切替申請書」を

どこへ 普通徴収していた市区町村に提出します。

どのように 本人から普通徴収の納付書を提出してもらい、切替申請書に必要事項を記入して、納付書を添付して市区町村に送ります。

いつから 切替申請書を提出後、市区町村より「特別徴収税額の決定・変更通知書」が届きます。通知書に記載されている月の給与から、住民税の控除をはじめます。手続きの関係上すぐに控除を開始できず、2カ月ほど遅れる場合もあります。開始までの住民税は、普通徴収により本人が自分で納めることになります。

ONE POINT
すぐに転職しない場合
一旦普通徴収にして、入社後に特別徴収に切り替えます。

普通徴収の納付
6月、8月、10月、翌1月の4回に分割して納付します。

column

住民税は1月1日在住の市区町村に納める

　住民税は前年の所得に対して課税されますが、引っ越しをして市区町村が変わってしまった場合はどうなるのでしょうか。

　たとえば、3月20日にA市からB市に引っ越したときは、3月19日まではA市の住民ですが、3月20日からはB市の住民ということになります。しかし、住民税の納付先が年度の途中で変わることはなく、その人が1月1日現在住んでいた（住票のある）市区町村に納税します。

● 特別徴収を引き継ぐときの給与所得者異動届出書例

- この自治体に送付する
- 住民税額がわかる
- 転職前の会社が記入する
- 転職後の会社が記入する

● 特別徴収への切替申請書例

- 本人が提出した普通徴収の納付書を参考に記入する
- 普通徴収の納付書を添付する。普通徴収の納期が過ぎたものは特別徴収への切替ができない

04 退職日・月末退職・資格喪失日・退職日の翌日・被保険者期間・前月・当月・雇用保険料

退職する従業員の社会保険料

退職日が月末か月末以外かによって、社会保険料（健康保険、厚生年金）の控除のしかたが変わります。雇用保険は退職日の影響はなく、通常どおり、給与支給の都度します。

ONE POINT
当月控除の社会保険料
社会保険料（健康保険料、厚生年金保険料）を当月給与から控除している会社の場合、月末退職以外は、退職月の給与から社会保険料を控除しません。

月末退職の場合に注意

① **健康保険料と厚生年金保険料**：会社を退職すると、健康保険と厚生年金保険ともに資格を失い、脱退となります。健康保険と厚生年金保険の保険料は月単位で徴収するため、日割で控除はしません。つまり、被保険者期間（加入期間）も資格喪失日の前月までとなるため、退職した当月分の保険料は徴収しないことになります。健康保険料と厚生年金保険料は、前月分を当月の給与から控除するのが一般的です。そのため、退職した月の給与から控除するのは前月分になります。

② **当月払いの月末退職の場合は２カ月分控除**：健康保険と厚生年金保険の資格喪失日は、退職日の「翌日」です。そのため月末退職の場合だけは、退職月（退職日のある月）の翌月が資格喪失なので、当月分の保険料が発生します。しかし、当月払いの企業は翌月の給与支給はないので、退職月の最終給与で２カ月分を控除します（時間外のみ翌日支給の場合でも不足することがあるため）。

雇用保険料は最後の支給まで控除する

① **退職日と雇用保険は関係しない**：健康保険料や厚生年金保険料のように、退職日による変動はありません。

② **支給額に対して控除**：雇用保険料は支給した給与額に対する控除なので、給与の支払いが発生した都度控除します。退職日による影響はありません。ちなみに時間外賃金の場合は、翌月に支払う場合も控除します。たとえば給与は当日支給、時間外賃金は翌月支給の会社の場合、

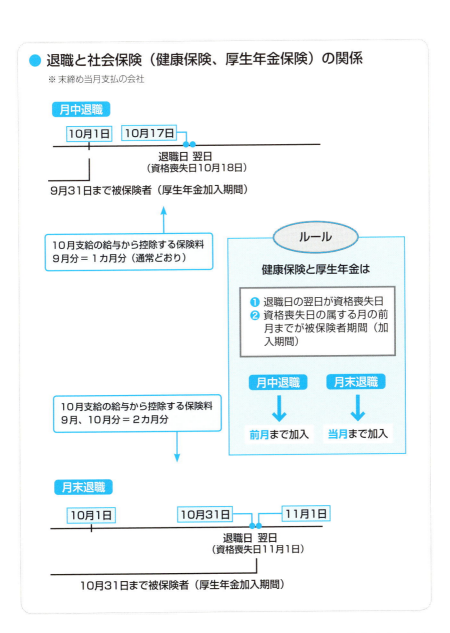

　退職月に支払われる給与のうち、時間外賃金は前月の分となります。退職した翌月の給与は時間外賃金だけが支払われることになりますが、雇用保険料はこの分からも控除します。

05 一括徴収・特別徴収の引き継ぎ・普通徴収・6月から12月までの退職・1月から5月までの退職・給与所得者異動届出書

退職する従業員の住民税

退職する従業員の住民税の処理パターンは3通りあります。退職月が1月から5月までだと原則、普通徴収は選択できないので注意が必要です。

退職月によって処理方法が違う

① **❶普通徴収と❷一括徴収の選択**：住民税は、前年所得に対する課税額を6月から翌年の5月までの12回に分けて、毎月の給与から控除します。退職すると、翌月から5月までの分が残ってしまいます。そのため退職時に、住民税の残りを普通徴収に切り替えて自分で市区町村へ納めるか、最後の給与や退職金などから一括で納めるかを選択してもらいます。

② **普通徴収への切り替え**：退職月は、通常どおり最後の給与から住民税を控除します。事務処理としては、「給与所得者異動届出書」を退職の翌月10日までに納税先の市区町村に提出します。遅れると会社が住民税を滞納したことになるため、注意しましょう。

③ **一括徴収で処理**：最後の給与で残りの住民税（翌年5月まで）を一括徴収します。この場合も、普通徴収と同様に「給与所得者異動届出書」を提出します。

④ **1月から5月までの退職の場合**：普通徴収の選択ができるのは、6月から12月に退職した場合だけです。1月以降5月までの退職では、原則、一括徴収をしなければなりません。

⑤ **❸転職先で特別徴収を継続**：1カ月以内に次の会社に入社する場合には、転職先の会社で特別徴収を引き継ぐことも選択できます。その場合は、転職先に「給与所得者異動届出書」を提出しなければなりません（57頁参照）。特別徴収の引き継ぎは、1月以降の退職でも可能です。

ONE POINT

一括徴収に足りない額
退職者が一括徴収を希望しても、最後の給与が少なく、一括徴収分に足りないことがあります。その場合は、不足分を普通徴収で本人に納めてもらいます。

5月退職は通常処理
1月以降に退職した場合、すぐに再就職しないときは一括徴収しかできません。なお、5月退職の場合は、6月以降の住民税徴収義務は会社にないため、5月分を通常どおり、最後の給与から特別徴収で控除します。

● 退職する従業員の住民税の処理パターン

従業員の選択肢	退職時期		会社の処理	
	6～12月	1～5月	給与所得者異動届出書	住民税の控除
❶普通徴収に切り替え	○	×	退職日の翌月10日までに提出	なし
❷退職時に一括徴収	○	○	退職日の翌月10日までに提出	翌年5月までの残額を控除
❸次の会社で特別徴収を継続	○	○	必要事項を記入のうえ次の会社へ送付（本人に渡して持参してもらってもいい）	次の会社で控除

※ 次の会社で特別徴収の継続を選択できるのは、1カ月以上の間を置かずに次の会社に入社する場合にかぎられる
※ 1～4月退職は、次の会社へ引き継ぐ以外は強制的に一括徴収する。5月退職は最後の給与から5月分を特別徴収する

● 普通徴収・一括徴収の給与所得者異動届出書例

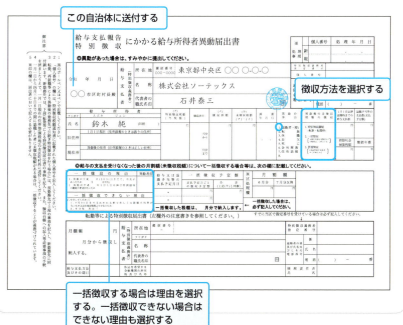

06 源泉徴収票・給与支払報告書・年末調整・確定申告・所得税の還付・退職後1カ月以内（交付期限）・市区町村への提出

退職時の源泉徴収票

退職者には、退職後1カ月以内に源泉徴収票を交付します。転職先の年末調整や本人の確定申告のときに必要となるためです。

退職時の源泉徴収票の交付の目的

① **転職先の年末調整に必要となる**：年の途中で退職した場合、1年間の給与の合計額が確定しないため、年末調整ができません。そのため、転職した従業員の年末調整は転職先の会社で行うことになります。そのとき、転職前の会社で支給された給与額や源泉徴収額が明記された源泉徴収票を、転職先の会社に渡す必要があります。なお死亡退職や当年中に給与支給がないなど、1年間の給与の合計額が明らかな場合は、年の途中の退職でも年末調整ができる場合があります。

② **確定申告に必要となる**：転職しない場合は、翌年3月に従業員本人が確定申告をしないと所得税の還付が受けられません。確定申告時には、確定申告書に源泉徴収票の添付が必要となります。

源泉徴収票は本人と市区町村に送付

① **交付時期**：源泉徴収票は、退職後1カ月以内に退職者へ送付します。仮に本人からの依頼がなくても、退職時に交付しておきましょう。年末調整や確定申告など、会社が忙しい時期に退職者から交付依頼が来るのを避けることができます。

② **交付先**：退職者の源泉徴収票は、本人だけでなく本人の住所地（住民税納税地）の市区町村へも送付します。市区町村への提出は翌年1月末までです。なお給与の支払額が30万円以下の場合は、市区町村への提出義務はありません。また、その年の中途で退職した者や被災により所得税などの源泉徴収の猶予を受けた者は、給与の支払い額が250万円を超えた場合、翌1月末までに税務署へ提出する必要があります。

ONE POINT

源泉徴収票の押印
源泉徴収票には押印が義務づけられていないため、押印なしでも有効です。ただし給与にかかわる証明書類なので、できるだけ会社印を押して渡しておくほうがいいでしょう。

11月上旬までには送付
源泉徴収票の交付期限は、退職後1カ月以内とされています。事情があって遅れた場合にも、各会社の年末調整の作業がはじまる11月上旬までには送付するようにしましょう。

退職金の源泉徴収票は別に交付する
退職金を支払う場合は、退職所得の源泉徴収票を交付します。退職金は単独で課税される分離課税のため、給与の源泉徴収票とは別に交付しなければなりません（69頁参照）。

● 年の中途で退職する従業員の源泉徴収票例

「給与所得控除後の金額」や「所得控除の額の合計額」は記入不要

市区町村に提出するほうは「給与支払報告書」という名称だが、記載内容は同じ

令和○○年分　給与所得の源泉徴収票

支払を受ける者：東京都○○区 ○○ ○-○-○
氏名：鈴木 純（スズキ ジュン）

種別：給与・賞与

摘要欄に記入する：**年調未済**

退職欄に○印

2　6　30

支払者 住所（居所）又は所在地：東京都中央区 ○○○ ○-○-○
氏名又は名称：株式会社ソーテックス
電話：03-0000-0000

会社印を押す

主な記入項目

- 支払いを受ける者
- 住所または居所
- 種別
- 支払金額
- 源泉徴収税額
- 社会保険料等の金額
- 中途就・退職年月日
- 受給者生年月日
- 支払者

第2章　毎月の給与計算　STEP1　今月の従業員情報を確認する

63

07 分離課税・退職所得・退職所得控除・勤続年数・退職所得申告書・退職所得税額・住民税・退職所得明細書

退職金の税金

退職金はそれ単体で課税される分離課税のため、退職金だけで所得税と住民税を計算し、控除します。「退職所得申告書」提出の有無で計算方法が大きく違うので、注意が必要です。

退職金の税金は給与とは別に計算

① **退職金は退職所得として分離課税**：退職時に退職金の支給がある場合には、最後の給与だけでなく退職金の計算もしなければなりません。退職金は給与所得ではなく、退職所得になります。退職所得は、単独に課税される分離課税となります。そのため給与計算とは別に税額を計算し、所得税と住民税を控除します。

② **課税額の計算式**：退職金に課税される税額は、次頁のように特別な計算式で計算します。退職金は退職所得控除額の適用によって、大きく税金が軽減されます。

退職所得控除額の計算

① **退職所得控除**：退職所得控除は退職金（退職所得）の税額計算のときだけに認められた、税金の負担が軽減される非常に有利な控除です。勤続年数によって控除額が決まりますが、勤続20年を境に控除される額が大きく変わります。

② **勤続年数20年以下の控除額**：退職所得控除額は、勤続年数20年以下の場合は勤続年数1年につき40万円です。ただし最低保障が80万円なので、勤続年数2年以下の場合は一律80万円になります。勤続年数1年未満の端数は1年に切り上げて計算します。

③ **勤続年数20年超の控除額**：勤続年数21年目からの退職所得控除額は、勤続年数1年につき70万円になります。長く働いた従業員ほど有利な控除が受けられるしくみであることがわかります。

ONE POINT
年金の一時金も退職所得
企業年金は、一般的にその一部または全部を、退職時に一時金として受け取れる選択が用意されています。一時金で受給した企業年金は、退職所得として課税されます。通常の退職金と企業年金の一時金を合算し、その合計額を「退職金の額」として退職所得税額を計算します。

勤続年数とは
原則として、会社に入社してから退職するまでの期間です。長期欠勤や休職の期間も含めます。確定拠出年金を一時金で受給する場合は、確定拠出年金の掛金を納めていた期間が勤続年数になります。また、中小企業退職金共済制度からの退職金を受け取る場合の勤続年数も、掛け金を納めた期間（通算含む）が勤続年数になります。

● 退職金の退職所得税額の計算式

退職所得控除後のさらに半分になる

$$（退職金の額 - \underline{退職所得控除額}）× \frac{1}{2} = 課税退職所得金額$$

$$課税退職所得金額 × 税率 = 退職所得税$$

計算方法

勤続年数	退職所得控除額
20年以下	40万円 × 勤続年数（80万円以下は80万円）
20年超	70万円 ×（勤続年数－20年）+ 800万円

40万円×20年分

※ 勤続年数1年未満の端数は1年に切り上げ

例

❶ 勤続15年2カ月（勤続20年以下のケース）
　退職所得控除額 = 40万円 × 16年 = 640万円

❷ 勤続37年3カ月（勤続20年超のケース）
　退職所得控除額 =｛70万円 ×（38－20年）｝+ 800万円 = 2,060万円

● 課税退職所得金額に対する税率と退職所得税額の計算方法

課税退職所得金額（Ⓐ）	所得税率	控除額	退職所得税額
1,000円～194万9,000円	5%	――	（Ⓐ × 5%） × 102.1%
195万円～329万9,000円	10%	9万7,500円	（Ⓐ × 10% － 9万7,500円） × 102.1%
330万円～694万9,000円	20%	42万7,500円	（Ⓐ × 20% － 42万7,500円） × 102.1%
695万円～899万9,000円	23%	63万6,000円	（Ⓐ × 23% － 63万6,000円） × 102.1%
900万円～1,799万9,000円	33%	153万6,000円	（Ⓐ × 33% － 153万6,000円） × 102.1%
1,800万円～3,999万9,000円	40%	279万6,000円	（Ⓐ × 40% － 279万6,000円） × 102.1%
4,000万円以上	45%	479万6,000円	（Ⓐ × 45% － 479万6,000円） × 102.1%

※ 課税退職所得金額は1,000円未満切り捨て。退職所得税額は1円未満切り捨て

復興特別所得税2.1%分が加算される

ONE POINT
勤続5年以下の役員・公務員は要注意
退職金の税額を計算するとき、退職金から退職所得控除額を引き、さらに半分にすることで課税退職所得金額を求めます。非常に有利な控除ですが、これには例外もあります。「勤続年数5年以下の役員や公務員など」は、適用されません。退職所得控除額を差し引いた金額が、そのまま課税退職所得金額になります。

障害者になって退職するとき
障害者になったことが原因で退職した場合は、退職所得控除額が100万円上乗せされます。

税額の計算

① **課税対象額**：退職金の額から退職所得控除額を差し引いたあと、さらに2で割った額が、課税退職所得金額（課税対象額）です。

② **最終的な税額**：①で算出した課税退職所得金額に、税率表で求めた税率を掛けて退職所得税額を計算します。

③ **住民税10％を控除**：課税退職所得金額からは住民税も控除します。10％（市区町村民税6％、都道府県税4％）の住民税を算出し、100円未満の端数を切り捨てます。

退職所得申告書の提出の有無で計算方法が変わる

① **申告書を提出した場合**：退職所得控除を適用した退職所得の計算を行うには、本人から「退職所得の受給に関する申告書」（退職所得申告書：次頁参照）を提出してもらわなければなりません。

② **申告書を提出しない場合**：「退職所得申告書」を提出していないと退職所得控除が使えないため、計算方法が変わってきます。退職金の20.42％（復興特別所得税を含む）を一律に源泉徴収することになります（68頁参照）。退職所得控除を適用した金額と、大きく変わるので注意が必要です。

③ **確定申告で還付**：「退職所得申告書」を提出している場合は、原則として確定申告の必要はありません。一方、「退職所得申告書」を提出していなかった場合は、確定申告をすることで、差額の還付を受けることができます。

退職金の支給明細書と源泉徴収票を作成する

① **退職金支給明細書**：退職金を支給するときは、「給与支給明細書」とは別に、「退職金支給明細書」（69頁上図参照）を作成して本人に渡します。

② **退職金の源泉徴収票**：「給与の源泉徴収票」（69頁下図参照）とは別に、「退職所得の源泉徴収票」を交付します。

● 退職所得申告書例

退職理由（障害なら退職所得控除額100万円加算）

退職者本人の押印

勤続年数（1年未満切り上げ）

● 退職所得申告書を提出しなかった場合の退職所得税額の計算方法

課税退職所得金額 × 20.42% = 退職所得

● 退職所得税額の計算例

例 勤続年数37年3カ月、退職金額2,500万円

❶ 退職所得控除額 = { 70万円 × (38年 − 20年) } + 800万円 = 2,060万円
❷ 課税所得金額 = (2,500万円 − 2,060万円) × $\frac{1}{2}$ = 220万円 ← 1,000円未満切り捨て
❸ 退職所得税額 = 〔(220万円 × 10%) − 9万7,500円〕× 102.1% = 12万5,072円 ← 1円未満切り捨て
❹ 住民税額 = 220万円 × 10% = 22万円
❺ 退職金の手取り額 = 2,500万円 − 34万5,072円 = **2,465万4,928円**

退職所得申告書を提出しない場合

❶ 退職所得税額 = 2,500万円 × 20.42% = 510万5,000円
❷ 住民税額 = 220万円 × 10% = 22万円
　※ 住民税の計算は、「退職所得申告書」を提出しない場合も変わらない
❸ 退職金の手取り額 = 2,500万円 − 532万5,000円 = **1,967万5,000円**

→ 手取額が大きく違ってくる

※ 2013年〜2037年12月31日までの間に支払いを受ける退職手当等については、所得税とともに復興特別所得税が源泉徴収される

所得税の課税方法は「総合課税」と「分離課税」の2種類がある

column

　総合課税は1年間の所得を合算した額に対して課税されます。毎月の給与や賞与などの給与所得のほか、不動産所得や雑所得（原稿料や講演料など）など、すべてを合算します。公的年金や企業年金も雑所得として総合課税の対象です。一方、分離課税は、所得発生のたびに単独で課税されます。退職所得のほか、銀行預金の利息といった利子所得などがあります。退職所得のように、受け取る金額が非常に大きい場合は、一般的に分離課税のほうが税金は安くなるというメリットがあります。

● 退職金支給明細書例

退職金支給明細書

氏名	鈴木　純
入社日	○年○月○日
退職日	○年○月○日
勤続年数	38年
退職金支給額	25,000,000円
控除額 所得税	125,072円
控除額 住民税	220,000円
控除額 その他	
差引支給額	24,654,928円

● 退職金の源泉徴収票例

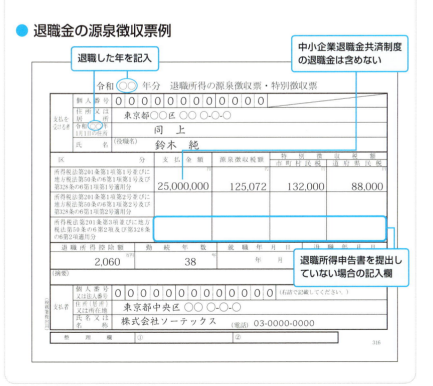

08 給与振込口座・1月1日現在の住所地・扶養親族の人数・16歳以上・12月31日現在・標準報酬月額の変更・2等級以上の変動

従業員の個別の変更処理

給与計算に影響する従業員自身の変更項目は、主に氏名の変更、住所変更、扶養家族の変更、大幅な給与変動などを押さえておきます。

従業員の氏名が変わったとき

① **振込口座名義を変更**：従業員の氏名が変わるのは、主に結婚して姓が変わる場合です。また、離婚により変わる場合もあります。給与計算上気をつけなければならないのは、給与の振込口座の名義変更です。給与は法律上、本人名義の口座でなければ振り込めないので、旧姓の銀行口座は使えなくなります。

② **社会保険の届出先**：従業員の氏名が変わったときは、社会保険関係のみ「氏名変更届」が必要です。組合健保の場合は健康保険組合に提出します。雇用保険の手続きは必要ありません。

従業員の住所が変更したとき

① **住民税**：住民税は1月1日現在在住の市区町村に納めます。そのため住所変更で市区町村が変わっても、住民税は同じ額を控除し同じ市区町村へ納付します。5月ごろ変更前の1月1日在住の市区町村から会社に送られてくる「決定通知書・納付書」に記載された住民税額を6月の給与から翌年5月まで控除します。

② **住所変更した年の処理**：給与計算の作業としては、住所変更をした年の年末調整で処理が発生します。年末調整により作成した「給与支払報告書（源泉徴収票）」に変更になった住所（翌年1月1日現在の住所）を記載し、翌年1月末までに変更後の市区町村に送付します。

③ **社会保険の届出先**：従業員の住所が変わったときは社会保険関係のみ「住所変更届」が必要です。必要に応じて、健康保険組合や年金事務所に提出します。雇用保険の手続きは必要ありません。

ONE POINT
給与支払報告書
市区町村へ提出するときの名称で、源泉徴収票と同じものです。市販の用紙では源泉徴収票と複写の綴りになっており、名称だけが異なっています。

住所変更と住民税の処理

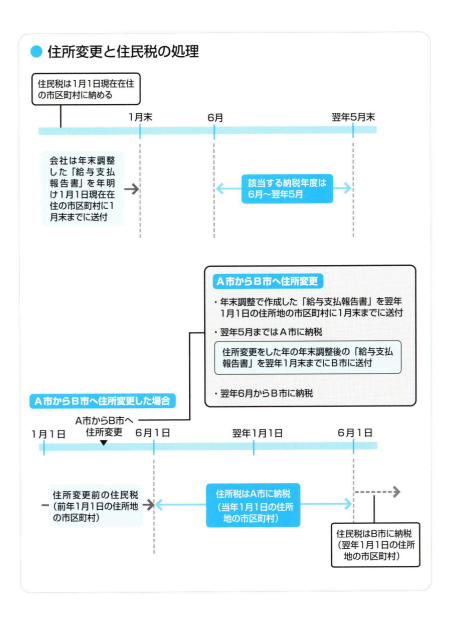

従業員の扶養家族に変更が生じたとき

① **所得税**：毎月の給与計算では、扶養家族（扶養親族等）の人数によって所得税の控除額が違ってきます。人数が多いほど税額が安くなるしくみです（169頁参照）。結婚などで扶養家族に変動があった場合は、所得税の税額も変わります。ただし、最終的には年末の12月31日現在の扶養家族の数で控除人数を判断します。なお、16歳未満の子どもは控除の対象にならないので、子どもが生まれても税額は変わりません。

② **家族手当を支給している場合**：扶養家族の変更によって家族手当も変わる場合もあるため、会社の基準にあわせて処理をします。通常は、従業員の配偶者や一定年齢未満の子どもに支給します。結婚なら入籍日、出産なら生まれた当日の翌月給与から、支給を開始する企業が多いです。

③ **社会保険の届出先**：扶養家族の保険証が必要となる場合は、協会けんぽ（健保組合）に「被扶養者（異動）届」を提出します。

従業員の給与が変動したとき

① **社会保険料**：社会保険料（健康保険料、厚生年金保険料）は、原則として年1回、9月分（10月支給の給与から控除）から見直しをします。しかし、大幅に固定的賃金（時間外手当などは除く）が変わり、標準報酬月額（22頁参照）に2等級以上の差が出た場合には、年度途中でも保険料を変更します。賃金が変動した4カ月目から標準報酬月額が変更となり、あわせて社会保険料も変わることになります（154頁参照）。

② **社会保険料の変更基準（月額変更）**：社会保険料を変更するかどうかには基準があり、賃金が変動してから3カ月間の平均額で判断されます。平均額の計算には、時間外手当などの非固定的賃金も含まれます。固定的賃金が上がっても、非固定的賃金が下がることで平均額に相当する標準報酬月額が2等級以上下がった場合

ONE POINT
扶養家族の変更
会社によっては扶養家族の変更があっても、当面の給与計算では所得税額を変更しないことがあります。この場合は、年末調整のときに差額を処理します。

16歳未満の子には児童手当が支給
16歳未満の子は、所得税の扶養控除の対象にはなりません。その代わり、市区町村が支給する児童手当の対象になります。支給額は児童1人につき1万円または1万5,000円で、親が一定の所得以上の場合は5,000円です。

固定的賃金とは
基本給や役職手当、家族手当、住宅手当、通勤手当など、支給率や支給額が決まっているものを固定的賃金といいます。一方、時間外手当、精皆勤手当など、毎月変動する賃金のことを非固定的賃金といいます（36頁参照）。

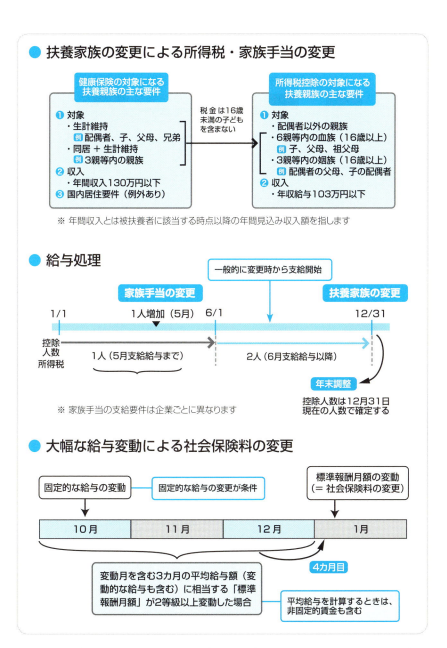

には変更はありません。また逆に、固定的賃金が下がっても非固定的賃金が上がることで平均額に相当する標準報酬月額が2等級以上あがった場合も同様です。

09 休職・傷病手当金・待機期間・標準報酬日額・労災休業申請・産前産後休業・育児休業・介護休業・社会保険料免除

休職・休業時の賃金や社会保険

休職・休業時は、理由によって賃金や社会保険料の取り扱いが異なります。賃金の支払いの有無だけでなく、社会保険料の徴収の有無も確認しておきましょう。

従業員が業務外のケガや病気で休職したとき

① **傷病手当金**：傷病（ケガや病気）で長期間会社を休まなければならないことがあります。業務外の傷病で4日以上休む場合には、健康保険から傷病手当金が支給されます。最初の3日間は待機期間となり、4日目から支給開始になります。待機期間は連続して3日仕事を休んでいることが必要で、待機期間中に賃金（給与）を受けているかどうかは問われません。傷病手当金の支給期間は、支給開始の日から最長1年6カ月です（令和4年1月以降は、支給期間が通算可能となります）。

② **傷病手当金支給額**：1日につき標準報酬日額（標準報酬月額の30分の1）の3分の2です。つまり、給与のほぼ3分の2が支給されるということです。傷病手当金は、給与が支給されていると、その分減額されます。給与が3分の2以上支給される場合には、傷病手当金は支給されません。

③ **社会保険料**：会社の仕事と関係のないケガや病気による休職では、社会保険料は免除されません。そのため休職中の社会保険料について、給与から天引きする以外の徴収方法を決めておく必要があります。

従業員が業務上のケガや病気で休職したとき

① **労災保険の休業補償**：業務上の傷病で4日以上休む場合には労災保険が適用され、休業補償給付が支給されます。最初の3日間は待機期間なので支給されませんが、傷病手当金と違って、休みが連続していなくても通算3日間の休業があれば認定されます。3日間に達すれば、待機

ONE POINT
健康保険と労災保険
「仕事中のケガや病気には労災保険」「仕事中以外のケガや病気（私傷病）には健康保険」が適用されます。通勤途上の事故によるケガや病気は業務の一環と考えられるので、原則として労災保険の適用になります（通勤災害という名称で業務災害と区別）。

会社の休業補償は賃金にならない
労災保険の業務災害で、最初の3日間に会社が支払う休業補償は、賃金ではありません。法定では平均賃金の6割ですが、6割以上の休業補償を支払った場合、6割を超える部分も賃金にはなりません。非課税になります。

1年6カ月で治らないときの補償
業務外のケガや病気で支給される傷病手当金の支給には期限があり、1年6カ月で打ち切りとなります。一方、業務中のケガ・病気で支給される労災保険による休業補償給付には期限はありません。ただし、1年6カ月の時点で傷病等級に該当していれば、傷病（補償）年金に切り替わる場合もあります。

● 休職・休業時の社会保険料と公的保険による休業補償の法的ルール

休職・休業の種類	社会保険料（健康保険、厚生年金）	休業補償		
		申請先	給付金の種類	支給額
私傷病（業務外の病気・ケガ）	徴収	健康保険	傷病手当金	給与の3分の2
労災 業務災害 通勤災害	徴収	労災保険	休業補償給付	給与の6割 合計8割
			休業特別支給金	給与の2割
産前産後休業	免除	健康保険	出産手当金	給与の3分の2
育児休業	免除	雇用保険	育児休業給付金	給与の67%（開始6カ月以降は50%）
介護休業	徴収	雇用保険	介護休業給付金	給与の67%

※ 雇用保険料は給与が支給されている場合にだけ、給与支給額に対して保険料率を掛けて徴収する。傷病手当金や休業補償給付など公的保険から支給される給付金は給与ではないので、雇用保険料も徴収対象ではない

● 休業補償の給付金の計算方法

傷病手当金

> 待機期間（連続3日）経過後の4日目から支給開始。待機期間は会社に休業補償義務なし

基礎となる金額 標準報酬日額（標準報酬月額の30分の1）
※「30日」で割ったところで1の位を四捨五入する

計算式 標準報酬日額 × $\frac{2}{3}$ × 支給日数

> 支給日数は土日休日も含む暦日数で数える

計算例 ❶ 標準報酬月額30万円の場合、標準報酬日額1万円
1カ月（30日）休業した場合の傷病手当金の額は、
1万円 × $\frac{2}{3}$ = 6,667円
※ 計算した金額に小数点があれば、小数点第一位を四捨五入する
6,667円 × 30日 = 20万10円
※ 会社が給与を支給した場合は、傷病手当金との差額のみ支給

計算例 ❷ 上記計算例で給与が15万円出た場合の支給額は、
20万10円 − 15万円 = 5万10円

休業補償給付・休業特別支給金

基礎となる金額 給付基礎日額（傷病発生日の直前3カ月の平均賃金額）

計算式 給付基礎日額 × 60% × 支給日数（休業補償給付）
給付基礎日額 × 20% × 支給日数（休業特別支給金）

計算例 ❶ 月給30万円で暦日92日の場合、給付基礎日額9,783円
1カ月（30日）休業した場合の給付金の額は、
9,783円 × 60% × 30日 =17万6,094円
9,783円 × 20% × 30日 = 5万8,698円
　　　　　　　　　　　　　計 23万4,792円

※ 会社が給与を支給した場合は給付基礎日額の6割未満なら給付金は全額支給、6割以上なら給付金は2つとも支給されない

> 待機期間（通算3日）経過後の4日目から支給開始。待機期間の会社の休業補償は業務災害はあり、通勤災害はなし

期間満了となります。なお、待機期間中の3日間は、会社が労働基準法に定められた休業補償（平均賃金の6割以上）をする義務があります。

② **休業補償給付の支給額**：休業補償給付は、休業1日につき給与の6割が支給されます。ここでいう給与とは「給付基礎日額」を基準とします。給付基礎日額の求め方は、46〜48頁の平均賃金と同じです。傷病の発生日の直前3カ月の給与総額（賃金総額）を、暦通りの日数で割ったものです。

③ **休業特別支給金**：休業補償給付を受けられる場合は、「休業特別支給金」が給付基礎日額の2割分、上乗せされます。つまり、あわせて8割の給付を受けられることになります。

④ **通勤災害時は3日間の休業補償義務なし**：通勤途中の災害で4日以上休んだ場合も、労災保険の休業補償の対象になります。基本的には業務災害と同じですが、若干異なる点もあります。名称は「休業給付」といい、会社による最初の3日間の休業補償義務はありません。

⑤ **社会保険料**：健康保険、厚生年金ともに保険料は免除されないので、休業中の徴収方法を決めておく必要があります。

従業員が出産で休業するとき

① **出産手当金**：女性従業員の場合は出産前後に仕事を休むことになり、その間の生活補償として健康保険から出産手当金が支給されます。産前42日の6週間（多胎妊娠の場合は98日の14週間）、産後56日（8週間）が対象です。出産が予定日より遅れた場合は産前分として支給されます。

② **支給額**：出産手当金の支給額は、休業1日あたりの標準報酬日額の3分の2です。ただし、休業中も会社から給与が支払われており、その給与が出産手当金よりも少ない場合は、その差額だけが支給されます。

③ **社会保険料**：産前産後休業中の社会保険料は、従業員と会社の負担分がともに免除されます。

ONE POINT
通勤災害の最初の3日間
業務災害と違って通勤災害では、最初の3日間は通常の業務外の病気・ケガによる欠勤と同じ扱いになります。そのため、給与が支給されない場合は、有給休暇をあてることができます。

出産には健康保険からの一時金支給もある
従業員本人または家族が出産したときは、健康保険から出産育児一時金（家族出産育児一時金）が支給されます。金額は42万円で、双子の場合は倍額の84万円になります。なお、事前に申請しておけば、健保から直接、出産した病院に一時金を支払う「直接支払制度」が利用できます。出産前に、多額の費用を用意する負担が軽減される制度です。

● 労災と認定されるための要件

業務上の傷病・障害・死亡（仕事上のケガや病気、障害、死亡）とは

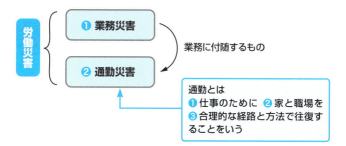

● 傷病手当金と労災給付金（休業補償給付、休業特別支給金）の待機期間の違い

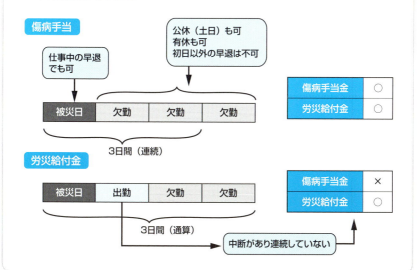

従業員が育児で休業するとき

① **育児休業給付金**：育児休業は男女（父母）どちらが申し出ても受けられます。休業中は、子どもが1歳になるまで雇用保険から育児休業給付金が支給されます。なお出産者本人（母親）の場合、出産後56日間は健康保険から出産手当金が支給されるので、その間の育児休業給付金は支給されません。子どもが保育所に入所できないなど一定の要件を満たせば、最長で子どもが2歳になるまで育児休業給付金の受給が可能です。

② **支給額**：育児休業給付の支給額は、賃金月額（休業開始時賃金日額×支給日数）の67％です。賃金日額は直前6カ月の賃金を180で割った額です。6カ月以降については、育児休業開始したときの給与額の50％です。ただし育児休業中に会社から給与が出る場合は、給与と給付金を合算し、合計で休業開始したときの給与額の50～80％になるように調整されます。

③ **社会保険料**：育児休業中の社会保険料は会社と従業員の負担がともに免除となり、最長で子どもが3歳になるまで適用されます。

従業員が介護で休業するとき

① **介護休業給付金**：介護休業は、配偶者や子ども、親などの家族が2週間以上の介護を必要とする状態になったときに取得できます。同一家族について最長で通算93日（3カ月）を3回に分割して取得でき、雇用保険から介護休業給付金が支給されます。

② **支給額**：賃金月額（休業開始時賃金日額×支給日数）の67％で、賃金日額は直前6カ月の賃金を180で割った額です。介護休業期間中の給与の支払いは義務づけられていませんが、賃金（給与）が支払われた場合は賃金月額と給付金の合計額が13～80％になるように調整されます。

③ **社会保険料**：育児休業と異なり、介護休業期間中の社会保険料の免除はありません。

ONE POINT

育児休業後の社会保険料
育児休業後に給与が下がった場合、特例で社会保険料を低くすることができます。また子どもが3歳までは、厚生年金保険料を休業前の高い標準報酬月額で計算して年金額が下がらないようにするなどの措置があります（155頁参照）。

育児休業等期間とは
育児休業は原則子どもが1歳になるまでですが、1歳から3歳になるまでは、「育児休業に準ずる休業」（会社が任意に導入）として、社会保険料免除などの特例措置が継続して受けられます。そのため、両者をあわせて「育児休業等期間」と呼んでいます。

パパ・ママ育休プラス制度とは
父母がともに育児休業を取得する場合、子が1歳2ヵ月まで育児休業を取得することができます。しかし、双方ともに取得期間は1年が上限となります。

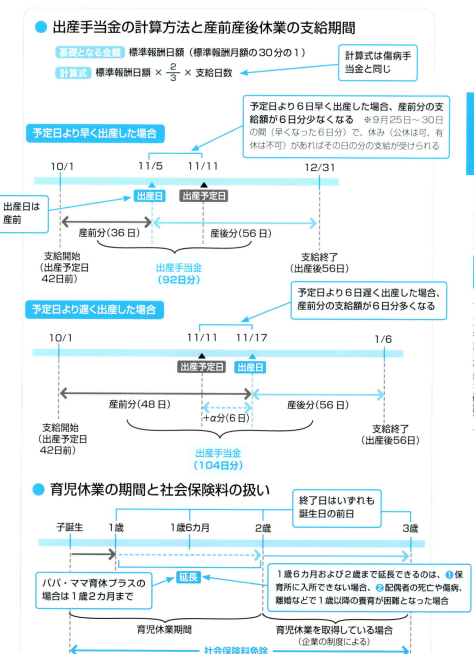

● 育児休業給付金の計算方法

基礎となる金額 休業開始時賃金日額
　　　　　　　　　（直前6カ月の賃金 ÷ 180）

計算式 賃金日額 × 支給日数 × 67％
　　　　※ 上限、下限あり。最終支給以外の支給日数は30日 ─── 開始6カ月後は50％

計算例 賃金月額30万円 → 賃金日額1万円
　　　　1カ月（30日）休業した場合の育児休業給付金の額は
　　　　1万円 × 30日 × 67％ ＝ 20万1,000円
　　　　※会社が給与を支給した場合は、合計額が80％を超える部分は減額

令和元年度の賃金月額
上限 45万4,200円
下限 　7万5,000円
※毎年8月1日に変更

「給与＋給付金」が休業開始時給与の50％以上80％以下になるように調整される

● 休業開始時の賃金日額に対して支払われる割合によって支給額が変わる

例「開始時給与の80％ ＝ 30万円 × 80％ ＝ 24万円」

❶ 開始時給与の30％以下の給与額 ＝ 給付金は全額支給
　給与9万円以下の場合：給付金20万1,000円全額支給
❷ 開始時給与の30％超80％未満の給与額 ＝ 合計80％まで給付金を支給
　給与12万円の場合：24万円 － 12万円 ＝ 12万円（給付金）
❸ 開始時給与の80％以上の給与額 ＝ 給付金はなし
　※支給にはそのほかの要件もある

● 従業員情報の確認のチェックシート例

	チェック項目	詳細	✓
1	新入社員の生年月日（年齢）は正しいか	保険料額に影響あり	
2	入社年月日は適切か	日割り計算する必要があるか？	
3	退職者の退職年月日は適切か	日割り計算する必要があるか？ 保険料額は正しく計算されているか？	
4	計算期間内で社会保険、雇用保険に加入した者はいるか	社会保険料・雇用保険料の徴収の有無の確認	
5	扶養の増減がある従業員はいるか	家族手当の変更はあるか？ 税法上の扶養人数は適切か？	
6	住所変更した従業員はいるか	通勤手当の変更、通勤費の精算確認	
7	人事異動により就業場所が変更になった者はいるか	通勤手当の変更はあるか？ 各手当の変更はあるか？	
8	人事異動により等級や役職の変更はあったか	手当額に影響あり	
9	計算期間内において身分変更した者はいるか	給与計算方法が全く異なるので注意	
10	休職者はいるか	休職者の保険料計算、通勤費の精算、住民税の徴収など	
11	休業者（育児・介護）はいるか	休業者の保険料計算、通勤費の精算、住民税の徴収など	
12	住民税額の変更はあるか	税額変更の確認、普通徴収から特別徴収への切替、退職者の住民税など	

第3章 毎月の給与計算 STEP2
今月の勤怠情報を確認する

01　　従業員の勤怠確認

02-1　出勤した日としない日

02-2　休憩時間と年次有給休暇

02-3　法定休日労働と振替休日・代休

03-1　残業（時間外労働）時間

03-2　深夜労働と休日労働の時間

03-3　複雑な労働時間の計算

04-1　変形労働時間制

04-2　みなし労働時間と裁量労働

01 勤怠項目・ノーワーク‐ノーペイの原則・変動賃金の計算基礎・不就労控除・遅早控除・欠勤控除・就業規則・減給の制裁

従業員の勤怠確認

毎月の給与は出勤日数などの変動部分によって違ってきます。勤怠項目の確定により、時間外手当などの金額が決まります。

従業員別の今月の労働時間の確認

① **変動部分の把握**：月給制の給与であっても、残業や遅刻・早退・欠勤などで労働時間が変われば、賃金も変動します。勤怠確認をしなければ、変動部分の賃金の計算基礎がわからず、時間外労働手当（残業代）や欠勤控除などの計算ができません。そのほかにも、有給取得の管理などが必要です。

② **労働時間の確認方法**：一般的には、タイムカード、出勤簿、IDカード、勤怠管理ソフトなど、自社の方法やルールにしたがって毎日の労働時間を把握します。特に時間外の申請、有給取得申請などは、上司の承認を必要とします。

不就労項目の控除方法は就業規則で決めておく

① **ノーワーク・ノーペイの原則**：遅刻や欠勤などの不就労項目を賃金から控除するのは「ノーワーク・ノーペイの原則」という、給与計算の基本的なルールによるものです。欠勤や遅刻で仕事をしなかった日や時間については、賃金は発生しないという決まりです。一方、完全月給制で控除しない企業もあります。

② **計算方法**：時間外労働による割増賃金の計算方法については、労働基準法で明確に定められていますが（118頁参照）、不就労控除については決められていません。それぞれの会社の規定によって行われているのが現状です。働かなかった分を給与から引く控除方式や、働いた分を給与として支払う支給方式などさまざまです。いずれにしても計算方法によって賃金の額が変わるため、就業規則で定めておく必要があります（134頁参照）。

ONE POINT
「完全月給制」と「日給月給制」

月給制には「完全月給制」と「日給月給制」の2種類があります。完全月給制の場合は、遅刻・早退・欠勤などがあってもその分を控除されることはなく、毎月決められた額が支給されます。ただし、残業代などの時間外手当は必要です。対して、働かなかった日や時間分があれば給与から引かれるのが、日給月給制です。給与計算を1日ごとに行い、ひと月分をまとめて支払います。

● 勤怠確認

勤怠チェックとは

従業員別に今月の働いた状態(= 労働時間)を確認し、変動部分の給与計算の数値を確定させる作業

→ 何日出勤して、何時間働き、残業や有休はあるかなど

● 勤怠項目の種類

勤怠項目例

日数に関する項目	所定労働日数、出勤日数、所定休日日数、法定休日日数、有休日数、振替日数、代休日数、欠勤・休業、休暇日数
時間数に関する項目	勤務時間(労働時間)、残業時間(時間外、所定・法定、休日、深夜)、遅早(遅刻・早出)時間

※ 主に、日数に関する項目と時間数に関する項目に分かれます。

---

column

「減給制裁」と「ノーワーク・ノーペイ」は違う

　同じ遅刻による控除でも、たとえば10分遅刻して10分にあたる賃金の控除ならば、ノーワーク・ノーペイの原則にあたります。しかし「遅刻1回で半日分の減給」という場合は懲戒規程による減給制裁となるため厳格なルールが求められます。通常、一度の遅刻では足りず、過去に何度注意しても改めない場合などに適用となります。労働基準法では、就業規則で定めていれば減給の制裁を認めています。しかし、一事案について減給していいのは1日の平均賃金の半額まで、かつ1カ月(1賃金支払期間)の賃金の10分の1までと制限があります。

02-1 1カ月の所定労働日数・出勤日数・休出日数・有休日数・代休日数・欠勤日数・振替休日・代休日数・休日労働

出勤した日としない日

休日には、給与計算上は出勤として扱う有給休暇や、法定休日のように割増賃金の対象になるものもあります。いずれも個人の給与額に大きく関わるため、出勤日数と種類を確実に把握しておきます。

1カ月の出勤日数

① **1カ月の所定労働日数**：月によって土日の数や祝日などが異なるため、1カ月の所定労働日数（1カ月の暦日数から所定の休日を引いた日数）は毎月異なります。そこで勤怠確認では、まず従業員ごとに1カ月の出勤日数を確認する必要があります。

② **出勤日数**：次頁の「給与支給明細書」例の出勤日数は、実際に出勤した日数をそのまま記入します。記入例の場合、所定労働日数は22日ですが、休日出勤1日が増え、有休・代休・欠勤で合計3日減るので、差し引き20日になります。

③ **1カ月の出勤日数**：出勤日数は通常の1日勤務だけでなく、半日出勤などの短時間勤務の日でもカウントするのが原則です。

休暇・休日の取り扱い

① **所定労働日の休暇（休日）と欠勤**：所定労働日の休暇には、有休（有給休暇）と代休、振休（振替休日）があります。それ以外で休めば、欠勤の扱いとなります。欠勤日数は、1日単価に換算して、毎月の給与から控除します（134頁参照）。

② **休日労働**：従業員が休日労働をした場合は、割増給与を支給する必要があります。しかし、同じ休日出勤でも、割増率が異なる場合があります。法律で定められた最低限の休日である法定休日（1週に1日、4週に4日以上）に働いた場合には、3割5分増しの割増賃金を支給しな

ONE POINT
会社の特別休暇

通常の休日以外にも、会社によっては就業規則の定めによる特別休暇があります。よくみられるものとしては、慶弔休暇やボランティア休暇などがあります。有給か無給かは、その会社の就業規則の定めによります。

自宅待機は平均賃金の6割を支給

業績不振や自然災害から、従業員に自宅待機をさせた場合には、会社は平均賃金の6割以上の休業手当を支払わなければなりません。

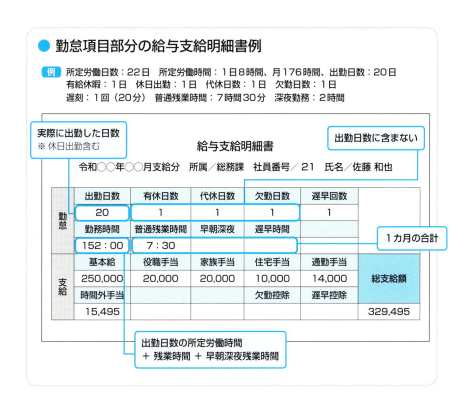

ければなりません。また、法定休日以外の休日を所定休日（法定外休日）といいます。つまり、土日休みで週休2日の会社ならば、土日のうち1日が法定休日、もう1日が所定休日ということになります（90頁参照）。所定休日に働いたとき、40時間を超えない場合には割増賃金は発生しません。しかし、月から金曜日まで1日8時間勤務した場合には、週の法定労働時間（40時間）をすでに超えているため、休日に出勤した分には通常の時間外割増の2割5分の支払いが必要となります。

③ **代休と振替休日の違い**：休日労働をした代わりにほかの日を休日とする「代休」の場合は、休日労働の扱いとなるため3割5分の割増賃金を支払う必要があります（92頁参照）。一方、同一週内にあらかじめ休日と勤務日を入れ替える「振替休日」をした場合には、休日労働そのものがなくなるため割増賃金の支給はなくなります。ただし、同一週内でなければ週40時間を超えるため、割増賃金の支払いが必要となります。

02-2 年5日の有休取得義務化・途中付与・一斉付与・自由利用・有休の付与日数・有休賃金の支給基準・半日付与・時間単位の付与

休憩時間と年次有給休暇

休憩時間は労働時間に応じて与えるのが原則ですが、労働時間にはカウントされません。一方、有休は給与計算上は労働時間にあたるため、出勤扱いとなりますが、いろいろなルールがあるので注意が必要です。

休憩時間は労働時間に含まない

① **休憩時間の法律ルール**：会社が従業員へ与えなければならない労働時間には、労働基準法の決まりがあります。労働時間が6時間を超える場合は45分、8時間を超える場合は1時間の休憩を与えなければなりません。

② **休憩時間の自社ルール**：休憩時間は労働時間の途中であれば、どこに入れてもかまいません。また、昼は45分にして3時に15分の休憩といったように、分割で入れることも可能です。

③ **休憩にならないケース**：休憩は一斉に与えること、時間を自由に使わせることが原則です。そのため、休憩中に電話番などをさせた場合は、休憩ではなく労働時間となります。

有給休暇のルール

① **有給休暇の発生**：有休（年次有給休暇）は、原則として会社から給与が支給される休暇のことです。休む日程も自由に決めることができます。ただし、入社から6カ月間の継続勤務と、8割以上の出勤が有休取得の基本的な条件です。

② **有給休暇の繰り越し**：有休を1年間で使い切れなかった場合には翌年に繰り越すことができますが、2年で時効になり消滅します。たとえば、今年の10月1日に10日の有休が発生し、6日しか消化しなかった場合、来年の10月1日に未消化分4日を繰り越し、新たに発生する11日とあわせて来年は15日の有休を使うことができます。しかし、来年2日しか有休を消化しなかった場合、再来

ONE POINT

パートタイマーの休憩時間

短時間勤務のパートタイマーの場合、6時間以下の勤務時間であれば休憩時間を与えなくても違法ではありません。

出勤率80%未満の年は有休なし

2年目以降でも、年間80%未満の出勤率の年は有休を与えなくてもかまいません。たとえば、入社後6カ月で10日の有休が発生しますが、次の1年間に出勤率80%未満の場合は、新たな有休は与えなくてもよくなります。その次の1年間は出勤率80%以上であれば、有休は与えられ、その場合は11日ではなく、12日の有休となります。出勤していなくても、在職していれば有休の条件である継続勤務期間になるからです。

● 休憩時間の法的ルール

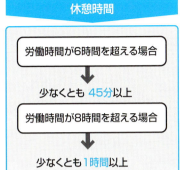

休憩の与え方

❶ 労働時間の途中に与える
❷ 従業員に一斉に与える
　例外 運送、販売、旅館、飲食店、金融保険、郵便、電気、通信、病院、保健衛生などの事業
　※ 労使協定があれば他の事業も可
❸ 自由に利用させる
　例外 警察官、消防吏員など

● 有給休暇を取得できる条件と付与日数

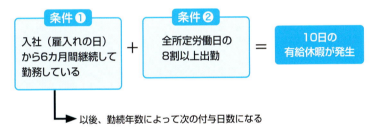

➡ 以後、勤続年数によって次の付与日数になる

一般社員 週の所定労働日数が5日以上または週の所定労働時間が30時間以上の労働者

勤続年数	6カ月	1年6カ月	2年6カ月	3年6カ月	4年6カ月	5年6カ月	6年6カ月以上
付与日数	10日	11日	12日	14日	16日	18日	20日

パートタイマー 週の所定労働時間が30時間未満の労働者

週所定労働日数	1年間の所定労働日数	勤続年数						
		6カ月	1年6カ月	2年6カ月	3年6カ月	4年6カ月	5年6カ月	6年6カ月以上
4日	169～216日	7日	8日	9日	10日	12日	13日	15日
3日	121～168日	5日	6日		8日	9日	10日	11日
2日	73～120日	3日	4日		5日		6日	7日
1日	48～72日	1日	2日			3日		

年には今年の未消化分 2 日は時効で消滅することになります。

③ **有休の指定権は原則従業員**：有休を取る日の指定（時季指定権）は原則として従業員にあります。しかし、会社の正常な業務に支障を与える場合は、会社が取得日を変更することができます（時季変更権）。しかし、時季変更権の行使は非常にかぎられていて、単なる繁忙期や休んだ社員の代わりといったことでは認められません。

有給休暇の取得単位（半日や時間単位）

① **有休の半日付与と時間単位付与**：有休は原則として 1 日単位で与えられますが、半日にすることも可能です。さらに、労使協定を締結すれば、時間単位で有休を与えることも認められています。ただし、1 年に 5 日分が限度です。よって所定労働時間が 8 時間の場合、8 時間 × 5 日 ＝ 40 時間分となります。7 時間 30 分の場合も繰り上げて、同じく 8 時間 × 5 日 ＝ 40 時間分となるので注意してください。

② **有休の計画的付与**：労使協定で定めれば、有休を計画的に取得することもできます。ただし、繰り越し分も含めて年間 5 日を超える部分にかぎります。つまり、最低でも年間 5 日は従業員が自由に取得できる有休日数を確保しなければなりません。

③ **有休取得日の賃金**：有休日の賃金に関しては、必ずしも通常の賃金と同じ基準で支払わなくてもかまいません。法律上は、次頁のように 3 つの基準で計算したうち、いずれかを支払います。一般的には、通常の賃金が使われています。

④ **有休の買いあげ**：有休は休むこと自体が目的なので、有休分の賃金を支払って働かせたり未消化分を賃金に反映させたりする、いわゆる「有休の買いあげ」は禁止されています。ただし、次頁のようなケースは例外的に買いあげが認められています。

ONE POINT

有給休暇を取得したことによる不利益な扱いはしてはいけない

年次有給休暇は、従業員の心身のリフレッシュや労働力の維持向上を図ることを目的としたもので、従業員自らが進んで取りやすい環境を整える必要があります。そのため、有休を取りにくくする不利益な取り扱いは禁止されています。たとえば、有休で休んだ場合には皆勤手当の対象から外したり、賞与の査定については欠勤として評価するといったことはやってはいけません。こういったことは、有給休暇を取りにくくするための「有給休暇ハラスメント」といってもいい行為です。

時季変更権が認められる場合

従業員の有休請求に対する会社の時季変更権が認められるのは、繁忙期に多数の従業員が一斉に請求して業務が困難になる場合などに限定されています。

有休の買いあげ価格

有休を買いあげる場合の価格は特に決まりがないので、会社が独自に設定することができます。

● 有給休暇の繰り越しと消滅

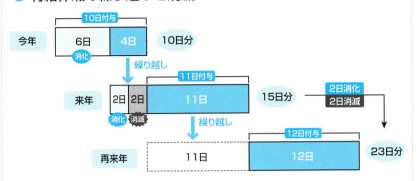

● 有給休暇の賃金支払いの3つの基準

有給休暇の賃金 （3つのいずれかを支払う）

❶ 平均賃金
❷ 所定労働時間労働した場合に支払われる通常の賃金
❸ 健康保険法の標準報酬日額に相当する金額

→ 就業規則などで選択する方法を規定する（①②）
→ 労使協定の締結が必要（③）

● 有給休暇の買いあげが例外的に認められる3つのケース

❶ 2年間の時効により消滅した分の有休日数
❷ 従業員が退職するときに余った有休日数
❸ 法定日数以上に付与している部分の有休日数

あくまでも消滅した分で、未消化による繰り越し分の買いあげはできない

働き方改革について
年5日の年次有給休暇の確実な取得（2019年4月〜）

　2019年3月までは、年次有給休暇の取得日数について使用者に義務はありませんでした。2019年4月からは、年5日の年休を労働者に取得させることが使用者の義務となりました。

2019年3月まで
年休の取得日数について使用者に義務なし

→

2019年4月から
年5日の年休を労働者に取得させることが使用者の義務となります。
（対象：年休が10日以上付与される労働者）

02-3 法定休日・所定休日・振替休日・代休・休日労働・法定休日の特定・3割5分以上の割増賃金

法定休日労働と振替休日・代休

休日に労働した代わりに別の日を休日にする場合、振替休日と代休があります。振替休日と代休では取り扱いが異なります。

法定休日と所定休日とは

① **法定休日**：多くの会社では、主に土日が休みの完全週休2日制となっています。しかし、労働基準法で定められている最低限の休日「法定休日」は、毎週1回（1日）または4週間につき4日与えればいいことになっています。つまり、土日が休み（週休2日）の会社では、どちらか1日が法定休日となります。

② **所定休日**：法定休日以外の休日は、会社が決める「所定休日（法定外休日）」となります。週休2日の会社であれば、法定休日以外の1日が所定休日になります。

③ **法定休日の特定**：法定休日は、毎週1日であれば法律上は特定しなくてもいいことになっています。次頁 CASE❶ のように土日休みの週休2日の場合、法定休日を特定せず、また週1回休めていれば、土日どちらに出勤しても法定休日労働の対価である3割5分の割増賃金の支給義務はなくなります。次頁の図で、日曜日を法定休日に特定している CASE❸ は法定休日労働となり、「通常賃金 × 1.35 × 10時間」となります。

法定休日は3割5分増、所定休日は2割5部増

① **法定休日労働日の時間外**：休日労働（法定休日労働）には、所定労働時間という概念がありません。つまり、何時間働いても時間外労働（残業）は発生しないことになります。たとえば10時間労働した場合「8時間は1.35、2時間は1.35 ＋ 0.25 ＝ 1.6」ではなく、10時間すべてが1.35となります。適用されるのは、法定休日労働の割増率だけということです。なお、休憩時間は労働時間か

ONE POINT

起算日は通常日曜日
1週間の起算日は、就業規則などで特に定めなければ日曜日になります。

法定休日の特定が有利な場合もある
1カ月60時間超の時間外労働に対する5割の割増賃金（法定休日は除くことになっている）の対象になる大企業は法定休日を特定したほうが3割5分の割増賃金ですみます。

国民の祝日は法定休日ではない
子どもの日などの国民の祝日は一般的に会社も休みですが、法定休日ではありません。あくまでも会社が所定休日として定めているだけで、休日労働の3割5分増しは要求されません。

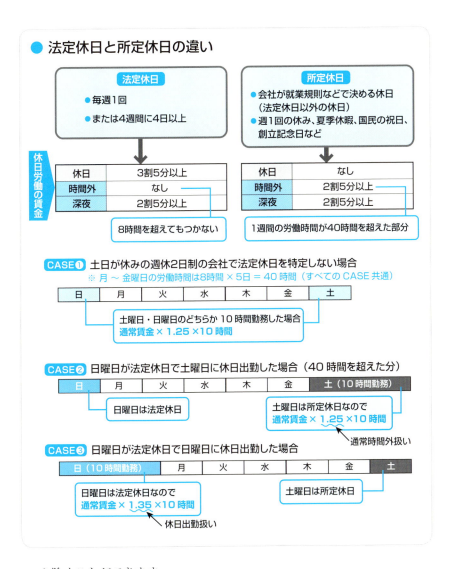

ら除くことができます。

② **休日労働日の深夜労働**：休日労働が夜10時以降におよんだ場合は、深夜割増が適用になります。そのため、休日労働の深夜労働部分は、「休日割増3割5分＋深夜割増2割5分増＝6割増」の賃金となります。

③ **所定休日労働日の時間外手当**：所定休日労働の場合には、労働時間の上限である1日8時間、週40時間以内という法定労働時間（94頁参照）が

適用されます。もし、所定休日労働をした週の労働時間が32時間だった場合は、8時間までは所定時間内に収まることになるので時間外手当は支給しません。しかし、すでに週40時間を労働している場合は、所定休日に働いた分はすべて時間外労働となります。そのため、通常の2割5分増の賃金になります。

振替休日と代休の場合の給与計算

① **振替休日と代休は違う**：休日労働の代わりに別の日を休日とする方法には、振替休日（振休）と代休があります。大きな違いは、あらかじめ休む日を決めておくかどうかにあります

② **同一週内の振替休日**：CASE❶ あらかじめ休日と労働日の入れ替えを決めておくのが振替休日です。同一週内であれば、休日と労働日を交換するだけなので、休日労働そのものがなくなります。そのため、休日の賃金も割増分も発生しません。

③ **代休は割増賃金分が残る**：代休は休日労働をしたあとに休日を取るもので、同一週内であっても働いた日は労働日となるため、通常の労働日の賃金に加えて割増（3割5分、または2割5分）分の賃金が発生します。

④ **振替休日の割増発生**：振替休日を同一週内でとる場合には割増賃金は発生しませんが、翌週にまたがる場合には割増賃金が発生します。
次頁の CASE❷ のように、翌週に振替休日を持ち越した場合、休日労働をした週は週の労働時間が48時間となり、法定労働時間（40時間）を8時間オーバーしてしまいます。そのため、時間外労働として8時間分が2割5分増の賃金となります。

⑤ **振替休日と代休との違い**：次頁の図のように、振替休日と代休との違いで大きなポイントは、振替休日の場合は必ず事前に振休日を指定しなければならないことです。あとから振替休日を指定することはできません。

ONE POINT
同一週とは？
1週間の定義は会社が決めることができます。決めていない場合は、日曜日から土曜日までが1週間と考えます。

振替休日・代休の割増分支給漏れに注意
振替休日・代休を取ると、労働時間本体が相殺されてなくなるため、3割5分の割増分の賃金が支給漏れになっているケースがよくあります。特に代休の給与計算のときは、注意が必要です。

● 振替休日と代休の違い

	振替休日	代休
実施手順	・就業規則で定める ・休日労働実施前に振替休日の日を指定 ・原則として休日労働日前後の早い時期に取得する ・休日労働実施前に休むことも可能	・就業規則で定める ・休日労働実施後に休む日を指定 ・会社による指定でも従業員の申請でもいい ・代休は取らなくてもいい
賃金	・同一週内であれば割増分も含めて賃金が発生しない ※ 週をまたがる場合には通常の時間外労働としての割増賃金が発生する	・割増分（3割5分または2割5分）の賃金が発生する ・代休を取得していない場合、1.25または1.35倍の賃金が発生する

● 振替休日で時間外労働が発生するケース

※ 月〜金曜日の労働時間は8時間×5日 = 40時間
※ 土日に働いた場合の労働時間はいずれも8時間とする
※ 土曜日は所定休日、法定休日は日曜日とする

CASE❶ 同一週内での振替

割増賃金の発生なし

日	月	火	水	木	金	土
休日労働 8時間	振替休日	出勤 8時間	出勤 8時間	出勤 8時間	出勤 8時間	所定休日

= 労働時間 計40時間

CASE❷ 翌週にまたがった振替

8時間分の割増賃金（2割5分増）

1週目

日	月	火	水	木	金	土
休日労働 8時間	出勤 8時間	出勤 8時間	出勤 8時間	出勤 8時間	出勤 8時間	所定休日

= 労働時間 計48時間

翌週

日	月	火	水	木	金	土
法定休日	振替休日	出勤 8時間	出勤 8時間	出勤 8時間	出勤 8時間	所定休日

= 労働時間 計32時間

● 振替休日で割増賃金を支払うケース

※ 月〜金曜日の労働時間は8時間×5日 = 40時間
※ 土日に働いた場合の労働時間が11時間の場合
※ 土曜日は所定休日、法定休日は日曜日とする
※ 同一週内での振替とする

所定時間外3時間分の割増賃金（2割5分増）が発生

日	月	火	水	木	金	土
休日労働 11時間	振替休日	出勤 8時間	出勤 8時間	出勤 8時間	出勤 8時間	所定休日

= 労働時間 計43時間

3時間×1.25 → この分は相殺できない
8時間×1 → 振替休日で相殺

支給を忘れている企業が多いので注意

03-1 法定労働時間・所定労働時間・法定時間外労働・36協定・割増賃金・時間外手当・2割5分増・休憩

残業（時間外労働）時間

法定労働時間を超えた残業時間には、割増賃金が発生します。普通残業の割増率は2割5分増です。

法定労働時間を超えると割増賃金が発生する

① **法定労働時間と所定労働時間**：労働基準法で労働時間の限度として定められている「法定労働時間」は、原則1日8時間、週40時間です。一方、会社が独自に決める勤務時間が「所定労働時間」です。これは、法定労働時間内の範囲で決めなければなりません。なお、休憩時間は法定労働時間・所定労働時間ともに労働時間から除かれます。

② **割増賃金の発生**：36協定（20頁参照）を結んだうえで法定労働時間を超えて労働させた場合には、割増賃金が発生します。通常の残業（法定時間外労働）の場合は2割5分増以上を支払わなければなりません。

法定時間内の残業には割増義務はない

① **所定労働時間内の残業**：所定労働時間は、会社によって法定労働時間より少ない場合もあります。その場合、所定労働時間を超えた残業であっても、法定労働時間に達するまでは割増賃金を支払う義務は発生しません。たとえば、次頁の CASE❷ のように所定労働時間が7時間の会社で、17時から18時の1時間の残業が発生しても、割増賃金は支給しなくてもいいことになっています。

② **大企業は60時間超の残業は5割増**：大企業では、1カ月の残業時間が60時間（法定休日労働は除く）を超えたときは、超えた部分を5割増にするか、有給休暇を付与しなければなりません。なお有給休暇で代替する場合でも、通常の2割5分増は必要です。

ONE POINT
残業と時間外労働

所定労働時間を超えて働けば、「残業」かつ「時間外労働」となりますが、法律的には、法定労働時間を超えて働く部分を「時間外労働」と呼んでいます。つまり、割増賃金が発生する労働時間のことです。また、深夜勤務は「深夜労働」、休日勤務は「休日労働」と呼ばれます。給与明細書の支給項目では、区別して記入してある場合と時間外手当や超過勤務手当としてまとめて記入してある場合があります。

45時間超はさらに割増

会社と従業員の間で時間外労働の内容を定めておく「36協定」でも、1カ月の時間外労働の限度は原則45時間とされています。45時間を超える場合は、法定の2割5分増しをさらに超える率が必要とされています。ただし、努力義務なので罰則はありません。

● 残業時間と賃金の割増率

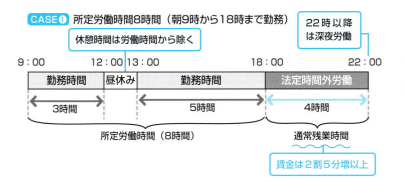

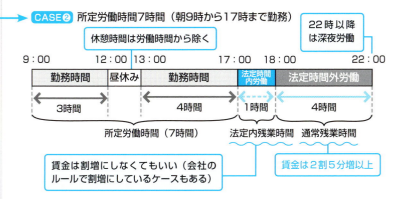

● 残業時間60時間超の割増率5割を猶予されている中小企業

業　種	資本金・常用従業員数
一般業種（製造業、建築業等）	資本金3億円以下または従業員300人以下
卸売業	資本金1億円以下または従業員100人以下
サービス業	資本金5,000万円以下または従業員100人以下
小売業	資本金5,000万円以下または従業員100人以下

03-2 深夜労働・法定休日労働・5割増・3割5分増・時間外労働＋深夜労働・休日労働＋深夜労働

深夜労働と休日労働の時間

深夜労働の賃金は2割5分増、休日労働は3割5分増です。割増率は「普通残業＋深夜労働」、「法定休日労働＋深夜労働」など、合算することで大きく増えることもあります。

深夜労働部分の割増率は2割5分

① **深夜労働の時間帯**：夜の10時から翌朝5時までの労働に対しては、深夜労働として2割5分増以上の賃金を支払わなければなりません。よって夜10時からの出勤の場合は、出勤時から通常の賃金の2割5分増となります。

② **時間外とあわせて5割増**：普通残業（時間外労働）が夜10時を超え、そのまま深夜時間帯にかかった場合は、普通残業の2割5分増と深夜労働の割増（2割5分増）をあわせて、合計5割の割増率になります。

ONE POINT
深夜 ＝ 5割増ではない
深夜労働は、一般的には普通残業の延長になるので、あわせて5割増になっているだけです。たとえば、午後10時出社の交代制勤務の場合は、深夜労働の2割5分増だけになります。

法定休日労働の割増率は3割5分

① **法定休日労働の残業割増**：法定休日に労働させた場合は、労働時間のすべてが3割5分増になります。次頁の CASE❷ の図で、所定労働日であれば18時までの8時間が所定労働時間で割増なし、18時から20時までの2時間が普通残業時間で2割5分増となります。しかし、法定休日労働の場合には10時間すべてが3割5分増となります。その代わり、時間外労働が適用されないため、8時間を超えても残業割増はありません。

② **深夜労働の割増**：法定労働の場合、残業による割増はありませんが、午後10時以降の深夜におよんだ場合は深夜割増の2割5分は適用になります。次頁の CASE❸ のように法定休日労働と、深夜労働が重なった時間は、あわせて6割増になります。

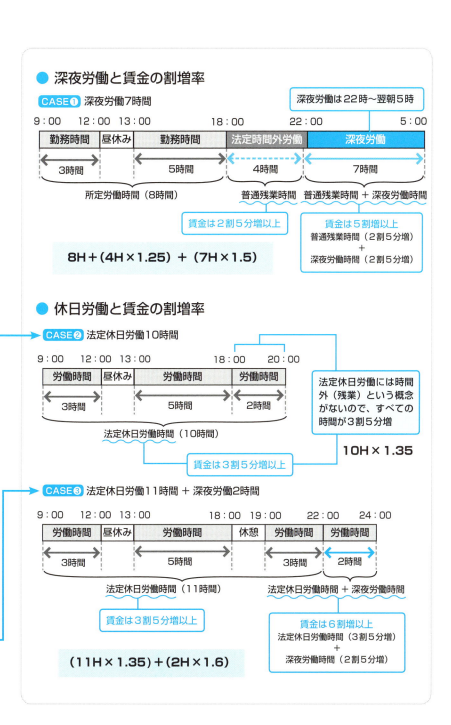

03-3 遅刻と残業の相殺・法定休日労働・0時から24時・始業時刻・深夜割増の不支給

複雑な労働時間の計算

労働時間の計算にはさまざまなパターンがあります。割増賃金と労働時間の関係で、自社によくあるCASEを把握し、規定しておくと安心です。

割増賃金発生のルール

① **労働時間が1日8時間以内なら残業にならない**：勤怠確認では、労働時間数が複雑に絡みあうケースが少なくありません。そのため、詳細に確認をする必要があります。次頁の CASE❶ の場合、所定労働時間帯をすぎた18時から1時間の残業をしています。しかし1時間遅刻しているため、所定内残業とみなして割増賃金を支払う必要はなくなります。

② **控除と支給のバランスにも注意**：遅刻は不就労控除で差し引き、残業代は残業代で支払うことにすると、残業代の割増分だけ得をするということになります。こうした不都合をなくすため、給与規定などで処理方法を定めておくと明確です。CASE❶

法定休日労働と通常の労働日がまたがった場合

① **深夜0時で切り替わる**：残業が深夜におよび、そのまま法定休日の労働になってしまった場合はどうなるのでしょうか。基本的な考え方は次頁の CASE❷ のとおりですが、非常に複雑です。理解のポイントは、24時（深夜0時）を境に切り替わるということです。休日は暦日単位（0時から24時まで）で考えるからです。

② **始業時刻までが前日扱い**：次頁の CASE❸ のように、休日労働が通常の所定労働日にまたがった場合は、CASE❷ と同様に深夜0時をもって通常の労働日がはじまると考えます。割増賃金は、「深夜労働＋休日労働」の6割増から、「深夜労働＋時間外労働」の5割増に切り替わります。注意したいのは、始業時刻までは前日から連続した時間外労働時間になることです。

ONE POINT
深夜割増は不支給にできない
遅刻で残業代は相殺できることがあっても、深夜割増部分（3割5分）については、必ず支払わなければなりません。

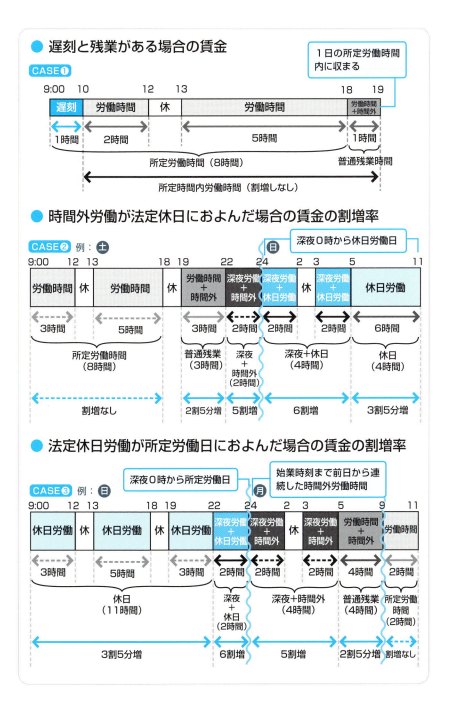

04-1 4種類の変形労働時間制・総労働時間・暦日数・就業規則・労使協定・フレックスタイム制・コアタイム・フレキシブルタイム

変形労働時間制

4つの変形労働時間制から自社にあった変形労働時間制を取り入れることで、従業員の労働時間や会社の残業代の負担を軽減することができます。

合理的な労働時間配分が目的

① **繁閑の差への対応**：法定労働時間は1日8時間、週40時間が原則です。しかし季節商品を扱う業種など、忙しい時期と暇な時期がはっきりと分かれていて、仕事の量が常に一定ではないケースもあります。忙しい時期には、どうしても労働時間が多く必要になります。そうしたケースに対応するのが「変形労働時間制」です。

② **割増賃金の負担を減らす**：従業員が法定労働時間を超えた勤務をしたとき、会社は割増賃金を支給しなければなりません。この負担を軽減するために、労働基準法ではある一定の期間内に、平均して週40時間の法定労働時間を超えなければよしとする「変形労働時間制」を認めています。労働基準法では1カ月単位、フレックスタイム制のこの2つに関しては、週44時間労働が認められます（ほかの変形労働は認められません）。これらの変形労働時間制を上手に取り入れると、法定労働時間を超えても、時間外手当を支給する必要がなくなります。

1カ月単位と1年単位の変形労働時間制

① **1カ月単位の変形労働時間制**：1カ月以内を変形労働時間の期間として設定する制度です。毎月後半が忙しくなるような業種に向いています。まず、総労働時間を把握しなければなりませんが、次頁の算式のように、暦日数によって総労働時間の限度が違ってきます。この例では、1日8時間を超える日や週40時間を超える週があっても、総労働時間が限度内に収まることがわかります。

② **1年単位の変形労働時間制**：1カ月超1年以内の期間を単位とした変形労働時間制です。季節で忙しさが大き

ONE POINT
一部業種は週44時間
1週の労働時間は週40時間ですが、10人未満の商業など、一部の業種は週44時間が認められています。変形労働時間制でも、1カ月単位とフレックスタイム制では44時間が適用できますが、1年単位と1週間単位非定型では40時間としなければなりません。

労使協定と就業規則
変形労働時間制を採用するためには、労使協定が必要です。ただし、1カ月単位の変形労働時間制だけは、就業規則に定めれば労使協定は不要です。

1カ月単位とは最大1カ月
1カ月以内の変形労働時間制は、「1カ月以内の一定期間」なので、1カ月以内であれば、3週間の変形期間でもかまいません。

● 1カ月単位の変形労働時間制の内容と特徴

1カ月平均で1週間の労働時間が40時間以下であれば、特定の日に8時間および特定の週に40時間を超えて働かせることができる

※ 1カ月は、正確には「1カ月以内の一定期間」（前頁ONE POINT参照）

総労働時間の限度の出し方

$$\frac{40時間 \times 1カ月の暦日数}{7日} = 総労働時間の限度$$

※ 変形期間1カ月の場合

<暦日数>
- 31日　177.1時間
- 30日　171.4時間
- 29日　165.7時間
- 28日　160.0時間

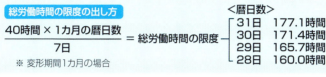

起算日／終了日　40時間を超える週

日	月	火	水	木	金	土	労働日数・時間
−	○	○	○	○	○	−	4日　32時間
−	○	○	○	○	○	−	4日　32時間
●	○	−	○	○	○	○	6日　50時間
−	−	○	○	○	○	●	5日　42時間
●	○	−					2日　18時間
○：通常勤務（8時間）　●：10時間勤務　−：休日							計　174時間

暦日31日　177.1時間　＞　総労働時間 174時

● 1年単位の変形労働時間制の内容と特徴

1カ月超1年以内の一定期間内に平均で1週間の労働時間が40時間以下であれば、特定の日に8時間および特定の週に40時間時間を超えて働かせることができる

以下の要件に注意

- 労働時間は1日10時間、週52時間を限度とする
- 連続して労働させる日数は原則として6日を限度とする
  ※ 特定期間（繁忙期）を定めたときは、特定期間中は12日が限度
- 対象期間3カ月を超える場合
  労働日数は1年間に280日を限度とする
  労働時間が48時間を超える週は、連続3週間以内
  3カ月ごとに区切った各期間内で労働時間が48時間を超える週は3回まで

く変わる業種に向いています。基本は1カ月単位の期間を拡大した考え方で、期間内の平均で1週間の労働時間を40時間以内に抑えます。しかし、前頁のような細かい注意点があります。対象期間のうち、繁忙期には特定期間を定めることができ、12日間まで連続勤務も可能となります。

フレックスタイム制と1週間単位の非定型変形労働時間制

① **労基法の改正**：働き方改革によりフレックスタイム制が1カ月単位だけでなく、3カ月まで清算期間が延長されました。

② **フレックスタイム制とは**：従業員が自由に始業時刻と就業時刻を決められる制度です。従業員それぞれの事情にあわせて、労働時間が調節できます。労働時間が拘束される「コアタイム」と、労働時間が自由な「フレキシブルタイム」を設けるのが一般的です。コアタイムを設けず、フレキシブルタイムのみのケースもあります。

③ **フレックスタイム制の時間外労働管理**：フレックスタイム制の場合、始業・就業の時刻が従業員に任されているため、1日ごとの労働時間では時間外労働が判定できません。そこで、3カ月以内の総労働時間で判定します。総労働時間が法定限度を超えた場合、その時間数が時間外労働として2割5分増の対象になります。なお法定限度に不足する分は、翌月に繰り越して総労働時間に加算することができます。また深夜労働や休日労働にあたる場合は、フレックスタイムであっても割増の対象となります。

④ **1週間単位の非定型的変形労働時間制**：飲食店や旅館、小売業など、30人未満の小規模なサービス業に限定された変形労働時間制です。1週間単位で労働時間を柔軟に決めることができるので、シフト制の労務管理の場合などに有効です。1日の労働時間の上限は10時間（ただし週40時間以内）、従業員に1週間の予定を書面であらかじめ通知するなど、いくつかの要件があります。

ONE POINT

フレックスの深夜割増
通常の場合は、深夜労働だと5割増になりますが、フレックスタイム制の場合は、総労働時間以内であれば、深夜割増の2割5分だけの加算になります。総労働時間を超えていても、超えている時間分だけが5割増の対象です。

フレックスタイム制の標準労働時間
標準労働時間は必ず設けておかなくてはなりません。有休取得、特別休暇のときは標準労働時間労働したとみなされるからです。

● 1カ月単位のフレックスタイム制の内容と特徴

> 3カ月以内の総労働時間（清算期間）を決めて、従業員自身が自主的に始業時刻と就業時刻を決めて労働する

要件

- 総労働時間（＝所定労働時間）の限度は1カ月法定労働時間の総枠 ← 暦日数による1カ月単位の変形労働時間制の総労働時間の限度と同じ
- 清算期間内で平均して1週間の法定労働時間を超えないようにする
- その範囲内で従業員自身が自分の始業時刻と就業時刻を決めることができる
- 1日の標準労働時間を定める ← 有休の労働時間などの計算に必要
- コアタイム（労働義務のある労働時間帯）とフレキシブルタイム（選択できる労働時間帯）を設ける場合はそれぞれの開始と終了の時刻を決める

例 コアタイムを設定したケース

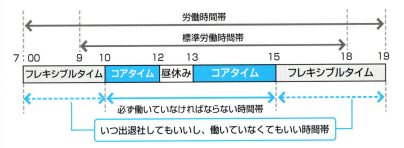

● 3カ月単位のフレックスタイム制

清算期間を3カ月に延長し、より柔軟な働き方が可能になります。たとえば、6月・7月・8月の3カ月の中で労働時間の調整ができるので、6月に多く働き、8月の労働時間を短くすることも可能になります。清算期間が1カ月を超えるフレックスタイムの労使協定は、労働基準監督署に届け出が必要となります。
ただし、各月で週平均50時間を超えた場合は、各月で割増賃金を支払う必要があるので注意が必要です。

04-2 みなし労働時間・事業外労働・所定労働時間・時間外労働時間・通常必要とされる時間・労働時間の算定・裁量労働制

みなし労働時間と裁量労働

変形労働時間制と似ていますが、実労働時間ではなくみなし労働時間で労働時間を計算する制度です。時間外労働のとらえ方も違います。

主に外回りの営業マンに用いられる「みなし労働時間」

① **把握困難な会社外の労働時間に有効**：外回りの営業社員のような場合は、労働時間の把握が困難です。そのため、会社の外での労働（事業場外労働）には、一定時間働いたとみなす「みなし労働時間制」というものがあります。所定労働時間を超えることが通常である場合には、労使協定でその時間を決定し、超過労働とみなされる時間について時間外手当が支給されます。

② **みなし時間の決め方**：みなし労働時間を採用するときは、労使協定により「通常必要であるとみなされる労働時間」を決めることが必要です。みなし労働時間が所定労働時間内の場合は、所定時間働いたものとして賃金を計算します。1日8時間（法定労働時間）を超える時間を設定するときは、超えた部分の労働時間は実際に働いた時間と関係なく、時間外労働として計算します。裁量労働制でも基本的に同じ考え方です。

裁量労働制では実労働時間で計算しない

① **みなし時間で労働時間を計算**：裁量労働制とは、実際に働いた労働時間と関係なく、あらかじめ決めた所定労働時間分、働いたとみなす制度です。従業員個人の裁量で仕事を進めるタイプの業務に認められています。

② **裁量労働制には2種類ある**：裁量労働制には、研究開発などのように専門性の高い業務を対象とする「専門業務型裁量労働制」と、企業経営に関わる事業運営の企画・調査などの業務を対象とする「企画業務型裁量労働制」の2種類があります。

ONE POINT
労基署への届出
みなし労働時間制で、1日8時間の法定労働時間を超える時間外労働時間を決めた場合は、労働基準監督署への届出が必要です。裁量労働制の場合は、いずれも届出が必要です。

深夜や休日は割増賃金
みなし労働時間制（事業外、裁量労働）の賃金計算でも、深夜労働や休日労働については通常の割増賃金が必要になります。

● 事業場外労働に対するみなし労働時間制

みなし労働時間制を適用する場合

- 事業場外の労働で労働時間の算定が困難なときは、所定労働時間労働したものとみなす
- 所定労働時間を超えることが通常な場合は、「通常必要とされる時間」を時間外労働時間と定めることができる
  ※ 具体的な時間数は労使協定により定める

みなし労働時間制度が適用されない（算定が困難とみなされない）場合

- 事業外労働をグループで行う場合に労働時間管理者がいる
- 携帯電話などで随時使用者の指示を受けながら労働している
- 事前に受けた指示どおりに事業場外で労働して事業場へ戻る
  ※ そのほか実態で判断される

近年では、みなし労働が認められるケースの職種や業務はごくかぎられたものになるので、注意が必要です。

時間外労働の上限規制

- 時間外労働（休日労働は含まず）の上限は原則として、**月45時間・年360時間**となり、臨時的な特別の事情がなければ、これを超えることはできなくなります。
- 臨時的な特別の事情があって労使が合意する場合でも、

  ・時間外労働：**年720時間以内**
  ・時間外労働 ＋ 休日労働：**月100時間未満、2～6カ月平均80時間以内**

  とする必要があります。
- 原則である月45時間を超えることができるのは、**年6カ月**までです。
- 法違反の有無は「所定外労働時間」ではなく、「法定外労働時間」の超過時間で判断されます。

● 裁量労働制の種類と内容

専門業務型裁量労働制

- 厚生労働省が指定する業務にかぎられる
  新商品などの研究開発、新聞・出版・放送の取材・編集、衣服・広告などのデザイン考案、税理士・建築士など専門資格の業務など19業種
- 労使協定により対象業務の特定、1日単位のみなし労働時間、健康確保措置、有効期間などを定め、労働基準監督署長に届け出る

企画業務型裁量労働制

- 対象事業場
  - 本社、本店
  - 当該事業場の属する企業等に係る事業の運営に大きな影響をおよぼす決定が行われる事業場
  - 本社・本店である事業場の具体的な指示を受けることなく独自に、事業の運営に大きな影響をおよぼす事業計画や営業計画の決定を行っている支社・支店など
- 対象業務
  - 事業の運営に関する事項（対象事業場の属する企業・対象事業場に係る事業の運営に影響をおよぼす事項）についての業務であること
  - 企画、立案、調査、分析の業務（企画、立案、調査および分析という相互に関連しあう作業を組みあわせて行うことを内容とする業務であって、部署が所掌する業務ではなく、個々の労働者が担当する業務）であること
  - 担当業務の性質上これを適切に遂行するにはその遂行の方法を大幅に労働者の裁量に委ねる必要がある業務であること
  - 当該業務に遂行の手段および時間配分の決定などに関し使用者が具体的な指示をしないこととする業務であること
- 対象労働者の範囲
  - 対象業務を適切に遂行するための知識、経験などを有する労働者
  - 対象業務に常態として従事しているもの
- 対象業務に該当するかどうかは個別に判断される
- 労使委員会を設置し、対象業務の特定など専門業務型と同様の内容を委員の5分の4以上の多数決で決議し、労働基準監督署長に届け出る

第4章 毎月の給与計算 STEP3 給与支給項目を計算する

01　給与支給項目

02　固定的支給項目の計算

03　通勤手当の計算

04-1　時間外労働時間の計算をする

04-2　割増賃金の計算で発生する端数処理

04-3　時間外労働が重なった場合の割増賃金の計算

04-4　時給、日給、歩合給、年俸制の割増賃金の計算

05　欠勤や遅刻・早退の控除額

06　入社・退職時の日割り計算

07　有給休暇の給与計算

01 固定的賃金・非固定的賃金・基本給・手当・割増賃金の算定基礎・算定基礎から除外できる手当・時間外手当・不就労控除項目

給与支給項目

支給項目には、基本給や役職手当など額に変動がない固定的な項目と、時間外手当など額に変動がある変動的な項目に大別されます。また支給項目から差し引く項目として、不就労控除などがあります。

固定的な給与部分と変動的な給与部分

毎月の給与計算での支給項目は、次頁の図のように固定的な支給項目と変動的な支給項目に分かれます。

① **基本給と固定的手当は定額**：基本給と固定的な手当から構成される固定的賃金部分は、毎月の給与計算では定額になります。

② **割増賃金の計算基礎と手当**：時間外手当（休日・深夜も含む）以外の手当は、基本的に割増賃金を計算するときの算定基礎になります。ただし通勤手当や家族手当など、法律で定められた7つの手当（39頁参照）にかぎり、割増賃金の算定基礎から外します。しかしこれらの手当であっても、従業員に一律支給する場合には割増賃金の計算に含めます。

時間外手当や不就労控除は毎月計算する

① **時間外労働の重複に注意**：時間外労働には、「普通残業」「深夜労働」「休日労働」があります。それぞれ割増率が法律によって定められており、普通残業（時間外労働）が深夜におよぶなど、重複した部分は「時間外（2割5分）＋深夜（2割5分）＝5割」と割増率も重複して計算します。

② **遅刻・早退や欠勤は控除**：遅刻や早退、欠勤といった不就労時間が生じた場合には、不就労時間や欠勤日数に応じた賃金を差し引きます。不就労部分は控除ですが、給与支給明細書でわかるように、控除項目ではなく支給項目で処理します。

ONE POINT
精皆勤手当は割増賃金計算の基礎となる
精皆勤手当は、割増賃金計算の算定基礎から除くことができるのは、1カ月超の期間を対象とすることが条件です。単純に2カ月に1回支給では認められません。通常は1カ月を対象とするので、現実的には精皆勤手当は算定基礎から除くことはできません。

● 支給項目の構成とチェックのポイント

	支給項目		チェック事項とポイント
固定的な支給項目	基本給		給与の基本部分 →勤続年数や昇格・昇給、定期昇給・ベースアップなどによって変わるが、毎月の給与計算では変わらない
	手当	役職手当	部長、課長、係長、主任などの管理者に対する手当
		営業手当	外勤営業社員などの職務に対して支払われる手当
		精皆勤手当	出勤状況の良好な者に対して支払われる手当 ※ 出勤率100％、出勤率90％以上など
		住宅手当	住宅費用に応じて支払われる手当 ※ 賃貸・持家など関係なく定額支給なら基準内賃金
		通勤手当	通勤費用に応じて支払われる手当 ※ 原則15万円まで非課税
		家族手当	扶養家族数に応じて支払われる手当 ※ 扶養家族数に応じない一律支給の場合は基準内賃金
変動的な支給項目	時間外手当		所定労働時間を超えた労働時間に対して支払われる手当（いわゆる残業手当、残業代） ※ 2割5分増
	休日出勤手当		法定休日の労働時間に対して支払われる手当 ※ 3割5分増
	深夜勤務手当		深夜勤務（午後10時～午前5時）の労働時間に対して支払われる手当 ※ 2割5分
不就労控除項目	遅早控除		遅刻・早退の時間に応じて差し引かれる勤怠控除 ※ 実時間に応じた控除でないと減給制裁になる
	欠勤控除		所定労働日の欠勤日数に応じて差し引かれる勤怠控除

左側注釈：
- 割増賃金の算定基礎（基準内賃金）
- 割増賃金の算定基礎から除外（基準外賃金）

吹き出し：従業員へ一律に支給する固定的な手当の場合は、割増賃金の算定基礎から除外できない

02 基本給・昇給・割増賃金の算定基礎から除外できる手当・手当の名称・一律支給・家族手当の範囲

固定的支給項目の計算

固定的な支給項目は定額ですが、従業員によって額が違うため、間違いのないようにしなければなりません。手当は内容によって分類が違ってきます。

基本給と昇給

① **基本給の計算**：基本給の内容は会社によって異なりますが、給与計算のうえでは、金額が変わりません。従業員ごとに金額の違いはありますが、原則昇給（降給）があったとき以外は金額に変わりがないため、毎月変更をする必要はありません。

② **昇給（降給）時の基本給変更**：昇給など賃金改定があった月は、基本給の金額も変わります。賃金改定は、1年に1回としている企業が多いです。

さまざまな諸手当

① **手当の種類**：手当の内容と額は、会社が自由に決めることができます。「役職手当」「資格手当」「地域手当」「職種手当」「営業手当」「皆勤手当」など、会社によってさまざまな手当があります。これらの手当は、割増賃金の計算の基本となる、算定基礎に含めなければなりません。一方「家族手当」「通勤手当」「別居手当」「子女教育手当」「住宅手当」「臨時に支払われる賃金」「1カ月を超える期間ごとに支払われる賃金（賞与）」の7つの手当は、内容によって割増賃金の算定基礎から除きます。

家族手当の家族の範囲

① **家族の範囲は給与規程で明確に定めておく**：毎月定額である固定的な手当は、給与計算が簡単になるようにも思えます。しかし、しっかり社内でルールを決めておかないと混乱を招くので注意が必要です。たとえば家族手当の場合、対象となる家族の範囲を就業規則や給与規程などで決めておかないと、家族手当の支給範囲があいま

ONE POINT

最近の戦略的な手当
仕事と関係のない手当を減らす傾向にある一方で、戦略的な手当も増えています。禁煙手当、ペット手当、誕生日手当、デート手当など、メッセージ性の高い手当は社員のモチベーションを上げる効果があります。

歩合給も算定基礎
出来高による歩合給や大入り手当といった変動的な給与も原則として割増賃金の算定基礎から除くことはできません。

● 支給項目部分の給与支給明細書例

例 基本給：25万円、役職手当：2万円、家族手当：2万円、住宅手当：1万円
通勤手当：1万4,000円

給与支給明細書

令和○○年○○月支給分　所属／総務課　社員番号／21　氏名／佐藤 和也

> 時間外手当の割増賃金の算定基礎に含むか除外するかに注意する

勤怠	出勤日数	有休日数	代休日数	欠勤日数	遅早回数	
	20	1				
	勤務時間	残業時間	早朝深夜	遅早時間		
	152：00	7：30				
支給	基本給	役職手当	家族手当	住宅手当	通勤手当	総支給額
	250,000	20,000	20,000	10,000	14,000	
	時間外手当			欠勤控除	遅早控除	
	15,495					329,495
控除	健康保険	介護保険	厚生年金	雇用保険		社保控除額計
	15,840	2,512	29,280	988		48,620
	所得税	住民税	財形貯蓄			控除合計額
	5,560	14,800				68,980
					差引支給額	260,515

ここでは合算で記入しているが、普通残業手当、深夜労働手当、休日労働手当に分けて記入してもいい

● 家族手当の範囲（給与規程例）

第○条（家族手当）
　家族手当は、健康保険法上の扶養家族でかつ下記の扶養家族を持つ社員に次の金額を支給する。
　1．配偶者　　　　　　　　　　　　月額1万円
　2．満18歳未満の子 1人につき　月額5,000円
　子に対する手当は、対象となる子が満18歳に達する日の属する年度の3月末まで支給するものとする

> 年度末を期限にすると年1回の確認でいい

> どちらかを基準にしている会社が多い

> 1～12月
> ※ 非課税通勤手当除く

- 所得税法上の配偶者（配偶者控除の対象者）＝ 給与収入150万円以下
- 健康保険法上の配偶者（被扶養者）＝ 年収130万円未満

> 夫（妻）の健康保険に入れる妻（夫）

> 今後1年間の見込み
> ※非課税通勤手当含む

第4章　毎月の給与計算　STEP3　給与支給項目を計算する

いになります。一般的な範囲は配偶者、子、親などですが、孫や祖父母、兄弟姉妹を対象にする会社もあります。

② **配偶者の扶養判断基準**：扶養の判断基準は、所得税法上と健康保険法上でいろいろな違いがあります。特に配偶者はそれぞれで扶養の扱いが異なるので、社内の基準をどちらにするのかを明確に決めておいたほうがいいでしょう。基準さえ明確であればいいので、扶養に関係なく結婚していれば対象にするということでもかまいません。

③ **子どもは何歳まで対象にするか**：子どもがいる場合は、扶養の対象年齢を決めておくことが大切です。基準は会社が自由に決めることができます。区切りを決めるときには「18歳未満」と誕生日ではなく、「18歳到達の年度末」といったように、年度末で区切るほうが合理的です。誕生日だと毎月確認しなければなりませんが、年度末ならば年1回の確認ですみます。

④ **変更届を確実に出してもらう**：扶養対象となる家族が増えたときや減ったときには、家族手当が変動します。正しく支給するためには、「家族手当変更届」をきちんと出してもらう必要があります。

---

column 手当が多い企業は悩みも多い!?

　従業員への諸手当が多い企業は、福利厚生がいい会社と思う方も多いはずです。確かに家族手当、住宅手当などは伝統的に給与（能力・成果など）とは別に、社員の生活補助という目的のために支給する性質を持っています。近年、「生活環境の多様化」により従来の支給要件では判断できない事象が増えています。たとえば、配偶者手当は配偶者一律支給とすると、女性社員の配偶者（夫）やフルタイムで働く妻にも支給することになります。子も同様で、ニートで働いていない大人である子どもも対象になるなど、支給すべきなのか？　と頭を悩ませてしまう事象に遭遇することがあります。よって、支給基準や定義を再度検討していくことが必要になっています。

● 所得税法上と健康保険上の扶養適用条件の違い

	所得税法上の扶養	健康保険法上の扶養
所轄	国税庁	厚生労働省
適用の条件	●配偶者以外の親族（6親等内の血族と3親等内の姻族） ●納税者と生計を一にしている ●給与の支払いを受けていない ●16歳以上	●配偶者、父母、祖父母、子、孫、兄弟姉妹 ●被保険者と同居している上記以外の3親等以内の親族、内縁関係の配偶者の父母および子 ●被保険者により生計を維持されている
収入	配偶者：年収150万円以下 その他親族：年収103万円以下	年収130万円未満
判断	当年1年間の合計所得による	現時点での収入の見込みによる

※ 厚生年金の扶養は配偶者にかぎられる
※ 会社の家族手当が適用される扶養家族は社内規定による

● 家族手当変更届例

添付書類は変更事由などに応じて必要書類を定めておく

03 非課税限度額・最高15万円・マイカー通勤・定期券・現物支給・前払い・退職時の返金・割増賃金の計算基礎・社会保険料の計算基礎

通勤手当の計算

所得税法では非課税、社会保険・労働保険料の計算には含むけれど時間外手当の割増賃金の計算には含めないなど、通勤手当にはほかの手当にない留意点が多くあります。

通勤手当の非課税限度額

① **電車やバス通勤は15万円まで非課税**：通勤には、電車やバスなどの公共交通機関を利用するのが一般的です。交通機関の運賃を通勤手当として支給する場合は、1カ月あたり15万円までは非課税となります。

② **マイカー通勤の限度額は距離で判断**：地方都市や郊外の職場の場合、公共交通機関の利用が困難なことも多く、マイカーやバイク、自転車による通勤も多く見られます。こうしたマイカーなどの交通手段による通勤の場合は、次頁の表のように片道の通勤距離によって、非課税限度額が定められています。

③ **電車とマイカーの併用は合計15万円**：自宅から駅まではマイカー、駅から職場までは電車といったケースもあります。車と電車を併用した場合は、合計額で15万円までが非課税の対象となります。

定期券は1カ月換算で計算処理をする

① **定期券は現物または定期券代**：通勤手当は毎月払い、3カ月払い、6カ月払いが一般的です。支給方法としては、現金で支給する場合と定期券を現物支給する場合とがあります。現物支給の場合は、労働組合と締結する労働協約の中でその旨を定める必要があります。現金で支給する場合でも、定期券相当額として定期券代を支給するのが一般的です。

② **定期券代は前払いか毎月均等払い**：3カ月定期や6カ月定期の場合、現物支給なら問題ありませんが、定期券

ONE POINT

通勤手当の上限
多くの会社が、非課税限度額にあわせて通勤手当の上限を15万円に設定しています。しかし、法的にあわせる義務はありません。自社の実情に沿って限度額を決めましょう。

グリーン料金は課税
新幹線通勤の場合、運賃や特急料金は非課税の対象になります。しかし、グリーン料金は対象外で課税されます。

有料道路料金は非課税
高速道路などの有料道路を利用してマイカー通勤している場合、次頁の通勤距離に応じた限度額と有料道路料金の合計額が、15万円まで非課税になります。

● マイカー・自転車通勤の非課税限度額

区分	通勤距離（片道）	非課税限度額（1カ月）
交通機関または有料道路を利用している人に支給する通勤手当		最高限度 15万円
自動車や自転車などの交通用具を使用している人に支給する通勤手当	55km以上	3万1,600円
	45km以上55km未満	2万8,000円
	35km以上45km未満	2万4,400円
	25km以上35km未満	1万8,700円
	15km以上25km未満	1万2,900円
	10km以上15km未満	7,100円
	2km以上10km未満	4,200円
	2km未満	全額課税
交通機関を利用している人に支給する通勤用定期乗車券		最高限度 15万円
交通機関または有料道路を利用するほか、通勤用具も使用している人に支給する通勤手当や通勤用定期乗車券		最高限度 15万円

マイカーや自転車と電車などの交通機関を併用する場合

「交通機関の運賃（電車・バスなど）＋上表の額」が15万円まで非課税

- 電車・バスなどの区間
- マイカー・自転車などの区間

通勤手当の不正受給にも目を光らせよう

column

　通勤手当は、不正受給の起こりやすい手当のひとつです。不正受給の典型的な例としては、自転車や徒歩で通勤しているのにバスや電車利用の申請をする、または実際に利用している通勤経路よりも運賃の高い別ルートを申請するなどがあります。悪質なケースではなくても、従業員はお金を少し浮かそうと軽い気持ちでやりがちです。しかし、不正受給の場合は、通勤中に事故にあっても労災扱いにならないなど、従業員自身に返ってくる問題もあります。給与担当者は単に従業員の申請をうのみにするのではなく、通勤経路や料金をインターネットで確認するなど、受給が妥当かどうかしっかりとチェックしましょう。また、購入した定期券のコピーを提出してもらうというのもひとつの方法です。

代支給の場合は、6カ月の最終月に後払いで支給してはいけません。賃金支払いの5原則（32頁参照）の中の「毎月払いの原則」に抵触し、違法となるからです。最初の月に支給する前払いか、毎月均等に分割して支払う必要があります。

③ **6カ月定期券代は1カ月換算で処理**：3カ月定期や6カ月定期の場合、前払いにすると非課税限度額を超えるケースがあります。しかし、この場合は1カ月あたりの金額換算で15万円を超えなければ、非課税の扱いになります。同様に、社会保険・労働保険の保険料算定や、労働基準法の平均賃金の計算などでも1カ月換算した金額で計算されます。

④ **退職、住所変更時の定期券代の処理**：定期券代を支給している場合、退職、住所変更時の処理をどうするかも決めておく必要があります。まず、定期券の払い戻しをしてもらい、その払い戻し金額を返金してもらう方法があります。次に、定期の金額を日割りして、出勤日数分との差額を戻してもらう方法もあります。もしくは退職、住所変更月の定期券は購入せずに、実費を支給するというのもひとつの方法です。

通勤手当は社会保険料の算定に含める

① **通勤手当は計算基礎への算入対象であるかが複雑**：通勤手当は、税額や保険料などの算定基礎に加えるかどうかが各種で変わるため、注意が必要です。次頁の図のように、所得税法、社会保険・労働保険、労働基準法によって、それぞれ参入するかどうかの取り扱いが異なります。

② **所得税法の控除計算**：通勤手当は15万円まで非課税ですが、家族手当などの支給対象を決める基準を所得税法上の配偶者控除や扶養家族控除の基準（113頁表参照）にした場合は、所得判定の賃金からは除かれます。つまり、非課税の通勤手当は含めずに年収103万円以下を計算します。これに対し、健康保険の扶養の判定基

ONE POINT
徒歩通勤は課税になる

徒歩通勤に対しても通勤手当を支給する会社もあります。ただし、徒歩通勤は距離がいくら長くても非課税にはなりません。課税免除は、かかった費用に対する優遇措置なので、費用が発生しない徒歩通勤は対象にならないと判断されます。自転車通勤も一見費用は発生しないように思えますが、自転車という交通用具の費用が発生するということで、非課税措置の対象になります。

1カ月定期と6カ月定期

6カ月定期代を毎月分割すると、1カ月定期代より少なくなってしまいます。給与規程などで定めれば問題はありませんが社員からすると購入時に負担となるため、先払いにしたほうが不満は出ないでしょう。

通勤手当以外の非課税支給

通勤手当以外でも、社宅費用、食事代、宿日直手当などを支給したときは、一定額が非課税扱いになります（168頁参照）。

● **通勤手当の各種算定基礎への算入の取り扱い**

	法令による取扱事項		算入額	計算基礎への導入
通勤手当	所得税法	非課税 ※ 家族手当などの支給対象の基準を、所得税法上の扶養家族控除の基準にしている場合は注意	最高15万円まで	※ 非課税通勤手当は除いて所得（年収103万円以下）を計算 ✕
	社会保険労働保険	保険料の算定	全額	※ 保険料の算定では非課税通勤手当も含めて計算する ◯
	労働基準法	平均賃金の計算	全額	※ 平均賃金の計算基礎には含める ◯
		割増賃金の計算		※ 割増賃金の計算基礎には含めない ✕

● **交通費支給ルール例**

会社から自宅まで1キロ以上
→ 通常の人が対象となる（会社の最寄駅から自宅の最寄駅までを想定）

最寄り駅から自宅まで1キロ以上の場合は交通機関の利用を認める
→ 自宅の最寄駅から自宅までの距離に応じて

> このように支給ルールに2つの基準を入れると、よりクリアになる

準である130万円未満は、非課税通勤手当も含めて計算します。

③ **社会保険の保険料計算**：社会保険（健康保険、介護保険、厚生年金）や労働保険（雇用保険、労災保険）の保険料計算のもとになる算定基礎額は、非課税通勤手当も含めて計算します。

④ **割増賃金の計算**：労働基準法上の割増賃金計算の算定基礎額からは、課税分も含む通勤手当全額を除外します（37頁参照）。

⑤ **平均賃金の計算**：同じ労働基準法でも、平均賃金の計算には通勤手当を含めて計算します。平均賃金とは、休業手当や有給休暇の基準となる賃金です（46頁参照）。

04-1 割増計算・時間単価（算定基礎額）・年間所定労働日数・1カ月の平均所定労働時間数・割増率

時間外労働時間の計算をする

時間外手当を計算するもとは、時間単価です。割増計算の対象となる月給を、時間単価に換算してから割増率を掛けて割増賃金額を計算します。

時間外手当は時間単価が算定基礎となる

① **計算プロセスは2段階**：時間外労働（普通残業、深夜労働、休日労働）の割増計算は、計算の基本となる算定基礎額＝「時間単価」をもとにして行います。そのため時間外手当の計算は、「時間単価を求めるプロセス」と「時間単価から割増賃金を求めるプロセス」の2段階があります。時間外手当を計算するプロセスは次頁の図のとおりですが、STEP❶〜STEP❸までが時間単価を求める計算、STEP❹〜STEP❺までが割増賃金額（時間外手当支給額）を求める計算です。

② **時間単価の計算方法**：割増賃金の計算に使う時間単価は、法律で決められています。月給制の場合は、固定的な月給（通常の労働に対して支払われる額）を、1カ月の平均所定労働時間数で割った額が時間単価になります。

プロセス❶：時間外手当の計算基礎となる時間単価を求める

① **年間所定労働日数**：次頁 STEP❸ の時間単価の計算式の分母になる1カ月の所定労働時間数に「平均」がつくのは、月によって所定労働時間数が異なるからです。暦日はその月によって28日、30日、31日があったり、年末年始や夏休みのある月は所定労働日数が少なくなります。また6月のように国民の祝日がない月は、所定労働日数が多くなります。そのため、所定労働日数で割ると毎月時間単価が変わってしまって不都合です。そこで、年間所定労働日数をもとに労働時間を平均化するのです。

② **時間単価はすべての割増賃金の計算のもと**：STEP❸ で計算した時間単価は、昇給などの変動がないかぎり、

ONE POINT
年間所定労働日数の固定化

年末年始休暇や国民の祝日が土日と重なるなどで、所定休日数は毎年異なります。しかし、計算上1番少ない年の所定労働日数に設定すれば、次頁 STEP❷ の（年間暦日数−年間休日数）は、年間所定労働日数に置き換えることができます。法令上も認められています。ただし、実際の年間所定労働日数が少ない年は時間単価が高くなり、会社の負担が増えます。1年に一度計算すればいいので、無理に固定化をする必要はありません。

● 時間外手当の割増賃金の計算プロセス（月給制）

プロセス❶ 時間外手当の計算のもととなる時間単価を求める

STEP❶ 月給額（基本給 + 固定的手当）を計算する（❶）

割増賃金のもととなる月額給与の合計額。手当は割増賃金の対象となる手当を足した額の合計額。法律で除外が認められた一部手当（通勤手当、家族手当、住宅手当など）は加算されない

STEP❷ 1カ月の平均所定労働時間数を計算する（❷）

（年間暦日数 − 年間休日数）× 1日所定労働時間数 ÷ 12カ月

> **年間所定労働日数**
> ※ 通常は年間休日数が年によって変わるので、毎年計算する必要がある。なお年間暦日数は365日だが、閏年は366日になる

STEP❸ 割増賃金の時間単価（算定基礎額）を計算する（❸）

月給額（❶）÷ 1カ月の平均所定労働時間数（❷）

プロセス❷ 時間単価から割増賃金を求める

STEP❹ 割増労働の種類ごとに割増賃金額を計算する（❹）

時間単価（❸）× 割増率 × 労働時間数

※ 割増率は普通残業2割5分増、深夜労働2割5分、休日労働3割5分増
※ 時間単価（❸）× 1.25 × 法定労働時間数を超えた労働時間
　　　　　　　　　　　　　　　　　　　　　= 時間外手当（❺）
　時間単価（❸）× 0.25 × 深夜労働時間数
　　　　　　　　　　　　　　　　　　　　　= 深夜時間外手当（❻）
　時間単価（❸）× 1.35 × 休日労働時間数 = 休日労働手当（❼）

STEP❺ 割増労働の種類ごとの割増賃金を合計する（❽）

時間外手当（❺）+ 深夜時間外手当（❻）
　+ 休日労働手当（❼）= 時間外手当支給額（❽）

従業員ごとに1年間使うことができます。時間外労働、深夜労働、休日労働は割増率が異なるだけなので、すべての割増賃金の計算のもとになります。なお、計算過程で生じる端数については処理のルールがあります（123頁参照）。

プロセス❷：時間単価から割増賃金額を計算する

① **割増賃金には3種類がある**：時間外手当として割増賃金が必要となる労働は、「普通残業」「深夜労働」「休日労働」の3種類です。普通残業と深夜労働はそれぞれ2割5分増、休日労働は3割5分増です。STEP❸で求めた時間単価にそれぞれの割増率を掛ければ、割増賃金単価が求められます。

② **時間外労働の種類ごとに計算**：割増賃金の計算は、時間外労働の種類ごとに行います。たとえば普通残業は、時間単価に1.25を掛けた割増賃金単価に残業時間数の合計を掛ければ求められます。また休日労働は、時間単価に1.35を掛けた額が割増賃金単価となり、休日労働の時間数を掛けて求めます。

③ **複合すると割増賃金も重なる**：割増賃金も単独であればそれほど複雑ではありませんが、複数の時間外労働が重なると注意が必要です。基本的には、時間単価にそれぞれの割増率を合計したものを掛けて算出します。たとえば、普通残業だけであれば2割5分増ですが、午後10時以降の深夜労働が加わると、さらに2割5分増となります。つまり「1＋0.25＋0.25＝1.5」倍で計算します。仮に、時間単価が1,656円で深夜労働が2時間であれば、「1,656円（時間単価）×1.5（割増率）×2時間＝4,968円」が割増賃金となります。なお、交替制の場合は、深夜労働時間帯（午後10時〜朝5時）に残業時間があたらなければ、深夜労働の2時間は「1,656円×1.25×2時間＝4,140円」と深夜割増の2割5分増だけの支払いになります。つまり「1＋0.25＝1.25」倍で計算します。そのほか、休日労働（法定休日労働）には時間外労働の概念がないため、深夜労働時間帯にかからなければ、働いた時間はすべて3割5分増となります。その場合「1,656円×1.35×10時間＝2万2,356円」が割増賃金です。

ONE POINT

月給額が割増賃金に与える影響

次頁の式でわかるように、月給額が多いと割増賃金計算の時間単価も上がります。基本給に加える手当の範囲が大きく影響します。基本給だけで計算するのは論外としても、どの手当まで組みこむかは、法律にあわせて給与規程などで明確にしておかないと従業員とのトラブルのもとになります。

管理職も深夜割増は必要

部長、支店長などで残業の対象にならない管理監督者でも、深夜労働の割増賃金は支払う必要があります。ただし、時間単価の1.5倍ではなく0.25倍の深夜割増部分だけの支給となります。なお、役職手当が深夜労働分を含むものと就業規則などに明記され、実態としても妥当であれば支払わなくていい場合もあります。

● 時間外手当の時間単価の出し方（月給制）と割増賃金額

通勤手当、家族手当、住宅手当などは除外する（37頁参照）
※ ただし、名称ではなく実態で判断

月給額（分子）は高いほど時間単価は高くなり、1カ月の平均所定労働時間（分母）は多いほど時間単価は低くなる

$$\frac{月給額（基本給 + 固定的手当）}{1カ月の平均所定時間数} = 時間単価（算定基礎額）$$

1年間の所定労働日数をもとに算出
例 年間所定労働日数245日、1日所定労働時間8時間の場合
（245日 × 8時間）÷ 12カ月 = 163.333… ≒ 163時間
※ 端数は「切り捨て」または「そのまま」

時間単価 × 割増率 × 労働時間数 = 割増賃金額

普通残業の時間外手当は 1.25
深夜労働の時間外手当は 1.25（「通常 + 深夜」は 1.5）
休日労働の時間外手当は 1.35（「休日 + 深夜」は 1.6）

例 時間外労働（通常残業）7.5時間、基本給25万円、役職手当2万円、通勤手当1.4万円、住宅手当（個別支給）1万円、1カ月の平均所定労働時間数（245日 × 8時間）÷ 12カ月

住宅手当は家賃に応じて個別支給なので除外できるが、一律支給であれば月給額計算の諸手当に含める

端数は四捨五入（50銭未満切り捨て、50銭以上切り上げ）、そのまま、切り上げの3つの方法がある

$$\frac{月給額 = 基本給 + 役職手当 = 27万円}{（245日 × 8時間）÷ 12カ月} ≒ 1,653.061…… ≒ 1,653円（時間単価）$$

1,653円 × 1.25 × 8時間 = 1万6,530円（割増賃金額：時間外手当）

ここでは1カ月合計時間数の端数は30分以上切り上げ、30分未満切り捨て※（7.5時間そのままの計算の会社もある）
※ 次頁③参照

04-2 労働時間の管理・1日単位の労働時間数・1カ月単位の労働時間数・1カ月平均所定労働時間数・金額の端数処理

割増賃金の計算で発生する端数処理

割増賃金の計算過程では、たびたび小数点以下の端数が出ますが、基本的には従業員に不利な処理はできないルールになっています。

労働時間の端数処理は日と月でルールが異なる

① **労働時間は原則「1分単位」で管理**：割増賃金の計算にかぎらず、労働時間の管理は1分単位でするのが原則です。しかし労働時間の集計で生じる一部の端数は、例外的に次頁のような時間単位への処理が認められています。それ以外の従業員が不利になるような処理方法は、労働基準法違反になります。

② **1日単位の集計は切り捨て不可**：労働時間の集計は、1日単位の集計では切り捨てをしてはいけません。次頁の図のように、1日単位の集計で30分未満の残業時間を切り捨ててしまうと、場合によっては実際よりも何時間も少なくなってしまい、従業員に大きな不利益を与えるおそれがあるからです。

③ **1カ月単位の集計は四捨五入**：一方、1カ月単位で労働時間を合計する集計方法の場合、30分未満は切り捨て、30分以上は1時間に切り上げる四捨五入の端数処理が認められています。1カ月の合計であれば、誤差は最大でも1時間であり、切り上げで有利になる場合もあるため、常に従業員に不利になるものではなく、給与計算の簡便化が目的として認められています。

1カ月の平均所定労働時間数の端数はそのままか切り捨て

① **端数切り上げ不可**：1カ月の平均所定労働時間数の計算では、1日や1カ月の労働時間集計とは逆に、端数切り上げができません。次頁の ルール❸ のとおり、1カ月の平均所定労働時間数が時間単価の計算式の分母になって

ONE POINT

従業員に有利な処理は可
1日の労働時間計算では30分未満の切り捨ては労働基準法違反になります。しかし、逆に30分未満を切り上げることは認められます。また、時間単価や割増賃金額の計算でも、1円未満の切り上げは問題ありません。従業員にとって有利な扱いならば、認められます。

遅刻・欠勤の端数処理
割増賃金や遅刻・欠勤などの不就労控除には、1カ月の平均所定労働時間数から求めた時間単価を使う会社が多くみられます。しかし1カ月の平均所定労働時間数の端数処理を切り捨てにすると、従業員にとって割増賃金計算では得でも、不就労控除計算では不利になります。そこで、不就労控除計算では切り上げにしたり、計算結果の控除額の端数を切り捨てにして対応するケースが多くみられます。

● 割増賃金を計算するときの端数処理のルール

● 労働時間のルール

ルール❶	1日の時間外労働などの合計	30分未満切り捨て 30分以上切り上げ	1分単位は 1日の集計では不可
ルール❷	1カ月の時間外労働などの合計	30分未満切り捨て 30分以上切り上げ	1分単位は 1カ月の集計では可
ルール❸	1カ月の平均所定労働時間数	端数はそのまま計算または切り捨てて計算 時間単価 = 月給額 / 1カ月の平均所定労働時間数	

切り上げにすると時間単価が低くなり、従業員に不利になるので「切り上げ」は不可

● 金額のルール

ルール❹	❶ 1時間あたりの賃金額（時間単価） ❷ 割増賃金額（❶ × 割増率） ❸ 1カ月の割増賃金の総額	50銭未満切り捨て 50銭以上切り上げ

賃金額の計算結果に関しては四捨五入が認められている

● 1日の残業時間の端数処理の違いにより1カ月で差が出る

〈○月の残業時間〉

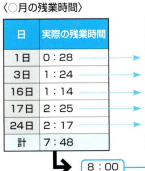

NG

日	実際の残業時間	日単位端数処理の残業時間
1日	0:28	0:00
3日	1:24	1:00
16日	1:14	1:00
17日	2:25	2:00
24日	2:17	2:00
計	7:48	6:00

8:00
1カ月の合計を端数処理

1日単位で30分未満切り捨て、30分以上切り上げで端数処理すると、1カ月の合計で端数処理したのと比べて、この例では1カ月で2時間の差が出ている。このような管理は法律違反となる

いるからです。つまり、分母（＝1カ月の平均所定労働時間数）が大きくなるほど時間単価が低くなり、割増賃金も少なくなります。次頁の STEP❶ で端数を切り上げて164時間にすれば、STEP❷ の時間単価は1,646円と7円も低くなってしまいます。

② **端数切り捨ては有利になる**：1カ月の平均所定労働時間数の計算では、端数を切り捨てると計算式の分母が小さくなり、時間単価が多くなります。同様に、次頁の STEP❶ で切り捨ての163時間を採用すれば、STEP❷ の時間単価は1,656円と3円高くなります。そのため、従業員にとって有利になるよう、1カ月の平均所定労働時間数の計算では、端数はそのままにする、もしくは切り捨てにします。

金額計算の端数処理はすべて四捨五入が可能

① **50銭未満は切り捨てできる**：金額を出す計算には、時間単価、割増賃金額、1カ月の割増賃金の総額（合計額）があります。いずれも50銭未満切り捨て、50銭以上切り上げという処理が認められています。次頁の STEP❷、STEP❸、STEP❹ のいずれも、計算結果を四捨五入することができます。

② **割増部分のみの計算に注意**：割増賃金の計算で注意しなければならないのは、割増賃金の時間単価です。会社が定めた所定労働時間内であれば、割増分だけの計算になるからです。たとえば、STEP❸ で深夜労働が所定時間内の場合は、1.50ではなく深夜割増率の0.25だけを掛けます。つまり、計算は「1,653円 × 0.25 ＝ 413.25円 ＝ 413円」となるわけです。本体の1.0も所定内賃金に含まれているので除きます。また、STEP❹ のように振替休日や代休を取得した場合にも、相殺されて変わってきます。同一週内の振替休日の場合は休日労働そのものがなくなるため、割増賃金も割増分を含めて全額なくなると考えます。ちなみに、同一週以外での振替と代休の場合は0.25または0.35の休日労働の割増分だけが残るので注意します。

ONE POINT
切り捨ての区切りは自由
1カ月の平均所定労働時間数の端数を切り捨てにする場合、区切りは任意のところでかまいません。時間単価のずれを小さくするために、小数点以下もある程度含めている会社も多くみられます。

端数処理の組みあわせ
賃金額の端数処理は個別でも、まとめてでもかまいません。次頁の計算プロセスでは STEP❷ で時間単価の端数処理を行い、さらに STEP❸ で割増賃金時間単価の端数処理を行っていますが、2度目の端数処理をしない計算もあります。
たとえば STEP❸ で割増賃金時間単価の端数処理をしなければ、STEP❹ の普通残業割増賃金額は「1,653円×1.25× 8時間＝1万6,530円」となります。

● 割増賃金の計算プロセスと端数処理

例 年間所定労働日数：245日、1日所定労働時間：8時間、
月給額：27万円、普通残業：9時間30分、深夜労働：2時間、
休日出勤：1日（8時間）

STEP ❶ 1カ月の平均所定労働時間数 ▶ ルール❸

1カ月の平均所定労働時間数 ＝（245日 × 8時間）÷ 12カ月 ＝ 163.333……
〈端数はそのまま〉　　　　　163.333……時間
〈小数点第3位以下切り捨て〉　163.33時間
〈小数点以下切り捨て〉　　　　163時間

> 小数点以下も算入する場合は、第1位か第2位程度までが多い

STEP ❷ 時間単価（算定基礎額） ▶ ルール❹

$$時間単価 = \frac{月給額}{1カ月の平均所定労働時間数}$$

$$= \frac{27万円}{（245日 × 8時間）÷ 12カ月} = 1,653.061……円 = 1,653円$$

> 1円未満四捨五入

STEP ❸ 割増賃金額（割増賃金時間単価） ▶ ルール❹

普通残業の時間外手当単価 ＝ 1,653円 × 1.25 ＝ 2,066.25円 ＝ 2,066円
深夜労働の時間外手当単価 ＝ 1,653円 × 1.50 ＝ 2,479.50円 ＝ 2,480円
（時間外 ＋ 深夜）
休日労働の時間外手当単価 ＝ 1,653円 × 1.35 ＝ 2,231.55円 ＝ 2,232円

> 割増賃金額の計算では1円未満四捨五入

STEP ❹ 1カ月の割増賃金額 ▶ ルール❷ ルール❸

普通残業割増賃金額 ＝ 2,066円 × 8時間 ＝ 1万6,528円
深夜労働割増賃金額 ＝ 2,480円 × 2時間 ＝ 　　4,960円
休日労働割増賃金額 ＝ 2,232円 × 8時間 ＝ 1万7,856円
　　　　　　　　合計　　　　　　　　　　　3万9,344円

> 1カ月の合計労働時間は30分以上切り上げ、30分未満切り捨て

> 合計額は振替休日の場合は2万1,488円（1万6,528円 ＋ 4,960円）、代休の場合は2万6,116円（1万6,528円 ＋ 4,960円 ＋ 4,628円）に変わる

> 振替休日を取った場合は全額なくなり、代休の場合は割増分のみ支給（1,653円 × 0.35 × 8時間 ＝ 4,628.4円 ＝ 4,628円）

04-3 普通残業＋深夜労働・休日労働＋深夜労働・割増率・所定内労働・休日と平日の切り替わり

時間外労働が重なった場合の割増賃金の計算

割増賃金が発生する時間外労働には、普通残業、深夜残業、休日残業などがあり、それらが組みあわさることもあります。割増率のみ支給するケースもあるので注意が必要です。

割増労働が重なれば割増率も重なる

① **組みあわせによって割増率が異なる**：割増賃金が発生する時間外労働が重なれば、割増率も合計されます。しかし、組みあわせによって最終的な割増率はさまざまです。重複するケースでよく見られる割増率は、普通残業が深夜におよんだ「普通残業＋深夜労働」の1.5倍と、休日労働が深夜におよんだ「休日労働＋深夜労働」の1.6倍です。

② **割増率のみの割増賃金に注意**：通常の割増計算では、時間外労働部分のみの計算なので「1.0＋割増率」となります。しかし、交代制勤務などで所定労働時間内に深夜労働が食い込む場合（次頁 CASE❸）は、割増率のみが加算される計算になるので、注意しなければなりません。

特殊なケースの割増賃金の計算に注意する

① **残業が休日におよんだ場合**：複雑に時間外労働が絡みあう例のひとつとして、平日の時間外労働が休日にかかってしまったケースがあります。具体的には129頁の CASE❹ の場合ですが、午前0時を境に休日労働の扱いとなるため、割増率も1.5（＝普通残業1.25＋深夜労働0.25）から1.6（＝休日労働1.35＋深夜労働0.25）に切り替わります。

② **休日労働が平日におよんだ場合**：逆に、CASE❺ のように休日労働が平日の労働日にまたがる場合も、注意が必要です。切り替わるのは午前0時ですが、所定労働時

ONE POINT
7割5分増もある
割増率が重なった場合は、一般的には「休日労働＋深夜労働」の6割増が最高です。しかし、大企業の場合は、1カ月60時間を超える法定時間外労働に対しては、割増率を5割増にしなければなりません。その場合は「時間外労働（5割増）＋深夜労働（2割5分増）」で7割5分増になります。

● 重複した割増賃金の計算例

● 時間単価（算定基礎額）が1,653円の場合

CASE ❶ 普通残業 + 深夜労働のケース

勤務時間
- 9:00〜18:00 8時間（昼1時間除く） → 所定内労働
- 18:00〜22:00 4時間 → ❶ 普通残業
- 22:00〜24:00 2時間 → ❷ 普通残業＋深夜労働

割増賃金 時間外労働6時間（うち深夜労働2時間）
- ❶ 普通残業手当　1,653円 × 1.25 × 4時間 = 8,265円
- ❷（普通＋深夜）手当　1,653円 × 1.5 × 2時間 = 4,959円
- ❶＋❷ 時間外手当計　8,265円 + 4,959円 = 1万3,224円

CASE ❷ 休日労働 + 深夜労働のケース

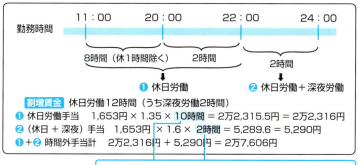

勤務時間
- 11:00〜20:00 8時間（休1時間除く）／20:00〜22:00 2時間 → ❶ 休日労働
- 22:00〜24:00 2時間 → ❷ 休日労働＋深夜労働

割増賃金 休日労働12時間（うち深夜労働2時間）
- ❶ 休日労働手当　1,653円 × 1.35 × 10時間 = 2万2,315.5円 = 2万2,316円
- ❷（休日＋深夜）手当　1,653円 × 1.6 × 2時間 = 5,289.6 = 5,290円
- ❶＋❷ 時間外手当計　2万2,316円 + 5,290円 = 2万7,606円

> 休日労働には時間外という考え方がないので12時間すべて1.35になる。重複部分は「1.35＋0.25＝1.6」になる

CASE ❸ 深夜労働のみ割増賃金を含むケース

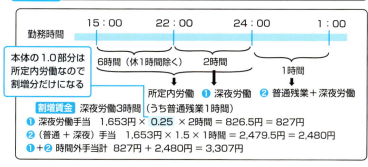

本体の1.0部分は所定内労働なので割増分だけになる

勤務時間
- 15:00〜22:00 6時間（休1時間除く） → 所定内労働
- 22:00〜24:00 2時間 → ❶ 深夜労働
- 24:00〜1:00 1時間 → ❷ 普通残業＋深夜労働

割増賃金 深夜労働3時間（うち普通残業1時間）
- ❶ 深夜労働手当　1,653円 × 0.25 × 2時間 = 826.5円 = 827円
- ❷（普通＋深夜）手当　1,653円 × 1.5 × 1時間 = 2,479.5円 = 2,480円
- ❶＋❷ 時間外手当計　827円 + 2,480円 = 3,307円

（次々頁に続く）

間がはじまるのは5時からではなく始業時刻の9時からです。そのため、5時から9時までの4時間は前日の残業時間として扱うため、普通残業の割増賃金が発生します。

1カ月60時間を超える法定時間外労働の割増率は1.5

平成22年4月1日の労働基準法の改正により、1カ月60時間を超える法定時間外労働に対しては、5割以上の率で計算した割増賃金を支払わなければならないことになりました（下表にある企業規模による）。

この1カ月60時間を超える法定時間外労働の算定には、法定休日（週1回の休日）に行った労働は含まれません。法定外休日（たとえば土曜日）に行った法定時間外労働は含まれます。

● **猶予される中小企業**　（2023年3月まで）

業種	資金の額または出資の総額	または	常時使用する労働者数
小売業	5,000万円以下	または	50人以下
サービス業	5,000万円以下	または	100人以下
卸売業	1億円以下	または	100人以下
その他	3億円以下	または	300人以下

※ 業種分類は、日本標準産業分類（第12回改定）に従っています。
・ 中小企業に該当するか否かは、「資本金の額または出資の総額」と「常時使用する労働者の数」で判断されます。
・ 事業場単位ではなく、企業単位で判断されます。

① **振替休日、代休取得時の割増率**：休日出勤後に振替休日や代休を取得した場合には、0.25、0.35部分のみ支給することになります。振替休日を取得すると支払いが必要ないと考える企業もあるので注意が必要です。

> **例** 休日出勤しその後、代休を取得したケース
>
> 休日出勤日　1.35 × 8時間
> 代休取得　　−1 × 8時間
> 支給　　　　0.35 × 8時間

ONE POINT
休日の定義
労働基準法上の休日は原則として1暦日、つまり午前0時から午後12時までの24時間の休業をさします。

● 時間単価（算定基礎額）が 1,653 円の場合

CASE ❹ 時間外労働が法定休日におよんだケース

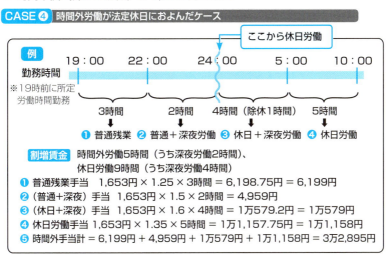

CASE ❺ 法定休日労働が所定労働日におよんだケース

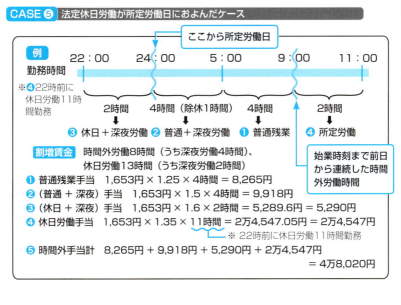

04-4 時間単価・時給・日給・歩合給・総労働時間数・固定給・割増部分・年俸制・12カ月割り・管理職の深夜労働手当

時給、日給、歩合給、年俸制の割増賃金の計算

時給、日給、歩合給、年俸制の割増賃金の計算は、すべて時間単価が計算のもとになります。しかし、支払い方法によってそれぞれ時間単価の算出方法が違ってきます。

割増賃金の計算はすべて時間単価がもとになる

① **時間単価の計算**：給与の支払方法は月給だけでなく、時給や日給などさまざまな方法があります。どんな支払方法でも時間外手当の計算のもととなるのは、共通して時間単価です。まず時間単価を求めることから、時間外手当の計算ははじまります。

② **時給と日給の割増賃金**：時給と日給の割増賃金は、基本的には次頁のようにシンプルに計算できます。通勤手当は、一律支給でなければ割増賃金の時間単価から除きます。なお、1日の所定労働時間数が日によって異なる場合は、1日の平均所定労働時間数を計算してから時間単価を求めます。

③ **パートタイマーの時間外**：会社にはフルタイム勤務者ばかりではなくいわゆるパートタイマーの人を活用することもあります。その場合の時間外勤務の考え方は2つに分かれます。

   CASE ❶：1日8時間までの時間外は、割増をつける必要がなく1時間の時給を支払う

   CASE ❷：1日8時間を超えた時間外は、時給 ×1.25の割増した時給を支払う

④ **パートタイマーの休日勤務**：あまりないと思いますが、パートタイマーに休日出勤をしてもらうケースの休日勤務の考え方は次頁の3つに分かれます。

   CASE ❶：週40時間までの時間外は、割増をつける必要

ONE POINT
時給の手当の扱い

時給や日給でも、固定的手当が別途あれば割増賃金の単価に組みこまなければなりません。たとえば、時給のほかに通勤手当と職務手当が支給される場合、職務手当は月給制の計算と同じ要領で1カ月の平均所定労働時間で割り、1時間単価にして時給に加えます。つまり「時給＋手当単価」が割増賃金の算定基礎額となります。

がなく1時間の時給を支払う（週1回の休みは確保）
- **CASE ❷**：週40時間を超えた時間外は、時給 ×1.25の割増した時給を支払う（週1回の休みは確保）
- **CASE ❸**：週40時間以内であっても週に1回も休みが取れていないケースは、その日の勤務はすべて時給 ×1.35の割増した時給を支払う

● 時給と日給の時間外手当の割増賃金額の求め方

時給　時間給 = 時間単価（算定基礎額）

例　時給1,000円、交通費1カ月1万4,000円（定期代）、
1カ月の残業時間15時間
割増賃金額＝1,000円 × 1.25 × 15時間 = 1万8,750円

日給　$\dfrac{日給}{1日の所定労働時間数}$ = 時間単価（算定基礎額）

例　日給8,500円、交通費1カ月1万4,000円（定期代）、
1カ月の残業時間15時間、1日の所定労働時間数8時間
割増賃金額　＝（8,500円 ÷ 8時間）× 1.25 × 15時間
　　　　　　＝ 1万9,921.875円 = 1万9,922円

> 通勤手当は一律に支給されていないので、割増賃金額には含まない

column 管理職は残業代がなくても割増賃金は発生する

管理職の場合、通常の残業代や休日労働手当を支給する必要はありませんが、深夜労働に対しては、次のように割増賃金が発生します。

例　月給50万円、1カ月の所定労働時間163時間、深夜労働2時間

❶ 50万円 ÷ 163時間 = 3,067.4846…… = 3,067円
　➡ 時間単価（算定基礎額）
❷ 3,067円 × 0.25 = 766.75 = 766円 ➡ 割増賃金単価766円
❸ 766円 × 2時間 = 1,532円 ➡ 割増賃金額（深夜労働手当）

歩合給の時間単価は総労働時間数を使う

① **総労働時間に対する賃金**：歩合給は、毎月の成績などによって変動しますが、割増賃金の算定基礎に入れなければなりません。ただし、所定労働時間数で割る通常の固定給とは異なり、次頁の計算式のように、給与の総額を稼ぎ出すのに要した総労働時間数で割って時間単価を出します。これは、歩合給に対応する時間が明確にできないため、総労働時間で生じたものと考えるからです。

② **割増部分だけが残業代になる**：歩合給は総労働時間に対する単価のため、固定給部分とは異なり、時間外労働部分も含めて全労働時間に本体部分は支給されていることになります。そのため、割増部分だけの金額になります。

年俸制でも時間外手当は発生する

① **年俸制では総額を12カ月で割る**：年俸制の場合でも、総額が決まっているから時間外手当は出ないということはありません。年俸制の場合は総額を16カ月で割り、4カ月分は夏冬の賞与として支払うケースがよくみられます。しかし、割増賃金の時間単価を計算するうえでは、あくまでも総額を12カ月で割った額が1カ月の月給額としてみなされます。

② **業績賞与は残業代に含まれない**：年俸制でも固定部分のほかに、業績賞与のように変動する部分がある場合は、割増賃金計算のもとには算入しません。つまり、年俸制の場合は次の2つのケースに分かれます。

CASE❶：年俸が決まっており14または16で割るケース
→ 年俸額を12で割った額が時間外単価の計算の基礎額

CASE❷：年俸は1/12＋業績賞与
→ 年俸額のみが時間外単価の計算の基礎額

ONE POINT
完全歩合給でも残業代はある

固定給のない完全歩合給制の場合も、総労働時間から時間単価を計算し、法定時間外労働部分には時間外手当が発生します。なお、成績が悪く歩合給が少ない月でも最低賃金（35頁参照）を下回ると違法になります。

年俸制の賞与部分

年俸制で16カ月割りして賞与部分を設けている場合、労働時間の単価としては意味がありませんが、社会保険上は「賞与支払届」を出して賞与として処理します（202頁参照）。

● 歩合給の時間外手当の時間単価の出し方

歩合給

$$\frac{当日の歩合給}{1カ月の総労働時間数} = 時間単価（算定基礎額）$$

（所定労働時間ではなく総労働時間を使う）

例 固定給部分月額20万円、歩合給部分月額8万円、1カ月の総労働時間数175時間、1カ月の平均所定労働時間数160時間、1カ月の残業時間15時間

❶ 固定給部分の時間単価 = 20万円 ÷ 160時間 = 1,250円
❷ 歩合給部分の時間単価 = 8万円 ÷ 175時間 = 457.1428…… = 457円
❸ 固定給部分の時間外手当 = 1,250円 × 1.25 × 15時間
　= 23,437.5円 = 2万3,438円
❹ 歩合給部分の時間外手当 = 457円 × 0.25 × 15時間
　= 1,713.75円 = 1,714円 （割増率部分だけを使う）
❺ 時間外手当計 = 2万3,438円 + 1,714円 = 2万5,152円

● 年俸制の時間外手当の時間単価の出し方

年俸制

$$\frac{（年俸の総額 ÷ 12カ月）}{1カ月の平均所定労働時間数} = 時間単価（算定基礎額）$$

（16カ月支給でも14カ月支給でも総額を12カ月で割った額が1カ月の給与額）

例 年俸総額720万円：月額45万円 × 16カ月分（賞与分7月2カ月、12月2カ月）、1カ月の平均所定労働時間数160時間、1カ月の残業時間15時間

❶ 1カ月の給与相当額 = 720万円 ÷ 12カ月 = 60万円
❷ 時間単価 = 60万円 ÷ 160時間 = 3,750円
❸ 時間外手当 = 3,750円 × 1.25 × 15時間
　= 7万312.5円 = 7万313円

（540万円 ÷ 12カ月 = 45万円ではないことに注意）

05 不就労控除・月給・1カ月の日数・1日単価・時間単価・割増賃金単価・控除方式・支給方式

欠勤や遅刻・早退の控除額

欠勤、遅刻・早退の控除方法は法律で決められていないため、自社でルールを決めます。

不就労控除にはさまざまな計算方法がある

① **会社がルールを自由に決められる**：遅刻・早退、欠勤などの不就労控除には、法律上の決まりがありません。そのため控除をするかどうかや、控除に関するルールを就業規則や給与規程で定めることで、会社が自由に決めることができます。ただし、労働基準法に違反してはいけません。

② **単価の決め方と控除・支給の選択**：欠勤など1日単位の不就労は1日単価、遅刻・早退など時間単位の不就労は時間単価を決めなければなりません。さらに、不就労分を控除する「控除方式」にするのか、就労分を支給する「支給方式」にするのかといった選択もあります。

1日単価の計算式には一長一短がある

① **欠勤控除の1日の単価を決める**：欠勤など1日単位の不就労控除は、次頁に示した「月給÷1カ月の日数」の算式によって1日単価を決めます。月給の内容や1カ月の日数については、会社によってさまざまな決め方があります。

② **月給は手当の扱いがポイント**：不就労控除の1日単価の計算式にあてはめる月給は、「基本給のみ」でも「基本給＋手当」とすることもできます。手当を含む場合は、どの範囲の手当を含むかで月給額は変わります。月給は計算式の分子になるので、基本給だけにすれば1日単価は低くなり、含む手当が多くなるほど1日単価は高くなります。

ONE POINT

割増賃金単価と不就労控除単価

不就労控除と時間外労働の割増賃金は、同じ単価でなくてもかまいません。しかし、計算単価は同じ基準にしたほうがわかりやすく間違いも防げることから、多くの会社が同じ単価を使用しています。

不就労時間を超えた控除は減給制裁になる

不就労控除は「ノーワーク・ノーペイの原則（83頁参照）」に基づいて行われるものです。5分遅刻したら30分遅刻したことにするといったような、不就労時間を超える控除をすることはできません。

● 不就労控除の1日単価の計算方法

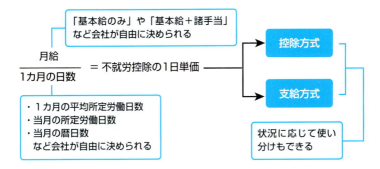

例 分母に1カ月の平均所定労働日数（年間245日のケース）を使う場合

$$\frac{27万円}{245日 \div 12カ月} = 1万3,224.48\cdots\cdots円 = 1万3,224円（切り捨て）$$

● 1カ月の日数の計算方法のメリット・デメリット

計算方法	特徴・メリット	デメリット
1カ月の平均所定労働日数	・割増賃金の単価計算（時間）と同じ方法で、最も一般的 ・1日単価は一定になるので控除額や支給額も毎月一定	・平均所定労働日数と当月所定労働日数の差で矛盾が生じる 例 平均所定労働日数20日、当月所定労働日数21日のとき、控除方式だと1日出勤しても無給（20日控除）になる（137頁参照）
当月の所定労働日数	・実際の所定労働日数なのでわかりやすい ・所定労働日数の差による矛盾は出ない	・毎月1日単価が変わるので、控除額や支給額も毎月変わる
当月の暦日数	・暦日数なのでわかりやすい ・所定労働日数の差による矛盾は出ない	・毎月1日単価が変わるので、控除額や支給額も毎月変わる ・土日も入れて出勤日を計算するのでなじまない

③ **1カ月の平均所定労働日数が一般的**：計算式の分母である1カ月の日数には、主に3つのやり方があります。しかし、前頁の表のように、どの方式にも一長一短があります。その中で最も一般的に使われているのが、「1カ月の平均所定労働日数」です。時間外手当の割増賃金と同じ計算方法なので、わかりやすいのがメリットです。当月の所定労働日数や当月の暦日数の場合は、その月だけ見るとわかりやすいのですが、毎月単価が変わるため、同じ欠勤日数や遅刻・早退時間でも控除額が違ってきてしまうという難点があります。

控除と支給の使い分けで平均所定労働日数の欠点をカバー

① **出勤しても無給になるケース**：欠勤控除の1日単価の計算式の分母（1カ月の日数）で、1カ月の平均所定労働日数を使う場合、欠勤日数が多いと不都合が生まれます。次頁の **例❶** は、当月所定労働日数（22日）が月平均所定労働日数（年所定労働日数 245日÷12カ月）を超えている月に月平均所定労働日数を超える欠勤日数（21日）があったケースです。この場合、1日単価に欠勤日数を掛けて月給（27万円）から控除するとマイナスになるため、1日出勤しているにもかかわらず、無給の扱いとなってしまいます。

② **全休しても有給になるケース**：欠勤日数が多いケースでは、もうひとつの不都合もあります。次頁の **例❷** は、当月所定労働日数（19日）が、月平均所定労働日数（年所定労働日数 245日÷12カ月）より少ない月に全休（欠勤日数19日）したケースです。この場合、1日単価に欠勤日数を掛けても月給（27万円）に達しないため、月給から控除するとプラスになってしまい、1日も出勤していないにもかかわらず給与が発生してしまいます。

③ **控除を基本にして支給を併用する**：1カ月の平均所定労働日数の不都合を解決するには、「控除方式と支給方式を併用する」というやり方があります。次頁に示したよ

ONE POINT

支給方式での不都合
控除方式だけでなく、支給方式でも不都合が出ます。欠勤日数が少ないときです。たとえば平均所定労働日数20日、当月労働日数21日、欠勤日数1日の場合、支給方式だと20日分の支給額で月給額となるため、欠勤控除額がゼロになってしまいます。

控除と支給の切り替え
控除方式と支給方式をどこで切り替えるかは、会社によっていろいろあります。3日以内の欠勤は控除、4日以上は支給としたり、10日以内11日以上などが見られます。また、給与がゼロになるときにかぎって、支給方式にする会社もあります。

● 欠勤控除の控除方式と支給方式の使い分け

例❶ 月給：27万円、不就労控除の1日単価：1万3,224円、
1カ月の平均所定労働日数：年所定労働日数 245日÷12カ月、
当月所定労働日数：22日、当月労働日数：1日、欠勤日数：21日

控除方式による計算

月給 －（1日単価 × 欠勤日数）＝ 27万円 －（1万3,224円 × 21日）
＝ ▲7,704円 ＝ 0円

→ 1日出勤しているのにもかかわらず無給になる

例❷ 月給：27万円、不就労控除の1日単価：1万3,224円、
1カ月の平均所定労働日数：年所定労働日数 245日÷12カ月、
当月所定労働日数：19日、当月労働日数：0日、欠勤日数：19日

控除方式による計算

月給 －（1日単価 × 欠勤日数）＝ 27万円 －（1万3,224円 × 19日）
＝ 1万8,744円

→ 1日も出勤していないにもかかわらず有給になる

解決策

基本は控除方式とし、欠勤日数が一定日数より多い場合は支給方式とする

6日以上の欠勤は支給方式とすると、**例❶** と **例❷** は以下のようになる。
5日以内の欠勤を控除方式とすると、**例❸** となる。

例❶ **支給方式による計算**（欠勤日数21日）
1日単価 × 出勤日数 ＝ 1万3,224円 × 1日
＝ 1万3,224円を支給

例❷ **支給方式による計算**（欠勤日数19日）
1日単価 × 出勤日数 ＝ 1万3,224円 × 0日 ＝ 0円（無給）

例❸ **支給方式による計算**（欠勤日数3日）
月給 －（1日単価 × 欠勤日数）＝ 27万円 －（1万3,224円 × 3日）
＝ 23万328円を支給（3万9,672円を控除）

うに、控除方式を基本としながら、欠勤日数が多い場合には支給方式を適用するというものです。**例❶** と **例❷** では、控除方式ではなく支給方式で計算すれば、問題は解決します。「併用のルールは就業規則や給与規程で明確にしておく」ことが必要です。

遅刻・早退は時間単価で控除する

① **基本的な考え方は1日単価と同じ**：遅刻や早退、私用外出といった不就労控除は、時間単位で処理します。そのため、時間単価を決める必要があります。時間単価も1日単価の決め方と基本的には同じです。次頁の計算式のように、1日単価の分母の部分を「1カ月の日数」の代わりに「1カ月の労働時間数」にすれば、時間単価が計算できます。控除方式と支給方式が使えることも同じです。1カ月の労働時間数は、時間外労働の割増賃金単価と同様に、1カ月の平均所定労働時間数が使われるのが最も一般的です。

② **ノーワーク・ノーペイとの関係に注意**：遅刻や早退などの時間単位の不就労控除では、特に実際の時間より多く引きすぎないように注意しなければなりません。労働時間管理の基本は1分単位が原則のため、1分でも遅刻したら10分単位に切り上げるという控除計算をすると、実際の時間より多く引くことになります。これはノーワーク・ノーペイの原則に反します。もちろん、減給の制裁の意味で就業規則などに規定していれば、法定の範囲内（1日の半額を超えない、1カ月の10分の1を超えない）であれば違法ではありませんが、十分な注意が必要です。逆に「10分以内は切り捨て」というように、実際の時間より控除を少なくする分には問題ありません。

③ **不就労控除の場合の単価**：すべて切り捨てとなります。切り上げをしてしまうと実際に働いた部分までも控除してしまうからです。

欠勤しても控除しない手当

① 欠勤しても住宅手当や管理職手当は控除しない企業もあります。これらはあくまでも目的があって支給しているために控除にそぐわないという考え方です。しかし、1回も出社していないのに役職手当を支給するのはおかしいので、半月以上欠勤がある場合は2分の1、出社していない場合は全額不支給とすると整合性が取れます。

ONE POINT
通勤手当の不就労控除
一般的に不就労控除の計算のうえでは、通勤手当は月給には含めません。もちろん含めても差し支えありませんが、通勤費の差が控除額の差を発生させたり、定期券を購入している場合はすでに使ってしまったお金を控除することになったりと、合理性を欠く問題が出ます。別にルールを定めることになります。

● 不就労控除の時間単価の計算方法

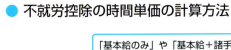

$$\frac{月給}{1カ月の労働時間数} = 不就労控除の時間単価$$

- 「基本給のみ」や「基本給＋諸手当」など会社が自由に決められる
- ・1カ月の平均所定労働時間数
- ・当月の所定労働時間数
  など会社が自由に決められる

→ 控除方式
→ 支給方式

状況に応じて使い分けもできる

例 分母に1カ月の平均所定労働時間数（1日8時間、年間245日のケース）を使う場合

$$\frac{27万円}{(245日 \times 8時間 \div 12カ月)} = 1,653.061……円 = 1,653円（切り捨て）$$

例 不就労控除の時間単価：1,653円
1カ月の遅刻時間計：10分 × 2回 ＝ 20分

控除額の計算
（時間単価 ÷ 60分）× 遅刻・早退等時間 ＝（1,653円 ÷ 60分）× 20分
＝ **551円**

遅早控除として551円を控除

通勤手当は法律上定められた支給基準があるのではなく、会社が任意で実際の費用を補助する手当なので、勤務しない日にまで支払う必要はありません。規定で明確にしておきましょう。

06 入社・退職時の日割り計算

日割り計算のルール・賃金の1日単価・3つの計算方法・支給額の有利不利・退職時期・労働日数

入社したときや退職のときは勤務日数に端数が出るため、欠勤控除の計算で使う1日単価と同じ考え方で日割り計算をする必要があります。

給与規定などで日割り計算のルール

① **賃金の1日単価を決める**：入社や退職の時期は給与の締め日とずれることが多く、計算期間が半端になります。月給制（日給月給）の場合は、日割り計算で支払うのが一般的です。そのためには、給与規程に日割り計算のルールを定め、日割り賃金の1日単価を計算しなければなりません。

② **3つの計算方法**：欠勤控除のときと同じように、日割りの計算には主に「1カ月の平均所定労働日数」「当月の所定労働日数」「当月の暦日数」の3つの方法があります。1カ月の平均所定労働日数を使うと、時間外労働の割増賃金単価と同じになるため、わかりやすくなります。

入退職の時期によって計算方法の有利不利は異なる

① **1日単価の変化で変わる**：3つの計算方法のうち、どの方法がいちばん支給額が高くなるかは、退職時期や労働日数によって違ってきます。たとえば、次頁の 例❶ では ⓐ がいちばん高くなります。しかし、当月所定労働日数が、平均所定労働日数より少ない月は、ⓑ のほうが高くなります。計算式の分母が小さくなるほど1日単価が高くなるからです。また 例❷ では、ⓒ がいちばん高くなります。日割り日数が短いと、このような逆転現象が起きることがあります。

② **控除方式で調整も必要**：1カ月の平均所定労働日数を使う 例❸ では、欠勤控除と同様に矛盾が生じます。このようなケースは控除方式にして調整するようにします。

ONE POINT

暦日の日割り日数に注意
当月の暦日数を使う場合、数え方が休日も含めた日数になるため、注意が必要です。次頁の 例❷ では、在職の期間中の実労働日（所定労働日数）が5日でも、暦日で考えると休日が3日あるので日割り計算の日数は8日になります。土日プラス祝日が重なったケースです。

締め日にあわせて計算
月の途中の入社や退職でも、給与の締め日（計算期間）にあわせて日割り計算をします。たとえば、締め日が15日の会社に10日に入社した場合、10日から15日までの5日間の日割り計算になります。

● 計算方法の違いによる入退職時の日割り賃金

$$\frac{月給}{1カ月の日数} = 入退職時の日割り賃金の1日単価$$

「1カ月の平均所定労働日数」「当月の所定労働日数」「当月の暦日数」など会社が自由に決められる

例❶ 月給：27万円、1カ月の平均所定労働日数：20日、当月所定労働日数：22日、入社（退職）月労働日数：15日、暦日数：30日（在職中20日）

ⓐ 1カ月の平均所定労働日数の場合

$$\frac{27万円}{20日} \times 15日 = 20万2,500円$$

ⓑ 当月の所定労働日数の場合

$$\frac{27万円}{22日} \times 15日 = 18万4,090.90……円 = 18万4,091円（四捨五入）$$

ⓒ 当月の暦日数の場合

$$\frac{27万円}{30日} \times 20日 = 18万円$$

在職中の休日も含めた暦日数になることに注意

例❷ 月給：27万円、1カ月の平均所定労働日数：20日、当月所定労働日数：22日、入社（退職）月労働日数：5日、暦日数：30日（在職中8日）

ⓐ 1カ月の平均所定労働日数の場合

$$\frac{27万円}{20日} \times 5日 = 6万7,500円$$

ⓑ 当月の所定労働日数の場合

$$\frac{27万円}{22日} \times 5日 = 6万1,363.63……円 = 6万1,364円（四捨五入）$$

ⓒ 当月の暦日数の場合

$$\frac{27万円}{30日} \times 8日 = 7万2,000円$$

最も高くなる

例❸ 月給：27万円、1カ月の平均所定労働日数：20日、当月所定労働日数：22日、入社（退職）月労働日数：21日

1カ月の平均所定労働日数の場合

$$\frac{27万円}{20日} \times 21日 = 28万3,500円$$

1日休んでも通常の月給より多くなる → 矛盾

07 有給休暇の賃金・平均賃金・通常の賃金・標準報酬日額・半日有給休暇・半日有給休暇と残業時間

有給休暇の給与計算

有給休暇の賃金は、月給を平均所定労働日数で割った「通常の賃金」で支払われるのが一般的です。しかし、平均賃金などのほかの方法で支払うときは通常の賃金と差額が出るので、注意が必要です。

3つの方法から1つを選んで規程に定める

① **決めた計算方法しか使えない**：有給休暇（有休）の賃金の計算は、法律で「平均賃金（46頁参照）」「通常の賃金」「標準報酬日額」の3つのうち、どれかひとつを選びます（89頁参照）。選択した方法は就業規則に定めなければならず、その都度計算方法を変えることはできません。

② **通常の賃金を使うのが一般的**：わかりやすさから、一般的には「通常の賃金を使った計算方法」が多くの会社で使われています。

半日有休のときの給与計算に注意

① **半日の定義**：法律上では、有給の取得は日単位か時間単位の決まりしかありません。しかし、事実上は多くの会社で半日有休制度が認められています。ただし、半日とはどこからどこまでなのかをきちんと決めておく必要があります。9時から12時までを半日とするのか、9時から1時までを半日とする（8時間の半分の4時間）のかで違ってきます。

② **残業と半日有休のときの給与計算**：半日有休の日に残業があった場合、労働時間が所定労働時間（8時間）以内なら残業代を支払う必要はありません。たとえば、次頁のように半日有休取得後に8時間働いても、通常賃金の8時間分の給与になります。なお、午後10時を超えた場合には、深夜割増が発生します。

ONE POINT

標準報酬日額
健康保険や厚生年金の保険料計算に使う標準報酬月額（22頁参照）を30日で割り、日割りにしたものです。

平均賃金だと2〜3割減
有休の給与計算に平均賃金を使うと、多くは通常の賃金の7〜8割程度になってしまいます。従業員とトラブルにならないように、事前にきちんと説明しておきましょう。

● 有給休暇の賃金計算方法

通常の賃金の1日単価

例　月給27万円、1カ月の平均所定労働日数21日

$$\frac{27万円}{21日} = 1万2,857.14……円 = 1万2,857円（四捨五入）$$

平均賃金の1日単価

例　直前3カ月の賃金総額97万3,728円、直前3カ月の暦日数92日

$$\frac{97万3,728円}{92日} = 1万584円$$

▼ 有給休暇2日分の賃金

通常の賃金の場合

1万2,857円 × 2日 = **2万5,714円**

平均賃金の場合

1万584円 × 2日 = **2万1,168円**

通常の賃金より低くなる場合は、差額の分だけ月額賃金も低くなる

● 半日有休と残業の賃金計算方法

事例

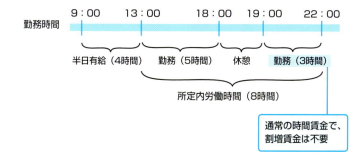

勤務時間　9:00　13:00　18:00　19:00　22:00
半日有給（4時間）　勤務（5時間）　休憩　勤務（3時間）
所定内労働時間（8時間）

通常の時間賃金で、割増賃金は不要

● 従業員情報の確認のチェックシート例

	チェック項目	詳細	✔
1	入社年月日は適切か？	日割り計算の有無を確認	
2	退職者の退職年月日は適切か？	日割り計算の有無を確認	
3	扶養の増減がある従業員はいるか？	家族（扶養）手当の金額変更を確認	
4	住所変更した従業員はいるか？	通勤手当の変更、通勤費の精算確認	
5	人事異動により就業場所が変更になった者はいるか？	通勤手当の変更、通勤費の精算確認	
6	人事異動により等級や役職の変更はあったか？	基本給、諸手当の変更確認	
7	計算期間内において身分変更した者はいるか？（パートタイマーから社員へなど）	時給者から月給者による単価計算方法の変更確認	
8	休職者はいるか？	通勤費の精算、日割り計算の確認	
9	休業者（育児・介護）はいるか？	通勤費の精算、日割り計算の確認	
10	昇給月か否か	昇給月の場合は基本給の変更を確認	
11	勤怠項目は正しく反映されているか？	勤怠項目が正しく集計されているか 割増率は適切か確認	

> 有休の消化日数を前年分の付与分から引くのか、前々年分のどちらから先に消化するかは、法律で決まりはありません。規定がなければどちらを先にしても直ちに違法とはなりませんが、通常は前年分から引いていくのが妥当です。現行そのような制度として定着しているのであれば、変更は一種の不利益変更となるので、その際は労働者の同意を得て変更し、きちんと規定化もしましょう。

第5章 毎月の給与計算 STEP4 給与からの控除項目を計算する

01　給与から控除できる項目

02-1　健康保険料と厚生年金保険料

02-2　健康保険料と厚生年金保険料の端数処理

02-3　随時改定（保険料の途中変更）と
　　　育児休業・産前産後休業後の改定

02-4　同日得喪
　　　（60歳以降の再雇用時の保険料改定）

03　雇用保険料

04　保険料と年齢の関係

05　所得税

06　住民税

07　協定控除（財形貯蓄などの控除）

01 法定控除・協定控除・健康保険料・介護保険料・厚生年金保険料・雇用保険料・所得税・住民税・その他控除項目

給与から控除できる項目

控除項目の控除額計算方法は、1つひとつ異なります。項目の種類とともに、それぞれの計算方法と注意点をしっかりと確認しておきましょう。

給与控除項目の種類は3つある

① **法定控除と協定控除**：毎月の給与から控除される項目は、法律で給与からの天引きが定められている法定控除項目の「社会保険料」と「税金」、組合費や旅行積立金など労使協定で取り決めた協定控除項目としての「そのほかの控除」の3種類に大別できます。社会保険料は、一般的には健康保険料、介護保険料と厚生年金保険料を指しますが、控除項目では雇用保険料も含みます。

② 社会保険料 **健康保険料と厚生年金保険料**：健康保険料、介護保険料と厚生年金保険料は、基本的には同じルールで控除します。計算基準額としての標準報酬月額に保険料率を掛けて保険料を計算します。保険料は会社と従業員とで負担を折半するため、本人負担分だけを給与から控除します。

③ 社会保険料 **雇用保険料**：雇用保険料は、賃金の支給総額に保険料を掛けて計算するため、毎月の給与額によって控除額は変動します。

④ 税金 **所得税と住民税**：所得税は、一般的には課税対象額を源泉徴収税額表にあてはめることで税額を求めます。課税対象額の計算のときに、交通費などの非課税給与を差し引くのを忘れないように注意します。住民税は、従業員の住む市区町村から通知された税額を控除するだけです。

⑤ その他の控除 **労使協定で決めたもの**：法定控除以外のものは、労使協定がなければ控除できません。また労使協定を締結しても、何でも控除してもいいということではないので注意が必要です（32頁参照）。

ONE POINT
全額払いの原則の例外
賃金支払いの5原則（32頁参照）のひとつに「全額払いの原則」があります。社会保険料と税金は、例外として賃金からあらかじめ差し引く（天引き）ことが認められています。そのほかには、財形貯蓄なども控除できますが、労使協定で定めることが前提条件となります。

控除項目の種類とチェックのポイント

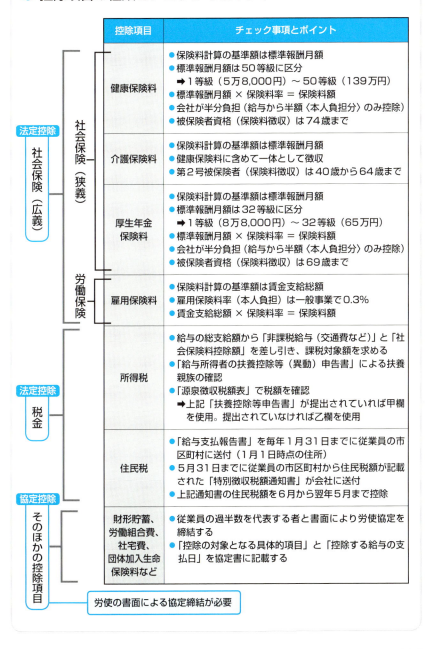

控除項目	チェック事項とポイント
健康保険料	●保険料計算の基準額は標準報酬月額 ●標準報酬月額は50等級に区分 →1等級（5万8,000円）〜50等級（139万円） ●標準報酬月額 × 保険料率 ＝ 保険料額 ●会社が半分負担（給与から半額〈本人負担分〉のみ控除） ●被保険者資格（保険料徴収）は74歳まで
介護保険料	●保険料計算の基準額は標準報酬月額 ●健康保険料に含めて一体として徴収 ●第2号被保険者（保険料徴収）は40歳から64歳まで
厚生年金保険料	●保険料計算の基準額は標準報酬月額 ●標準報酬月額は32等級に区分 →1等級（8万8,000円）〜32等級（65万円） ●標準報酬月額 × 保険料率 ＝ 保険料額 ●会社が半分負担（給与から半額〈本人負担分〉のみ控除） ●被保険者資格（保険料徴収）は69歳まで
雇用保険料	●保険料計算の基準額は賃金支給総額 ●雇用保険料率（本人負担）は一般事業で0.3％ ●賃金支給総額 × 保険料率 ＝ 保険料額
所得税	●給与の総支給額から「非課税給与（交通費など）」と「社会保険料控除額」を差し引き、課税対象額を求める ●「給与所得者の扶養控除等（異動）申告書」による扶養親族の確認 ●「源泉徴収税額表」で税額を確認 →上記「扶養控除等申告書」が提出されていれば甲欄を使用。提出されていなければ乙欄を使用
住民税	●「給与支払報告書」を毎年1月31日までに従業員の市区町村に送付（1月1日時点の住所） ●5月31日までに従業員の市区町村から住民税額が記載された「特別徴収税額通知書」が会社に送付 ●上記通知書の住民税額を6月から翌年5月まで控除
財形貯蓄、労働組合費、社宅費、団体加入生命保険料など	●従業員の過半数を代表する者と書面により労使協定を締結する ●「控除の対象となる具体的項目」と「控除する給与の支払日」を協定書に記載する

労使の書面による協定締結が必要

02-1
標準報酬月額・報酬月額・等級・保険料率・労使折半・本人負担・介護保険料・児童手当拠出金

健康保険料と厚生年金保険料

主な社会保険料は健康保険料と厚生年金保険料です。標準報酬月額に保険料率を掛けて、保険料を計算します。社会保険料は会社と従業員とで半分ずつ負担するのが特徴です。

健康保険・介護保険と厚生年金の控除のしかた

① **標準報酬月額に保険料率を掛けて計算**：社会保険料のうち、健康保険（介護保険含む）と厚生年金は実際の給与ではなく、給与額に幅を持たせた「標準報酬月額」を基準として計算します。標準報酬月額は等級によって区分されますが、具体的には163頁にある一覧表「標準報酬月額の等級と保険料」のようになっています。1人ひとりの標準報酬月額に健康保険（介護保険含む）、または厚生年金の保険料率を掛けて保険料を計算します。実務上はその都度計算する必要はなく、一覧表で確認するだけで簡単に求められます。

② **保険料は労使折半で負担**：保険料は会社（事業主）と従業員本人が半分ずつ負担します。そのため、給与から控除されるのは次頁の計算式のように本人負担部分だけで、全体の保険料額の半分です。

③ **標準報酬月額**：標準報酬月額は、原則として4月、5月、6月の3カ月間の給与平均（248頁参照）で、毎年9月（通常は10月支給分）から翌年8月まで適用します。つまり、毎月の給与額が一定範囲で変動しても、標準報酬月額は基本的に1年間変更がありません。たとえば、給与平均（社会保険では「報酬月額」という）が31万円以上33万円未満の場合、保険料額表の等級にあてはめると、標準報酬月額は32万円になります。

介護保険料の控除のしかた

① **健康保険の標準報酬月額は50等級**：健康保険（介護

ONE POINT

協会けんぽと組合健保
会社員の健康保険は、健康保険組合（略称「組合健保」）と全国健康保険協会（愛称「協会けんぽ」）の2種類があります。組合健保は組合ごと、協会けんぽは都道府県ごとに保険料率を決めます。なお、協会けんぽの介護保険料率は全国一律です。

健康保険と厚生年金の標準報酬月額は原則同じ
163頁の一覧表でわかるように、健康保険と厚生年金の標準報酬月額は等級が異なるだけで、同じ額です。ただし、厚生年金では8万3,000円未満の平均賃金はすべて1等級（標準報酬月額8万8,000円）、63万5,000円以上の平均賃金はすべて32等級（65万円）となります。

● 控除項目部分の給与支給明細書記入例

例 年齢：41歳　標準報酬月額：32万円　雇用保険：1,000分の3
　　住民税：14,800円　扶養親族等の数：1

標準報酬月額23等級、40歳以上65歳未満なので介護保険料徴収

給与支給明細書

令和○○年○○月支給分　所属／総務課　社員番号／21　氏名／佐藤 和也

勤怠	出勤日数	有休日数	代休日数	欠勤日数	遅早回数	
	20	1				
	勤務時間	普通残業時間	早朝深夜	遅早時間		
	152：00	7：30				
支給	基本給	役職手当	家族手当	住宅手当	通勤手当	総支給額
	250,000	20,000	20,000	10,000	14,000	
	時間外手当			欠勤控除	遅早控除	
	15,495					329,495
控除	健康保険	介護保険	厚生年金	雇用保険		社保控除合計
	15,792	2,864	29,280	988		48,924
	所得税	住民税	財形貯蓄			控除額計
	5,560	14,800		標準報酬月額20等級		69,284
					差引支給額	260,211

いわゆる手取り額

● 標準報酬月額と保険料率、控除する保険料の関係

標準報酬月額 × 保険料率 ＝ 保険料　会社負担（半分）｜本人負担（半分）

健康保険	9.87%（4.935%）
介護保険	1.79%（0.895%）
厚生年金	18.3%（9.15%）

※ カッコ内は折半分

折半分を控除

例 （協会けんぽの東京都の場合）

32万円 ×

健康保険	9.87%（4.935%）	＝	3万1,584円	（1万5,792円）
介護保険	1.79%（0.895%）		5,728円	（2,864円）
厚生年金	18.3%（9.15%）		5万8,560円	（2万9,280円）

端数は50銭以下切り捨て、50銭超切り上げ（四捨五入ではない）

保険含む）の標準報酬月額は、1等級5万8,000円から50等級139万円まであります。たとえば、前頁の計算例の標準報酬月額32万円は、報酬月額（平均賃金）が31万円以上33万円未満の範囲の場合に該当し、健康保険では23等級になります。

② **40歳からは介護保険料**：40歳以上65歳未満の従業員の給与からは、介護保険料も控除します。介護保険料は健康保険料に含めて徴収し、年金事務所に納付するので、健康保険料に含めて控除します。そのため、保険料の一覧表でも健康保険料率に介護保険料率を上乗せした保険料率が示されています。なお、介護保険料は40歳になった翌月（一般的な翌月徴収の場合）から徴収されます。ただし、法律上は誕生日の前日にその年齢に達すると考えるため、1日生まれの人だけは誕生日当月から徴収を行います。たとえば2月3日生まれの人は3月から、2月1日生まれの人は2月から徴収となります。

厚生年金保険料の等級表、率の違い

① **厚生年金の標準報酬月額は32等級**：厚生年金の標準報酬月額は、1等級8万8,000円から32等級65万円まであります。前頁の計算例の標準報酬月額32万円は、健康保険では23等級ですが、厚生年金では20等級になります。
② **厚生年金基金のある会社**：厚生年金基金のある会社は、厚生年金保険料率が低くなります（免除保険料率を差し引いた率）。免除保険料率は2.4～5％ですが、基金によって異なります。基金は企業ごとに設立しているため、厚生年金基金保険料も基金によって異なります。

子ども・子育て拠出金は会社だけが負担

① **納付方法**：厚生年金の保険料を納める会社は、児童手当の財源の一部となる「子ども・子育て拠出金」を同時に納めなければなりません。これは会社だけが負担するので、従業員の給与からの控除はありません。子どもの有無に関わらず、厚生年金に加入している従業員全員の拠出額を計算しなければなりません。

ONE POINT

給与明細と介護保険料
多くの「給与支給明細書」では、健康保険と介護保険の控除額が別々に記載されています。しかし、実務上は健康保険料に含めて控除をするため、健康保険料額だけを差し引いて介護保険料の額を算出し、給与明細書に記入します。

法律では千分率表示
保険料率は、法律上は千分率表示になっています。たとえば、9.97％は1,000分の99.7となります。

厚生年金基金の免除保険料率
厚生年金基金とは、国の厚生年金の一部と合体した特殊な企業年金です。企業年金の掛金の一部に厚生年金保険料の一部を借りています。借りている分の厚生年金の支給は厚生年金基金（企業）が代行して支給します。借りている分だけ厚生年金保険料が低くなっているのです。

児童手当の一部の財源
会社員の3歳未満の子どもに支給される児童手当1万5,000円のうち、7,000円が子ども・子育て拠出金から支給されています。

② **拠出金の額**：子ども・子育て拠出金の額は、従業員の標準報酬月額に児童手当拠出金率（0.36％）を掛けて計算します。全従業員の合計額を、厚生年金保険料と一緒に年金事務所へ納めます。

● 社会保険料の保険料率と会社と従業員の負担割合

保険の種類	保険料率	会社負担／本人負担	徴収年齢	備考
健康保険（協会けんぽ）	9.87%	4.935%／4.935%	75歳未満	東京都の保険料率
介護保険（協会けんぽ）	1.79%	0.895%／0.895%	40歳以上65歳未満	全国一律
厚生年金	18.300%	9.150%／9.150%	70歳未満	一般の保険料率
雇用保険（一般事業）	0.9%	0.6%／0.3%		
労災保険	0.25〜8.8%	0.3〜8.8%／なし	全年齢	保険料率は業種により異なる
子ども・子育て拠出金	0.36%	0.36%／なし	70歳未満	

災害の危険度に応じて設定（通信・放送・新聞・出版、金融・保険・不動産は0.25％、水力発電施設・ずい道等新設事業は6.2％など）

事業	保険料率	会社負担	本人負担
農林水産・清酒製造	1.1%	0.7%	0.4%
建設	1.2%	0.8%	0.4%

料率を間違えないようにしましょう。

02-2 本人負担の端数・合計額の端数・会社負担の保険料・端数処理の特約・納入告知書

健康保険料と厚生年金保険料の端数処理

保険料の計算では端数が出ることがしばしばあります。給与から控除する従業員負担分の保険料と、会社負担分の保険料の端数処理にはそれぞれルールがあります。

個人別の端数処理と会社全体の端数処理の違い

① **本人負担の端数は50銭以下切り捨て**：厚生年金や健康保険の保険料を計算するとき、本人負担の折半額に1円未満の端数が出ることがあります。本人負担の端数は、50銭以下の場合は切り捨て、50銭を超える場合は1円に切り上げます。割増賃金の計算などでは、四捨五入（50銭未満切り捨て、50銭以上切り上げ）ですが、社会保険料の本人負担の端数処理の場合は、四捨五入しないことに注意してください。端数処理後の金額を、本人の給与から控除します。

② **全従業員の合計保険料の端数は切り捨て**：会社が負担する全従業員の合計保険料額は、個人の社会保険料のように個別に計算することはありません。次頁のように、端数調整しないで全体の保険料合計額を出し、合計額の端数を切り捨てます。つまり、端数を切り捨てた合計額から、個別に端数処理した本人負担分の合計を差し引いた額が、会社負担分の保険料額になります。

③ **端数処理の方法は特約で定めることもできる**：次頁の例では、健康保険料の本人負担合計が会社負担よりも多くなっています。このようなことを防ぐため、特約として定めておけば、本人負担分の端数は切り捨てとすることもできます。

ONE POINT
折半額には誤差がある
保険料は会社と従業員が半分ずつ負担するものですが、端数処理する関係で、会社負担と本人負担の保険料が同額にならないケースもあります。

保険料額は年金事務所から通知される
会社が納める合計保険料額（健康保険〈介護保険含む〉、厚生年金、児童手当拠出金）は年金事務所が計算し、毎月会社に納入告知書で送られてきます。なお組合健保の健康保険料の納入告知書は、健康保険組合から送られてきます。

152

● 社会保険料の計算と端数処理の考え方

氏名 (年齢)	標準報酬月額		保険料		子ども・ 子育て拠出金 0.36%
	健康保険	厚生年金	健康保険 9.87%(介護なし) 11.66%(介護あり)	厚生年金 18.3%	
Aさん (32歳)	32万円	32万円	32万円×9.87% =3万1,584円	32万円×18.3% =5万8,560円	32万円×0.36% =1,152円
Bさん (42歳)	44万円	44万円	44万円×11.66% =5万1,304円	44万円×18.3% =8万520円	44万円×0.36% =1,584円
Cさん (56歳)	68万円	62万円	68万円×11.66% =7万9,288円	65万円×18.3% =11万8,950円	65万円×0.36% =2,340円
Dさん (66歳)	8万 8,000円	8万 8,000円	8万8,000円×9.87% =8,685.6円	8万8,000円× 18.3% =1万6,104円	8万8,000円× 0.36% =316.8円
Eさん (70歳)	8万 8,000円	—	8万8,000円×9.87% =8,685.6円	厚生年金の標準報酬月額を使う	
合計			17万9,547.2円 →17万9,547円	27万4,134円	5,392.8円 →5,392円

合計額の端数を切り捨て

⬇

氏名	保険料(本人負担分)	
	健康保険 4.935%(介護なし) 5.83%(介護あり)	厚生年金 9.15%
Aさん (32歳)	32万円×4.935%=1万5,792円	32万円×9.15%=2万9,280円
Bさん (42歳)	44万円×5.83%=2万5,652円	44万円×9.15%=4万260円
Cさん (56歳)	68万円×5.83%=3万9,644円	65万円×9.15%=5万9,475円
Dさん (66歳)	8万8,000円×4.935%=4,342.8円 →4,343円	8万8000円×9.15%=8,052円
Eさん (70歳)	8万8,000円×4.935%=4,342.8円 →4,343円	—
合計	8万9,774円	13万7,067円
会社 負担分	17万9,547円−8万9,774円 =8万9,773円	27万4,134円−13万7,067円 =13万7,067円

従業員ごとに端数を調整した額(50銭以下切り捨て、50銭以上切り上げ)が給与からの控除額

保険料(全額)から本人負担分を差し引いて会社負担分を求める

02-3 随時改定・月額変更届・固定的給与・非固定的給与・2等級以上の差・育児休業等終了時改定・産前産後休業終了時改定

随時改定（保険料の途中変更）と育児休業・産前産後休業後の改定

健康保険料と厚生年金保険料は原則1年間変わりませんが、給与が大きく変動したときは、一定の要件に該当すれば途中で変更となります。

ONE POINT
随時改定の原因
固定的賃金が大きく変動するのは、昇給時や通勤手当の変更などです。昇給時期の4月や引っ越しで通勤経路が変わったとき、家族が増えて家族手当が変わったときなどは気をつけましょう。

固定的賃金とは
基本給や通勤手当などの諸手当で、一定額（率）が毎月継続的に支給されるものを指します。

上限・下限は1等級差
随時改定は2等級差が条件ですが、標準報酬月額が上限（健康保険50等級、厚生年金32等級）や下限（1等級）の場合は、2等級相当の変動（健康保険の標準報酬月額が141万5,000円以上に昇給など）があれば1等級差でも随時改定を行います。

随時改定はパートタイマーも17日
定時決定ではパートタイマーの支払基礎日数は15日でも適用されましたが、随時改定ではパートタイマーも17日以上の支払基礎日数が必要です。

随時改定とは

毎年1回の定時決定により決定された社会保険料は、原則その年の9月から翌年の8月分まで1年間適用されます。その間に昇給や降給などで給与額に大幅な変動があったときは、実態とかけ離れた社会保険料額にならないよう見直します。これを随時改定といい、「月額変更届」を年金事務所に届け出ます。

2等級以上の差が3カ月続くと標準報酬月額を改定

① **固定的賃金部分の変動が必要**：保険料額表に給与をあてはめたとき、標準報酬月額に2等級以上の差が出た場合は、定時決定を待たずに標準報酬月額を改定します。ただし、基本給や通勤手当などの固定的賃金の変動を伴うことが条件です。残業代などの非固定的賃金だけが変わった場合、一時的な変動にすぎないことがあるからです。年金事務所などに月額変更届を提出します。

② **改定時期**：給与と標準報酬月額の差が恒常的に続くのかを確認するため、変動があった月から3カ月間は改定しません。そのため、支払基礎日数17日以上が継続したうえで、3カ月間の報酬月額の平均額を計算し、標準報酬月額と比べます。平均額の出し方は定時決定と同じです（変動的給与も含める）。計算結果を照合し、2等級以上の差があれば4カ月目から標準報酬月額を改定します。

育休後や産休後も標準報酬月額を改定できる

① **育児休業等の終了による改定**：育児休業や産前産後休

● 随時改定を行うための条件

次の3条件がすべてそろう

1. 固定的賃金部分が変動
2. 変動月から3カ月間に継続して支払基礎日数が17日以上ある
3. 変動月から3カ月間の報酬月額の平均額と標準報酬月額に2等級以上の差が生じる

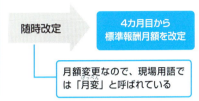

月額変更なので、現場用語では「月変(げっぺん)」と呼ばれている

- ❶〜❸の条件に該当しても、次のようなときは随時改定を行わない
- 固定的賃金が上がっても、変動的賃金が下がることで、逆に標準報酬月額が下がる場合
- 固定的賃金が下がっても、変動的賃金が上がることで、逆に標準報酬月額が上がる場合

※ 固定的賃金の動きと逆の方向の差が生じたときは、随時改定をしない。残業代が大きく減ったり、増えたりしたケース

● 育児休業等終了時改定・産前産後休業終了時改定の流れ

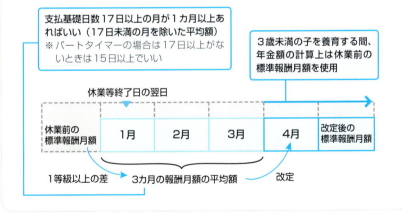

業の期間中は社会保険料（健康保険料（介護保険料）と厚生年金保険料のみ）が免除されますが、休業が終わって復職すると再び徴収がはじまります。子育てや体調などの事情から短時間勤務にシフトすると給与が大きく下がり、高い標準報酬月額で保険料を負担しなくてはなりません。通常では2等級以上の差が生じないと随時決定の対象になりませんが、育児休業や産前産後休業中の場合は特例的に1等級以上の差で月額変更ができま

す。休業の種類によって「育児休業等終了時改定（3歳未満の子を養育している場合）」、または「産前産後休業等終了時改定（出生児を養育している場合）」と呼ばれていますが、内容は基本的に同じです。

② **1等級差で改定できる**：育児休業や産前産後休業が終了した場合、終了日の翌日が属する月を含め、3カ月間の報酬月額の平均額を標準報酬月額と比較します。通常の随時改定と違って、3カ月のうち1カ月以上の支払基礎日数があればいいことになっています。1等級以上の差が生じていれば月額変更で4カ月目から標準報酬月額が改定されます。

③ **養育期間の標準報酬月額のみなし措置**：育児休業等終了時改定で標準報酬月額が下がると保険料は安くなりますが、将来の年金額も下がってしまいます。そのため3歳未満の子を養育する期間は、もとの高い標準報酬月額を年金額計算上の額にできる特例があります。特例を受けるためには、「厚生年金保険養育期間標準報酬月額特例申請書」を年金事務所に提出します。同様に産前産後休業終了時改定でも、生まれた子が3歳に達するまで特例が受けられます。年金額が減らずに済むので必ず申請しましょう。

産前産後休業・育児休業開始・終了時の保険料の扱い

① **産前休業の社保は当月、終了時は翌月**：産前産後休業や育児休業では社会保険料が免除になります。免除期間は休業を開始した日の属する月分から休業が終了する日の翌日の属する月の前月分までとなります。社会保険料を翌月徴収している会社で休業開始月は徴収し、翌月から免除となります。また、休業終了の場合は、休業終了日の月まで免除となり翌月から控除開始となります。

② **産前産後休業・育児休業は賞与との関係**：産前産後休業や育児休業では、賞与の保険料も免除になります。賞与は翌月徴収の概念がないので産前産後休業や育児休業の開始や終了が賞与と重なる月は要注意です。たとえば休

ONE POINT

休業改定での提出書類
育児休業等終了時改定では、「育児休業等終了時報酬月額変更届」、産前産後休業終了時改定では、「産前産後休業終了時報酬月額変更届」を年金事務所や健康保険組合へ提出します。

養育期間特例は賞与には適用されない
育休・産休終了時改定のとき、年金額をそのままキープできる養育期間の特例は、標準賞与には適用されません。賞与は実際に支給された額に基づいて、年金額が計算されます。

休業改定で上がる場合
育児休業等や産前産後休業の終了後、1等級以上下がるのではなく逆に上がる場合、以前のままの標準報酬月額をそのまま引き続き適用することができます。随時改定と異なり、本人の申し出によって実施される制度なので申請しなければいいのです。ただし申請すれば年金額も上がるほか、健康保険の傷病手当金も上がるため、従業員本人に意思確認をするようにしてください。

● 随時改定と育児休業等終了時改定・産前産後休業終了時改定の違い

	通常の随時改定	育児休業等・産前産後休業終了時改定
賃金の変動	固定的賃金の変動が必要	固定的賃金の変動がなくても可
支払基礎日数	3カ月連続17日以上 ※ パートタイマーも17日以上	1カ月でも17日以上があれば可 ※ パートタイマーは15日以上
等級差	2等級以上の差	1等級以上の差
年金額の特例	なし	子が3歳に達するまでの養育期間は改定前の標準報酬月額で年金額を計算
改定実施	該当すれば改定実施が必要	任意（本人の申請により実施）
対象	男女	育休は男女、産休は女性のみ

● 厚生年金の養育期間に関する特例措置

業開始の月は、「給与は保険料徴収（前月分）」「賞与は徴収不要」となり、「休業終了日の月（月末終了日除く）なら「給与は徴収不要」「賞与は徴収」です（199頁参照）。

02-4 定年退職・60歳以降の継続再雇用・同日得喪・喪失届と取得届の同日提出・標準報酬月額の翌月改定・複数回実施

同日得喪（60歳以降の再雇用時の保険料改定）

定年による再雇用のケースでは「同日得喪」という特例があります。退職したその日に再雇用したとみなして、翌月からすぐに標準報酬月額を改定できる制度です。

同日得喪とは

　法律上65歳までの雇用が会社に義務づけられる時代になりましたが、多くの会社は60歳定年です。定年後も再雇用で雇用を継続しますが、給与が大きく下がるのが一般的です。通常の随時改定だと、3カ月は高い標準報酬月額のままで高い保険料を負担しなければなりません。しかし60歳以降の継続的な再雇用では、翌月に標準報酬月額を改定できる月額変更の特例があります。これを「同日得喪」といいます。

同日得喪は1等級差で改定できる

① **退職した日に再雇用とみなす**：形式上、定年退職した日に被保険者の資格を失い、同時に資格も取得するため「同日得喪」（同日取得喪失）と呼ばれています。なお、1日でも退職と再雇用に空白があると、同日得喪はできません。

② **1等級の差で改定できる**：同日得喪には等級差の概念がないため、1等級でも差が生じれば改定ができます。

③ **提出回数**：同日得喪は定年にかぎらず、60歳以降であれば何度でも行うことができます。1年契約などの有期契約終了時でも、継続的な再雇用で標準報酬月額の変更があれば、その都度同日得喪ができます。

④ **実施は任意**：同日得喪は条件に該当しても義務ではありません。たとえば、健康保険の傷病手当金を受給中の場合は、改定後の標準報酬月額で受給額が下がらないように、あえて同日得喪をしないこともできます。

ONE POINT

同日得喪失の提出書類
同日得喪では「被保険者資格喪失届」と「被保険者資格取得届」を同時に提出します。そのほかに再雇用がわかる書類の添付（事業主の証明書、雇用契約書、就業規則など）、健康保険被保険者証などが必要です。

単なる給与改定では不可
同日得喪は、あくまでも被保険者資格の喪失と取得が必要なので、雇用期間中の給与改定で使うことはできません。1年契約などの契約更改に伴う変更である必要があります。

健康保険証番号も変わる
同日得喪では健康保険証も切り換わり、被保険者証番号も変更になります。

● 60歳到達時の手続き（社会保険）

社会保険の手続き「同日得喪」が必要とされる理由

社会保険の定年再雇用同日得喪は、届け出をしなければならないという義務的なものではなく、届け出をすれば得をするという性質のものです。役所から積極的に案内されるわけではないので、総務が責任を持って手続きを行わなければなりません。

例　標準報酬月額50万円から再雇用後20万円になるとき

❶ 4～6月の厚生年金・健康保険料が高くなる
❷ 在職老齢年金の受給額が少なくなる、または支給停止される

同日得喪は60歳時に1回だけ申請するものではなく、要件に該当すれば複数回申請できます。次頁でケースを確認してみましょう。

● 60歳到達時以後の手続き（社会保険）

対象範囲の拡大

平成25年1月の法改正により、60歳時に年金受給権が生じない人にも、「同日得喪」が適用されることになりました。
＜同日得喪できる場合＞
60歳以上である人が、
❶ 定年の定めのある事業所で、定年によらずに退職したあと、継続して再雇用された場合
❷ 定年の定めのない事業所で、退職したあと、継続して再雇用された場合

ケース1　62歳まで管理職として勤務し、その後嘱託社員となった場合

＜前提条件＞
昭和28年10月1日生（男性）

このケースの場合、60歳の定年再雇用時と62歳の契約更新時に給与が低下しているので、2回「同日得喪」することができる

ケース2　継続雇用者の給与が毎年下がる場合

＜前提条件＞
昭和28年10月1日生（男性）

このケースの場合、毎年給与が下がるため、60～62歳の契約更新時に「同日得喪」することができる

● 同日得喪と随時改定との違い

	同日得喪	随時改定
対象	60歳以上で退職し、継続再雇用された従業員 ※70歳以上で健康保険のみの被保険者も含む	すべての従業員（被保険者）
等級差	1等級の差で可能（等級差についての要件なし）	2等級以上の差が生じること
改定時期	翌月	4カ月目
実施	任意（※メリットがなければしなくていい）	該当すれば必ず実施
回数制限	なし（該当すれば複数回でもいい）	

● 同日得喪のメリットと注意点

メリット	注意点
● 保険料負担が翌月から軽減できる ● 厚生年金（在職老齢年金）の減額（支給停止額）を少なくできる	● 健康保険の傷病手当金を受けている場合には、新しい標準報酬月額で受給額が計算される（受給額が減額されてしまう） ● 保険料が少なくなる分、受給できる厚生年金額も少なくなる

> 年金の受給開始月の前月に行うことで3カ月間の年金減額を回避できる

例　標準報酬月額28万円から24万円へ減額、厚生年金月額10万円
　　28万円のときの年金：5万円（5万円減額）
　　24万円のときの年金：7万円（3万円減額）
　　同日得喪の効果：2万円 × 3カ月 ＝ 6万円（3カ月間の受給年金額の差額）

160頁のケース2のように、毎年給与が変わる場合は毎年同日得喪が必要になる可能性があるので、チェックを忘れずにしましょう。

働き方も多様化し、今後は65歳以後も働く人が増えるでしょう。
同日得喪は65歳以後でも申請可能です。

厚生年金の減額防止のための措置から役割が拡大

column

　同日得喪は、もともと厚生年金の減額を防ぐための措置でした。厚生年金月額と月額給与（賞与分含む）の合計額が、一定額（65歳未満28万円、65歳以上47万円）を超えると、年金額が一部または全額停止になります。継続再雇用で定年時に大幅に給与が下がっても、通常の随時改定だと3カ月間は標準報酬月額が下がらないため、年金を受給していると減額幅が大きくなってしまいます。しかし、厚生年金の支給開始が60歳ではなくなったため、法改正により、60歳以降の給与減額に対する保険料の負担軽減を目的とした措置に役割が拡大されました。

● 標準報酬月額の等級と保険料

令和3年3月分(4月納付分)からの健康保険・厚生年金保険の保険料額表

- 健康保険料率:令和3年3月分～ 適用
- 介護保険料率:令和3年3月分～ 適用
- 厚生年金保険料率:平成29年9月分～ 適用
- 子ども・子育て拠出金率:令和2年4月分～ 適用

(東京都) (単位:円)

標準報酬		報酬月額		全国健康保険協会管掌健康保険料				厚生年金保険料 (厚生年金基金加入員を除く)	
				介護保険第2号被保険者に該当しない場合		介護保険第2号被保険者に該当する場合		一般、坑内員・船員	
				9.84%		11.64%		18.300%※	
等級	月額	円以上	円未満	全額	折半額	全額	折半額	全額	折半額
1	58,000		63,000	5,707.2	2,853.6	6,751.2	3,375.6		
2	68,000	63,000 ~	73,000	6,691.2	3,345.6	7,915.2	3,957.6		
3	78,000	73,000 ~	83,000	7,675.2	3,837.6	9,079.2	4,539.6		
4(1)	88,000	83,000 ~	93,000	8,659.2	4,329.6	10,243.2	5,121.6	16,104.00	8,052.00
5(2)	98,000	93,000 ~	101,000	9,643.2	4,821.6	11,407.2	5,703.6	17,934.00	8,967.00
6(3)	104,000	101,000 ~	107,000	10,233.6	5,116.8	12,105.6	6,052.8	19,032.00	9,516.00
7(4)	110,000	107,000 ~	114,000	10,824.0	5,412.0	12,804.0	6,402.0	20,130.00	10,065.00
8(5)	118,000	114,000 ~	122,000	11,611.2	5,805.6	13,735.2	6,867.6	21,594.00	10,797.00
9(6)	126,000	122,000 ~	130,000	12,398.4	6,199.2	14,666.4	7,333.2	23,058.00	11,529.00
10(7)	134,000	130,000 ~	138,000	13,185.6	6,592.8	15,597.6	7,798.8	24,522.00	12,261.00
11(8)	142,000	138,000 ~	146,000	13,972.8	6,986.4	16,528.8	8,264.4	25,986.00	12,993.00
12(9)	150,000	146,000 ~	155,000	14,760.0	7,380.0	17,460.0	8,730.0	27,450.00	13,725.00
13(10)	160,000	155,000 ~	165,000	15,744.0	7,872.0	18,624.0	9,312.0	29,280.00	14,640.00
14(11)	170,000	165,000 ~	175,000	16,728.0	8,364.0	19,788.0	9,894.0	31,110.00	15,555.00
15(12)	180,000	175,000 ~	185,000	17,712.0	8,856.0	20,952.0	10,476.0	32,940.00	16,470.00
16(13)	190,000	185,000 ~	195,000	18,696.0	9,348.0	22,116.0	11,058.0	34,770.00	17,385.00
17(14)	200,000	195,000 ~	210,000	19,680.0	9,840.0	23,280.0	11,640.0	36,600.00	18,300.00
18(15)	220,000	210,000 ~	230,000	21,648.0	10,824.0	25,608.0	12,804.0	40,260.00	20,130.00
19(16)	240,000	230,000 ~	250,000	23,616.0	11,808.0	27,936.0	13,968.0	43,920.00	21,960.00
20(17)	260,000	250,000 ~	270,000	25,584.0	12,792.0	30,264.0	15,132.0	47,580.00	23,790.00
21(18)	280,000	270,000 ~	290,000	27,552.0	13,776.0	32,592.0	16,296.0	51,240.00	25,620.00
22(19)	300,000	290,000 ~	310,000	29,520.0	14,760.0	34,920.0	17,460.0	54,900.00	27,450.00
23(20)	320,000	310,000 ~	330,000	31,488.0	15,744.0	37,248.0	18,624.0	58,560.00	29,280.00
24(21)	340,000	330,000 ~	350,000	33,456.0	16,728.0	39,576.0	19,788.0	62,220.00	31,110.00
25(22)	360,000	350,000 ~	370,000	35,424.0	17,712.0	41,904.0	20,952.0	65,880.00	32,940.00
26(23)	380,000	370,000 ~	395,000	37,392.0	18,696.0	44,232.0	22,116.0	69,540.00	34,770.00
27(24)	410,000	395,000 ~	425,000	40,344.0	20,172.0	47,724.0	23,862.0	75,030.00	37,515.00
28(25)	440,000	425,000 ~	455,000	43,296.0	21,648.0	51,216.0	25,608.0	80,520.00	40,260.00
29(26)	470,000	455,000 ~	485,000	46,248.0	23,124.0	54,708.0	27,354.0	86,010.00	43,005.00
30(27)	500,000	485,000 ~	515,000	49,200.0	24,600.0	58,200.0	29,100.0	91,500.00	45,750.00
31(28)	530,000	515,000 ~	545,000	52,152.0	26,076.0	61,692.0	30,846.0	96,990.00	48,495.00
32(29)	560,000	545,000 ~	575,000	55,104.0	27,552.0	65,184.0	32,592.0	102,480.00	51,240.00
33(30)	590,000	575,000 ~	605,000	58,056.0	29,028.0	68,676.0	34,338.0	107,970.00	53,985.00
34(31)	620,000	605,000 ~	635,000	61,008.0	30,504.0	72,168.0	36,084.0	113,460.00	56,730.00
35(32)	650,000	635,000 ~	665,000	63,960.0	31,980.0	75,660.0	37,830.0	118,950.00	59,475.00
36	680,000	665,000 ~	695,000	66,912.0	33,456.0	79,152.0	39,576.0		
37	710,000	695,000 ~	730,000	69,864.0	34,932.0	82,644.0	41,322.0		
38	750,000	730,000 ~	770,000	73,800.0	36,900.0	87,300.0	43,650.0		
39	790,000	770,000 ~	810,000	77,736.0	38,868.0	91,956.0	45,978.0		
40	830,000	810,000 ~	855,000	81,672.0	40,836.0	96,612.0	48,306.0		
41	880,000	855,000 ~	905,000	86,592.0	43,296.0	102,432.0	51,216.0		
42	930,000	905,000 ~	955,000	91,512.0	45,756.0	108,252.0	54,126.0		
43	980,000	955,000 ~	1,005,000	96,432.0	48,216.0	114,072.0	57,036.0		
44	1,030,000	1,005,000 ~	1,055,000	101,352.0	50,676.0	119,892.0	59,946.0		
45	1,090,000	1,055,000 ~	1,115,000	107,256.0	53,628.0	126,876.0	63,438.0		
46	1,150,000	1,115,000 ~	1,175,000	113,160.0	56,580.0	133,860.0	66,930.0		
47	1,210,000	1,175,000 ~	1,235,000	119,064.0	59,532.0	140,844.0	70,422.0		
48	1,270,000	1,235,000 ~	1,295,000	124,968.0	62,484.0	147,828.0	73,914.0		
49	1,330,000	1,295,000 ~	1,355,000	130,872.0	65,436.0	154,812.0	77,406.0		
50	1,390,000	1,355,000 ~		136,776.0	68,388.0	161,796.0	80,898.0		

◆介護保険第2号被保険者は、40歳から64歳までの方であり、健康保険料率(9.84%)に介護保険料率(1.80%)が加わります。
◆等級欄の( )内の数字は、厚生年金保険の標準報酬月額等級です。
　4(1)等級の「報酬月額」欄は、厚生年金保険の場合「93,000円未満」と読み替えてください。
　35(32)等級の「報酬月額」欄は、厚生年金保険の場合「635,000円以上」と読み替えてください。
◆令和3年度における全国健康保険協会の任意継続被保険者について、標準報酬月額の上限は、300,000円です。

○被保険者負担分(表の折半額の欄)に円未満の端数がある場合
　①事業主が、給与から被保険者負担分を控除する場合、被保険者負担分の端数が50銭以下の場合は切り捨て、50銭を超える場合は切り上げて1円となります。
　②被保険者が、被保険者負担分を事業主へ現金で支払う場合、被保険者負担分の端数が50銭未満の場合は切り捨て、50銭以上の場合は切り上げて1円となります。
　(注)①、②にかかわらず、事業主と被保険者間で特約がある場合は、特約に基づく端数処理をすることができます。
○納入告知書の保険料額
　納入告知書の保険料額は、被保険者個々の保険料額を合算した金額になります。ただし、合算した金額に円未満の端数がある場合は、その端数を切り捨てた額となります。
○賞与にかかる保険料額
　賞与に係る保険料額は、賞与額から1,000円未満の端数を切り捨てた額(標準賞与額)に、保険料率を乗じた額となります。
　また、標準賞与額の上限は、健康保険は年間573万円(毎年4月1日から翌年3月31日までの累計額)となり、厚生年金保険と子ども・子育て拠出金の場合は月間150万円となります。
○子ども・子育て拠出金
　事業主の方は、児童手当の支給に要する費用等の一部として、子ども・子育て拠出金を負担いただくことになります。(被保険者の負担はありません。)
　この子ども・子育て拠出金は、被保険者個々の厚生年金保険の標準報酬月額および標準賞与額に、拠出金率(0.36%)を乗じて得た額の総額となります。

※厚生年金基金に加入している方の厚生年金保険料率は、基金ごとに定められている免除保険料率(2.4%～5.0%)を控除した率となります。
　加入する基金ごとに異なりますので、免除保険料率および厚生年金基金の掛金については、加入する厚生年金基金にお問い合わせください。

03 賃金総額・本人負担の雇用保険料率・本人負担分・会社負担分・労働保険料

雇用保険料

雇用保険は給与総額に保険料率を掛けるため、毎月保険料額が変わります。

雇用保険料の本人と会社負担額の違い

① **算出方法**：雇用保険料には、健康保険料や厚生年金保険料と違って標準報酬月額という概念はありません。単純に、毎月の賃金総額（給与総額）に雇用保険料率を掛けて求めます。つまり、雇用保険料の控除額は毎月変わります。

② **保険料率**：雇用保険料は、一般の事業の場合、0.9％（令和2年現在）です。健康保険料と違い会社と従業員の折半ではなく、会社が0.6％負担し本人負担分の0.3％分を賃金から控除します。

雇用保険料の徴収

① **高年齢の免除措置の終了**：平成29年1月1日より65歳以上の従業員も被保険者になり、雇用保険料も免除されていましたが、令和2年4月より免除終了となりました。4月給与より、控除が必要になります。

② **育児休業中などでも雇用保険は免除にならない**：育児休業や産前産後休業中は、健康保険料と厚生年金保険料が免除になりますが、雇用保険料は免除になりません。もちろん賃金が発生しなければ雇用保険料も発生しませんが、賃金が発生した場合は雇用保険料は通常どおりに徴収します。

● 雇用保険料の計算式と本人負担分の出し方

賃金総額 × **本人負担雇用保険料率 0.3%**（「一般の事業」の場合） ＝ 本人負担雇用保険料

雇用保険料率0.9%（会社負担0.6%、本人負担0.3%）

例
賃金総額（給与支給明細書の総支給額）32万6,341円の場合
32万6,341円 × 0.3% ＝ 979.023円 ＝ **979円**

本人負担分（控除額）

※ 雇用保険料は本人負担分だけを毎月徴収する。本人負担分、会社負担分、労災保険料（全額会社負担）をあわせた労働保険料として毎年1回、年度更新でまとめて納付する

● 端数処理は50銭を超えたら切り上げ

　雇用保険料の計算で生じた端数処理は、健康保険料などと同じです。50銭を超えたら切り上げ、50銭以下は切り捨てです。ただし、就業規則などで特別な取り決めがあれば、1円未満切り捨てなども可能です。

● 雇用保険の賃金とは

　雇用保険料計算上に含まれる賃金は、健康保険料などの標準報酬月額に含まれる報酬月額とほぼ同じです。非課税通勤手当も含まれます。
　使用人兼務役員の場合、報酬月額には役員報酬も含まれますが、雇用保険の賃金には役員報酬（従業員部分より少ないことが条件）は含まれません。
　そのほか、食事や住居を提供するときの扱いなどにも違いがあるので、給与項目ごとに確認する必要があります。

04 40歳・60歳・65歳・70歳・75歳・介護保険料・厚生年金保険・70歳以上被用者該当届

保険料と年齢の関係

40歳から介護保険料も加わるなど、健康保険料は年齢によって内容と控除額が変わってくるので、しっかりと確認しましょう。

ONE POINT
介護保険料の徴収が40歳からの理由
介護保険の被保険者が40歳以上である理由は、おおむね40歳くらいから初老期における認知症や脳卒中により要介護状態となる可能性が高くなることと、世代間連帯によって介護を支えあうという制度の目的にかなっているからです。

介護保険料徴収は年金から天引き
65歳になると給与から控除する介護保険料はなくなります。介護保険料自体がなくなるわけではなく、市区町村への納付に切り換わります。原則として老齢基礎年金からの天引きです。健康保険も同様に、75歳からは高齢者だけが加入する「後期高齢者医療制度」に切り換わります。

徴収開始月と終了月
保険料は、開始年齢に到達した月から終了年齢に到達する前月まで徴収します。法的な年齢到達は誕生日の前日となるため、1日生まれの人は前月になります。また、保険料は翌月徴収が一般的なため、実際の控除の開始と終了は1カ月ずれることも気をつけましょう。なお、75歳の健康保険料だけは前日ではなく誕生日が喪失日になります。

保険料徴収が発生・終了する年齢

① **40歳からは介護保険の徴収開始**：40歳に達する（誕生日の前日）と健康保険料に介護保険料が加わるため、翌月から保険料率が変更になります（148頁参照）。

② **60歳代は介護保険料の終了**：65歳からは介護保険料の控除がなくなるため、健康保険料だけを控除します。

③ **厚生年金と健康保険は別々に終了**：70歳で厚生年金保険料の控除がなくなり、75歳からは健康保険料の控除もなくなります。

受給できる給付金や年金の手続きにも注意

① **60歳時に大幅に賃金が下がったら給付金が支給される**：60歳以降は保険料の徴収だけでなく、受給も考慮する必要があります。原則、60歳時の賃金がそれ以前の賃金より75％未満に下がった場合は、雇用保険から「高年齢継続給付基本給付金」が支給されるので、手続きを忘れないようにしましょう。65歳になるまで受けられます。

② **厚生年金保険70歳以上被用者該当・不該当届**：平成31年4月から、厚生年金保険に加入する被保険者の70歳到達届の取扱いが変更になりました。70歳到達日時点の標準報酬月額が従前と異なる被保険者は、5日以内に、「厚生年金保険被保険者資格喪失届70歳以上被用者該当届」を届け出ます。従前と変更がない場合は事業主からの届出は不要です。

● 年齢による保険料徴収の変化

年齢	保険料の徴収など	提出書類
40歳	健康保険料に介護保険料を加えて徴収される	届出不要
60歳	雇用保険からの高年齢雇用継続基本給付金の受給 ※60歳時の75%未満に賃金が低下した月	60歳到達時賃金証明書 高年齢雇用継続給付支給申請書
65歳	介護保険料は徴収されなくなる（健康保険料のみ）	届出不要
70歳	厚生年金保険料は徴収されなくなる（該当すれば支給停止は継続）	厚生年金保険70歳以上被用者該当届（該当者のみ）
75歳	健康保険料が徴収されなくなる（すべての社会保険料の徴収はなくなる）	健康保険被保険者資格喪失届

その後の退職時には「70歳以上被用者不該当届」の提出が必要

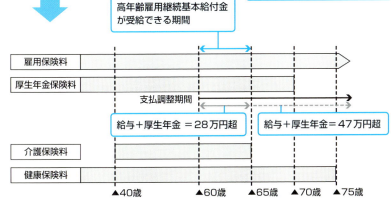

※70歳以降は厚生年金被保険者ではなくなるので厚生年金保険料は徴収しなくなるが、在職老齢年金による支給調整（給与＋厚生年金＝47万円超の部分）は退職するまで続く

● 介護保険料の徴収開始と終了

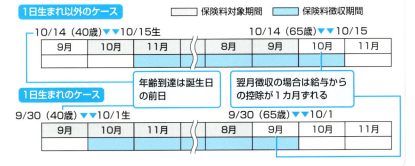

05 非課税支給額・課税支給額・課税対象額・源泉徴収税額表・扶養控除等申告書・扶養親族等の数・甲欄と乙欄・源泉所得税額

所得税

源泉徴収税額は税額表で簡単に求められますが、課税支給額（非課税通勤手当などを除く）と扶養親族等の数で税額表の該当欄が違ってきます。

総支給額ではなく課税対象額に対して課税

① **総支給額から非課税支給額を控除**：毎月の所得税の源泉徴収税額を計算するプロセス（22頁参照）は、次頁のように総支給額から非課税支給額を引き算して課税支給額を求め、源泉徴収税額表にあてはめる作業です。第一段階の引き算は、非課税支給額の控除です。非課税支給額は主に通勤手当（114頁参照）の非課税部分ですが、ほかにも「結婚祝い」「香典」「見舞金」「永年勤続記念品」「社宅・寮費」などがあります。総支給額から非課税支給額を控除したものが課税支給額になります。

② **課税支給額から社会保険料控除額を控除**：課税支給額から社会保険料（健康保険料、介護保険料、厚生年金保険料、雇用保険料）の本人負担分を控除した額が、課税支給額です。この課税支給額から源泉徴収税額を算出します。

源泉徴収する額は源泉徴収税額表にあてはめる

① **税額表には甲欄と乙欄がある**：源泉所得税額は課税対象額に税率を掛けた金額ですが、給与計算業務では実際に計算をするのではなく、源泉徴収税額表にあてはめて求めます。一般的な月給の場合は月額表を使いますが、「扶養控除等（異動）申告書」を提出している通常のケースでは甲欄を使い、申告書を提出していない場合には乙欄を使用します。

② **税額の決定方法**：次頁のように、税額表の課税支給額が該当する欄の金額が源泉所得税額（源泉徴収税）になります。甲欄の場合は、扶養親族等の数によって税額が変わってきます。

ONE POINT

非課税給与と社会保険料
社会保険料の報酬には非課税通勤手当や社宅費も含まれますが、含まれない非課税給与もあります。結婚祝い、香典、見舞金、永年勤続記念品などの非課税給与は社会保険料の報酬からも除かれます。

月額表と日額表
源泉徴収税額表には月額表と日額表があります。日額表は日払い給与や週払い給与のほか日割り計算をする場合に使います。なお日雇労働者に対する日雇賃金の場合は、日額表の丙欄を使用します。

乙欄を使用するケース
税額表で乙欄を使用するのは、2社以上で給与支払いを受けている場合です。扶養控除等申告書は1社にしか提出できないのでほかの会社は乙欄で源泉徴収し、本人は確定申告が必要になります。

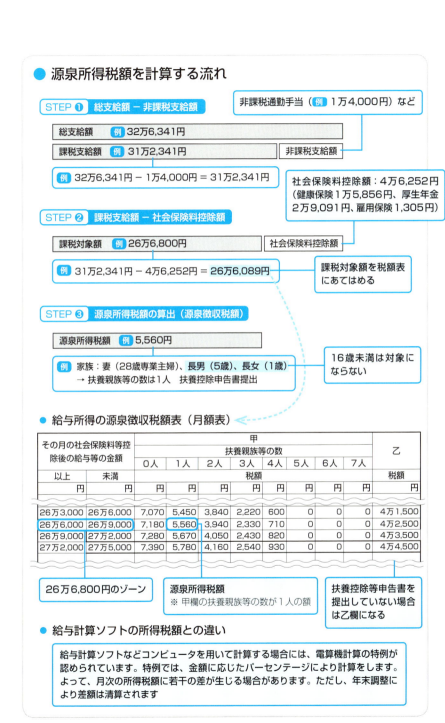

③「扶養控除等（異動）申告書」について：「扶養控除等（異動）申告書」は、毎年最初の給与支給日までに提出しますが、実務上は前年の年末調整のときに、年末調整用の「扶養控除等（異動）申告書」と一緒に回収した、翌年分の申告書を使います（208頁参照）。中途入社の従業員は、入社時に提出します（記入例は210頁参照）。なお扶養者がいない本人のみの場合でも、「扶養控除等（異動）申告書」は提出する必要があります。

扶養親族のすべてが扶養親族等にはならない

① **扶養親族の範囲はかなり広い**：税法上の扶養親族の範囲は次頁の図のようにかなり広く、6親等内の血族（本人の親族）と3親等内の姻族（配偶者の親族）です。また、本人と生計を同一にし、年間所得48万円（給与収入103万円）以下という条件も満たさなければなりません。ただし、扶養親族の範囲であればすべて扶養親族等の数に入るわけではありません。次頁の図のような数え方のルールにしたがって控除対象扶養親族が決まります（224頁も参照）。

② **配偶者は収入によって判断**：本人の所得が900万円（収入1,120万円）以下の場合、配偶者が共働きやパートタイマーで年間所得95万円（給与収入150万円）以下であれば、源泉控除対象配偶者としてカウントされますが、95万円を超えると除外されます。

③ **16歳未満の子は除外する**：16歳未満の子は扶養親族等の数に入りません。小さな子どもが除外されるのは意外に思うかもしれませんが、16歳未満の子は児童手当が受けられるため、扶養控除外となります。

④ **扶養人数の加算事由**：障害者の場合は実人数ではなく、事由による人数加算になります。つまり、本人が障害者であれば「0人ではなく1人」となります。16歳未満の障害児も年齢による除外はありますが、障害による加算で「1人」に数えます。障害以外にも寡婦（夫）や本人が勤労学生なども、事由ごとに1人加算できます。

ONE POINT

社会保険の被扶養者の範囲とは異なる
社会保険の場合の被扶養者の範囲は税法より狭く、3親等以内の親族となっています。また、収入基準も年間収入130万円未満です。

途中で扶養親族等の数が変更になった場合
結婚したり配偶者が仕事をやめるなど、途中で扶養親族等の数が変わる場合があります。翌月の給与計算から変更してもいいのですが、実務上は年末調整で一括して処理するのが一般的です。扶養親族等の数は年末時点で判断し、月割りなどの概念はありません。

年齢は年末で判断
年齢が上がるのは年の途中が普通ですが、扶養親族等の計算上は年末時点の年齢で判断します。なお1月1日生まれの人は、法律上前年の12月31日に年齢が上がるので注意が必要です。

● 税法上の扶養親族の範囲は6親等内の血族または3親等内の姻族

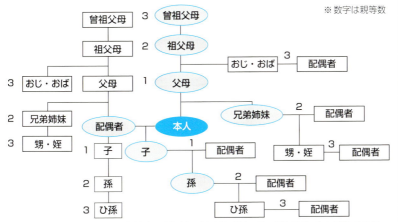

※図は3親等内の血族と姻族。6親等内の血族としては玄孫（やしゃご：ひ孫の子）、本人の甥・姪の子、本人の従妹（いとこ：おじ・おばの子）、本人の再従妹（またいとこ〈「はとこ」ともいう〉：祖父母の兄弟姉妹の孫）などがある

● 扶養親族等の数の数え方

本人所得900万円以下かつ配偶者年間所得85万円以下の場合で、実際の人数を数える

基本ルール

- 源泉控除対象配偶者　：年間所得95万円以下の場合のみ
- 控除対象扶養親族　　：年間所得48万円以下の16歳以上の者
- 本人の事由加算　　　：寡婦、寡夫、勤労学生、障害者
- 扶養親族の事由加算　：障害者（同居特別障害者の場合はさらに1人加算）
- 配偶者の事由加算　　：障害者（同居特別障害者の場合はさらに1人加算）

事由による加算（事由ごとに1人加算）

例

ケース		状態	対象	人数	合計人数
❶	本人	所得900万円以下	×	0人	2人
	配偶者	年間所得100万円	× 年間所得95万円超	0人	
	長男	17歳	○ 控除対象扶養親族	1人	
	長女	10歳	× 16歳未満	0人	
	母	75歳	○ 控除対象扶養親族	1人	
❷	本人	障害者所得900万円以下	○ 障害加算	1人	7人
	配偶者	年間所得60万円	○ 源泉控除対象配偶者	1人	
	長男	17歳	○ 控除対象扶養親族	1人	
	長女	10歳（障害児）	○ 障害加算	1人	
	母	75歳（同居特別障害者）	○ 控除対象扶養親族同居特別障害者	3人	

特別障害者とは重度の障害者で、本人と同居している場合に同居特別障害者となる

控除対象扶養親族1人 ＋ 障害者加算1人 ＋ 同居特別障害者加算1人 ＝ 3人

171

06 特別徴収・年末調整・給与支払報告書・市区町村・
1月1日現在の住所地・特別徴収税額通知書

住民税

住民税は会社が計算するのではなく、市区町村から5月に税額が送られてきます。通知された税額を6月から翌年5月まで給与から控除します。

住民税は前年所得に対して課税

① **税額は給与支払報告書で市区町村が計算**：住民税額は、前年の所得に対して課税されます。前年の所得は年末調整で確定するので、翌1月31日までに本人の住所地の市区町村に「給与支払報告書」を送付します（237頁参照）。市区町村では、その報告書に基づいて住民税額を計算します。

② **税額通知書が市区町村より会社に送付**：市区町村が計算した住民税額は、5月に会社へ送付される「特別徴収税額通知書」で知らされます。通知書は会社用（特別徴収義務者用）と本人用（納税義務者用）の2枚が送られてくるので、本人用は最初の給与支払時に本人へ渡します。

6月から翌年5月までの給与で徴収

① **12カ月に均等割して毎月徴収**：住民税額は総額を12カ月で均等割して、6月から翌年5月までの毎月の給与から控除していきます。ただし、100円未満の端数は6月分に加算して調整するため、ほかの月よりも6月だけ端数分控除額が高くなるのが普通です。そのため1年間で見ると、1〜5月までは前回の住民税額、6月は調整税額、7〜12月までは当年度の住民税額と、3種類の税額になります。また、住民税は12カ月分を給与に分割するため、賞与から控除することはありません。

② **入退職のときの処理**：従業員が入社したとき（54頁参照）や退職したとき（60頁参照）は、ケースによって特別徴収か普通徴収か、徴収方法が異なります。

ONE POINT
住民税は地方税
住民税は、市区町村民税と都道府県民税を総称した地方税です。管理は市区町村が行っているため、都道府県に別途納める必要はありません。

住民税の変更通知書
通常、6月に徴収が開始される住民税額は途中で変更されることはありませんが、本人の確定申告などで税額が変わることがあります。その場合は特別徴収税額の変更通知が市区町村より送付されてくるため、それにあわせて控除額を変更します。

税額通知書が届かないとき
5月に「特別徴収税額通知書」が送られてこない場合は、市区町村に問いあわせましょう。1月1日現在の住所に引っ越しなどで住んでいないなどの理由が考えられます。

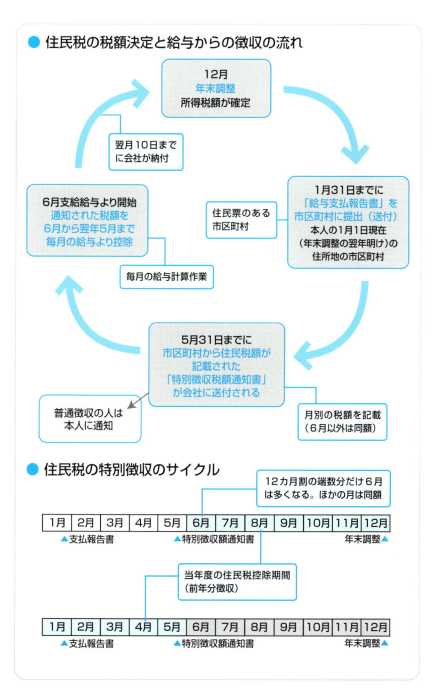

07 協定控除・書面による労使協定・協定書・控除の対象になる具体的項目・控除する給与の支払日・事理明白・財形貯蓄・労働組合費

協定控除
（財形貯蓄などの控除）

控除には、社会保険料や税金などの法定控除以外に、会社と従業員があらかじめ労使協定で定めた協定控除があります。控除のための条件と、さまざまな控除項目の種類を知っておきましょう。

法定控除以外の項目を給与から控除したいとき

① **労使協定がなければ控除できない**：財形貯蓄や互助会費など、法定控除以外の項目を給与から控除するためには書面による労使協定が必要です。労使協定は、次頁のような要件と内容を備えていなければなりません。労使協定で定めると、協定控除として給与からの控除が可能となります。なお協定控除の場合は、書面を労働基準監督署長に届け出る必要はありません。

② **協定書の必須事項**：協定書の様式は任意でかまいませんが、「控除の対象となる具体的項目」と「各項目別に控除する給与の支払日」を必ず記載しなければなりません。単に「積立金」とか「そのほか必要なもの」といったあいまいな項目であったり、いつの給与や賞与から控除するのかが明記されていないものは認められません。

労使協定を締結しても控除できないものもある

① **協定控除の項目**：協定控除（その他控除項目）で控除される代表的な項目は「財形貯蓄」や「互助会費」「労働組合費」「団体加入生命保険料」「社宅費」などです。団体生命保険は会社を通じて加入できる生命保険で、団体加入だと個人で加入するより保険料が安くなります。

② **賃金控除に合理性があるものだけが対象**：協定控除の項目妥当性は個別に判断されますが、労使協定さえ結べばなんでも認められるわけではありません。事理明白なものにかぎるとされています。会社が負担すべき経費な

ONE POINT
事理明白とは
「事理」とは物事の道理という意味で、控除の根拠や金額がはっきりしているものだけが協定控除の対象になるということです。会社に支払う社宅費を支払う手間を省いたり、会社を通じて加入したほうが有利な生命保険加入など、合理性のあるものが対象だと考えればいいでしょう。社内預金も任意であればかまいませんが、強制預金となると趣旨に反することになります。

24協定ともいわれる
労使協定には36協定（20頁参照）など、さまざまなものがあります。協定控除の労使協定は、労働基準法第24条第1項但し書（賃金の全額払いの例外規定）に根拠があることから「24協定」と呼ばれることもあります。

● 協定控除（その他控除項目）を実施する条件

会社側

従業員側

↓

労働組合（従業員の過半数で組織）
※ ないときは従業員の過半数を代表する者

× 積立金 → ○ 財形貯蓄の積立金
× 保険料 → ○ 団体生命保険料

労使協定を締結
- 必ず書面（協定書）を作成する
- 協定書に記載しなければならない事項
  ・控除の対象となる**具体的項目**
  ・**各項目別に控除を行う給与の支払日**

毎月の給与からの控除か、賞与（夏季・冬季）からの控除かなどを項目別に明確に定める

● 協定控除の控除項目で見られる主な項目

- 財形貯蓄の積立金
- 互助会費（親睦会費）
- 労働組合費
- 団体加入生命保険・損害保険の保険料
- 寮・社宅など福利厚生施設の費用
- 社内預金
- 従業員持株会の拠出金
- 食事代
- 購買代金
- 会社の立替金
- 社内貸付制度による返済金
- 旅行積立金

ど、給与から控除すべきでないような項目を控除することはできません。

賃金の過払いなどの費用は、前貸金や社宅費などの費用とは異なり、それが合理的な範囲の額と認められるかぎり、賃金控除に関する協定がなくとも控除できるようになっています。しかしながら、きちんと従業員に説明をして同意を得ておくべきです。日常生活に支障が出るようなら、2～3カ月の範囲で分割して相殺するような緩和措置などを取るよう依頼しましょう。

第6章 毎月の給与計算 給与計算の終了 STEP 5

01　給与計算終了後の作業

02　給与の支給方法と銀行振込の手順

03　給与支給明細書の作成・交付と
　　賃金台帳への記入

04　社会保険料と所得税、住民税の納付

05　「申し送りシート」を作成

01 ダブルチェック・チェックシート・支給額の確認・給与振込・
給与支給明細書・保険料と税の納付・翌月への申し送り

給与計算終了後の作業

給与支給の作業は漏れなく、効率よく進めなければなりません。そのためには、手順の理解とチェック用ツールの活用が重要です。

支給額は必ずダブルチェックで確認

① **支給前に支給額を再確認する**：給与の支給額に漏れやミスがあってはなりません。特に、支給後にミスがわかるとよけいな手間がかかるだけでなく、本人からのクレームのもとにもなり、従業員からの信頼を損ないかねません。そのため、支給額は必ず2回以上計算して二重の確認をする、いわゆるダブルチェックを行います。

② **支給時に給与支給明細書を交付**：給与の支給は、銀行振込が一般的です。支給時には、給与支給明細書を作成して本人に交付します。また、賃金台帳への記載も必要です。

③ **保険料と税を納める**：支給後、健康保険料と厚生年金保険料、所得税と住民税も期日までに納めます。保険料は本人負担分と会社負担分をあわせて、全額を納付します。従業員から預かった額と、事業主負担分の合計が納付額と異なる場合は、手続き漏れなどが考えられます。

翌月への申し送りシートで漏れをなくす

① **月をまたぐ作業をミスなく引き継ぐ**：給与変更後、4カ月目から行う標準報酬月額の随時改定や、引っ越しによる通勤手当の変更など、月をまたぐ作業はミスや漏れが出やすくなります。個別の従業員の変更情報などは「申し送りシート」を作成して、毎月引き継いでいくと漏れやミスを防ぐことができます。

② **12カ月記入できるシートがいい**：申し送りシートは自由な様式でかまいませんが、担当者が替わっても使えるように部署内共通の定型シートをつくっておきましょう。

ONE POINT
ダブルチェックのコツ
ダブルチェックの効果をあげるには、ちょっとしたコツがあります。たとえば、1回目の計算で上から順に集計していたのを、2回目の計算では下から順に集計をします。そうすることで、同じ手順で同じミスを繰り返すのを防ぐことができます。さらに、可能であれば計算する人を替えて、ほかの担当者が行うようにします。人の目が変わるとミスも見えやすくなるからです。

雇用保険料は年1回納付
雇用保険料は、従業員からは毎月徴収しますが、会社が納付するのは年1回です。労災保険料と雇用保険料をあわせた労働保険料として納付します（240頁参照）。

● 給与計算終了後の作業の流れとポイント

作業の流れ	チェック事項とポイント
支給額の確認	●固定的給与の確認（変動があった人、昇給・手当の変更） ●変動的給与の確認（もう1度計算をする） ●日割計算の確認（入退職者、休職・育休者など） ●勤怠計算の確認 ●有給休暇取得日の確認 ●控除項目の確認（変更があった人の確認）
給与の支給 （振込）	●銀行振込（賃金の直接払いの原則、通貨払いの原則の例外） ●書面による労使協定、書面による本人の申し出または同意 ●銀行振込口座依頼書を提出してもらうことにより開始
給与支給明細書の 作成と賃金台帳	●給与支給明細書を作成（本人に交付） 　➡ 支給項目、控除項目、勤怠項目を記入 ●賃金台帳への記載（労働基準法の法定項目に注意） 　➡ 源泉徴収簿ともリンクさせておく
保険料・ 税の納付	●所得税の納付書（書き方のルール、納付期限翌月10日） ●住民税の納入書（金額変更のルール、納付期限翌月10日）
翌月への申し送り	●定型の「申し送りシート」（191頁参照）を作成する ●個別の処理情報と注意点などを記入できるようにする 　➡ 入退職した従業員の情報（日割りの方法、社会保険料〈健康保険料、厚生年金保険料、雇用保険料〉の扱い、住民税の扱い）、変更のあった従業員の情報（給与変更、住所変更、扶養家族の変更など）

給与計算は年間サイクルで発生する作業もたくさんあるので、12カ月記入できるシートがお勧めです（191頁参照）。

③ **チェックシートの効果**：支給額の計算ミスを防ぐためには、数字の検算だけでなく、従業員の変動情報の確認も重要です。もとになる情報が正しくなければ、計算結果も間違えてしまいます。また、ミスの起きやすい部分に意識を集中するメリハリも大切です。こうしたダブルチェック作業を効果的に進めるには、次頁以降のようなチェックシートが役に立ちます。

● 給与計算終了後のチェックシート例

項 目		詳 細	✓
入社	当月入社者情報の確認	生年月日 ※ 介護保険料などに反映する	
		入社年月日	
		資格取得日	
		税法上の扶養人数	
		標準報酬月額	
		銀行口座	
		所得税徴収区分	
		住民税徴収区分	
		住民税額	
	当月入社者は正しく計算されているか	日割り計算／社会保険料・雇用保険料の計算	
	前月入社者は正しく計算されているか	社会保険料・雇用保険料の計算	
	当月入社者の社会保険料に誤りはないか	資格取得時の標準報酬月額	
		当月徴収／翌月徴収	
退職	退職者の確認	退職日	
	前月退職者の確認	勤怠翌月反映の場合、勤怠の計算はされているか	
	当月退職者の社会保険料に誤りはないか	翌月徴収／当月徴収	
	退職者の保険料を2カ月分徴収する場合	その2カ月間に算定、月変、保険料率改定、介護保険料の該当の有無に該当しないか	
	退職者の住民税について	指示どおりに普通徴収、一括徴収、特別徴収継続に切替をしたか、また徴収額は正しく計算されているか	
	在職中に雇用保険／社会保険の資格を喪失した者について	保険料を控除していないか	
扶養	1月給与時	税法上の扶養人数は変更したか	
	健保の扶養異動があった場合	税法上の扶養親族に該当するか確認したか	
社会保険料	料率変更はないか	雇用保険料率	
		健康保険料率／介護保険料率	
		厚生年金保険料率／厚生年金基金掛金率	
		労災保険料率／一般拠出金率	
	当月（前月）より月変・育休月変の対象となった者	保険料額が更新されているか	

項　目		詳　細	✓
社会保険料	当月の入社、退職、扶養異動の情報は、介護保険料の徴収対象者に反映されているか		
	産前産後休業対象者／育児休業対象者	開始月／終了月の保険料計算は適切か	
		保険料は徴収していないか	
	該当年齢に達する人の保険料は正しく計算されているか	介護保険料徴収開始：40歳到達月の翌月〜　※翌月徴収の場合	
		介護保険料徴収不要：65歳到達月の翌月〜　※翌月徴収の場合	
		健康保険料徴収不要：75歳到達月の翌月〜　※翌月徴収の場合	
		厚生年金保険料徴収不要：70歳到達月の翌月〜　※翌月徴収の場合	
	毎年3月〜健康保険料／介護保険料	保険料率の変更があった場合、正しい保険料率で計算されているか	
	同日得喪　対象者	同日得喪後の正しい等級にて、保険料の計算がされているか	
社員情報	変更事項の反映	組織変更や異動は反映したか	
		振込口座変更は反映したか	
		住民税の普通徴収〜特別徴収切替、税額変更は反映されているか	
		所得税徴収区分の変更は反映されているか　※扶養人数・甲欄乙欄	
時間外手当・控除	年度の更新月の場合	「1カ月平均所定日数および労働時間数」は変更したか	
	昇給／降給した場合	時間外単価、欠勤・遅早控除単価は変更されているか	
		単価変更月を確認したか　※勤怠翌月反映の場合は注意！	
	遅刻早退控除	会社のルールに則って正しく計算されているか	
	欠勤控除	会社のルールに則って正しく計算されているか	
	遡及	給与の変更が遡及して行われた場合、割増賃金、日割控除、時間割控除の精算を行ったか	

02 銀行振込・通貨払いの原則・本人の同意・銀行振込依頼書

給与の支給方法と銀行振込の手順

一般的な銀行振込による給与支給には、本人の同意による書面（口座振込依頼書）を提出してもらう手続きが必要です。

給与の銀行振込には本人の同意が必要

① **通貨払いの原則の例外**：給与の支給方法は、支給日に現金で直接本人に手渡す方法もありますが、現在では銀行への口座振込による支給方法が一般的です。労働基準法の賃金支払いの5原則（32頁参照）には、現金で支払わなければならない「通貨払いの原則」がありますが、利便性を考えて、本人の同意と労使協定を条件に銀行振込が例外として認められています。

② **本人から依頼書をもらう**：銀行振込は、「書面による従業員の申し出、または同意」によって開始されることと決められています。一般的には、次頁のような「振込依頼書」を提出してもらうことによって銀行振込が可能になります。書式は自由ですが、次頁の3つの事項が盛りこまれていなければなりません。

③ **給与の支給日に間にあうように、金融機関に依頼書を提出**：依頼書の締切日は金融機関によって違いますが、3日くらい前には提出する必要があります。残高不足にならないように、資金を準備することも必要です。なお、行政通達では支給日の午前10時ごろには本人が引き出せるようにしなければならないとされています。通貨払いの原則における「通貨」とは、国内において強制通用力のある貨幣を指します。つまり、日本銀行券と鋳造貨幣ということになります。

ONE POINT
振込金融機関の会社による指定には配慮が必要
個人ごとに振込先金融機関が異なると、事務の手間や振込手数料などのコスト負担が大きくなります。行政通達によれば、会社による銀行指定は認められていますが、労働者の便宜に十分配慮しなければならないとされています。そのため、効率がいいからといって1行に指定するのは問題があります。また、会社指定の金融機関へ振り込むことに本人の同意を得られない場合は、本人指定口座に振り込むか現金払いにしなければなりません。

● 銀行口座振込依頼書例

銀行口座振込依頼書

令和○○年○○月○○日

株式会社　ソーテックス
石井　泰三　殿

社員番号　21
氏名　佐藤　和也

❶ 希望する賃金の範囲
　私の給与については、以下の口座にお振り込みいただきますようお願い致します。

❷ 指定金融機関など

金融機関名	品川銀行
支店名	大崎支店
預貯金の種類	普通　当座
口座番号	1234567
口座名義（カタカナ）	サトウ　カズヤ
開始月	令和○○年○○月

本人の口座しか認められない

❸ 開始希望時期

● 振込依頼書（同意書）に記載する項目

振込依頼書（同意書）に記載しなければならない法定事項

1	口座振込を希望する賃金の範囲およびその金額
2	労働者の指定する金融機関の店舗名ならびに預貯金の種類および口座番号
3	口座振込の開始希望時期

給与を銀行口座へ振り込む場合、口座相違などで思わぬ対応が必要になる場合があります。時間に余裕をもって対応しましょう。

03 給与支給明細書・給与支給時の法定通知事項・賃金台帳への記入・5年間保存・源泉徴収簿

給与支給明細書の作成・交付と賃金台帳への記入

給与を支給するときは、給与明細書を作成して本人に渡します。同時に、賃金額や労働時間数などの法定事項を賃金台帳にも記載します。

給与支給明細書

① **給与支給時の通知義務**：労働基準法では、給与支払明細書の発行義務はありません。しかし所得税法、健康保険法や厚生年金保険法において、給与からこれらの税金や社会保険料を差し引いたときは、計算書を作成して本人に対し通知しなくてはならないという決まりがあります。

② **勤怠項目**：勤怠項目は法律に明記されていませんが、賃金計算の要素のため、記載されるのが一般的です。

賃金台帳の作成義務（労働基準法108条）

① **賃金台帳**：法定三帳簿である「労働者名簿」「賃金台帳」「出勤簿」のひとつで、必ず作成しなくてはなりません。

② **5年間保存義務**：賃金台帳は、「最終記入日から3年間保存」する義務があります。しかし、賃金台帳は毎月記入され続けていくため、起算日が明確ではありません。基本的な考え方としては、用紙や頁の最後が埋まった時点が起算日になります。1年間で1枚の用紙に記入していれば、5年分の5枚を保存することになります。

③ **記載事項**：次の8つを必ず記載します。

❶ 氏名　❷ 性別　❸ 賃金の計算期間　❹ 出勤日数
❺ 労働時間数　❻ 時間外労働、休日労働、深夜労働を行った時間数　❼ 基本給、手当その他賃金の種類ごとにその額
❽ 賃金の一部を控除した場合は、その額

ONE POINT
源泉徴収簿も同時記入
課税給与額や社会保険料控除額などの数字は、年末調整で作成する源泉徴収簿（216頁参照）にも記入しておきましょう。毎月記入しておけば年末調整作業の時点で源泉徴収簿ができあがっています。給与計算ソフトには、賃金台帳の入力で源泉徴収簿を自動的に作成できるものもあります。

保存期間は5年間
賃金台帳や労働者名簿などは、5年間の保存が法律で義務づけられています。

● 給与支給明細書に記載された法定通知事項と賃金台帳

勤怠項目は必須ではないが、一般的には記載される

給与支給明細書

令和○○年1月支給分　所属／総務課　社員番号／21　氏名／佐藤 和也

勤怠	出勤日数	有給日数	代休日数	欠勤日数	遅早回数	
	19	1				
	勤務時間	残業時間	早朝深夜			
	152:00	7:30				
支給	基本給	役職手当	家族手当	住宅手当	通勤手当	総支給額
	250,000	20,000	20,000	10,000	14,000	
	時間外手当			欠勤控除	遅早控除	
	15,495					329,495
控除	健康保険	介護保険	厚生年金	雇用保険		社保控除額計
	15,840	2,512	29,280	988		48,620
	所得税	住民税	財形貯蓄			控除額計
	5,560	14,800				68,980
					差引支給額	260,515

賃金台帳へ転記する

賃金台帳

❶氏名：佐藤 和也　❷性別：男　所属：総務課　　　　　令和○○年

賃金計算項目	1月	2月		12月	賞与（夏）	賞与（冬）	合計
❸賃金の計算期間	1/1～1/31						
❹ 出勤日数	19						
❺ 労働時間数	152						
休日労働時間数							
早出残業時間数		❻					
深夜労働時間数							
欠勤日数							
有休日数	1						
基本給	250,000						
時間外労働手当	15,495						
役職手当	20,000	❼					
通勤手当	14,000						
住宅手当	10,000						
家族手当	20,000						
課税合計	315,495						
非課税合計	14,000						
総支給額	329,495						
健康保険料	15,840						
介護保険料	2,512						
厚生年金保険料	29,280						
雇用保険料	988	❽					
社会保険料計	48,620						
課税対象額	266,875						
所得税	5,560						
住民税	14,800						
控除額計	68,980						
差引支給額	260,515						

04 納入告知書・納付期限・労使折半・雇用保険料（概算保険料、確定保険料、年度更新）・源泉所得税の納付書・住民税の納入書

社会保険料と所得税、住民税の納付

健康保険料、厚生年金保険料、所得税、住民税の納付方法や納付期限はそれぞれ異なります。手続きの流れに沿って、理解しましょう。

所得税は翌月10日までに納める

① **源泉所得税の納付先**：給与から源泉徴収した源泉所得税は、控除した給与支給日の翌月10日までに会社を管轄する税務署に納めます。実際の実務的には次頁上図のような「領収済通知書」に納税額を記入して、金融機関へ払い込みます。なお、納付書は退職金や賞与の納税にも共通で使う納付書で、給与の場合は1段目が記入欄になっています。

② **所得税額ゼロ円でも納付書を提出**：所得税額がゼロ円になった場合でも、所得税の納付書は提出する必要があります。ゼロ申告の場合は、金融機関ではなく税務署に提出します。

住民税は決められた納税額を納める

① **住民税の納付先**：給与から特別徴収した住民税は、控除した給与支給日の翌月10日までに納めます。従業員の住所地の市区町村ごとに納めなければならず、源泉所得税と違って納付先が多くなるため、作業にも時間がかかります。

② **納入書に基づいて納付する**：住民税の場合は、5月に各市区町村から送られる「特別徴収税額通知書」に同封されている1年分（6月～翌年5月）の納入書を使って金融機関を通じて納付します。なお、退職者がいる場合には金額が変更になるため、納入書の印字金額を訂正する必要があります。

ONE POINT
給与総額は実際の支給額と異なることがある
労働保険料の計算基礎となる給与総額は、必ずしも実際に支給した給与総額とは一致しません。アルバイトなどの雇用保険対象外の従業員の給与や、64歳以上の雇用保険料免除者の給与などが除かれるからです。また、労災保険料と雇用保険料でも対象者が違うため、給与総額が異なる場合があります。

● 所得税納付の用紙と書き方

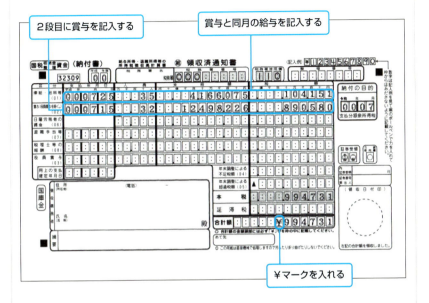

● 住民税納付の用紙と書き方

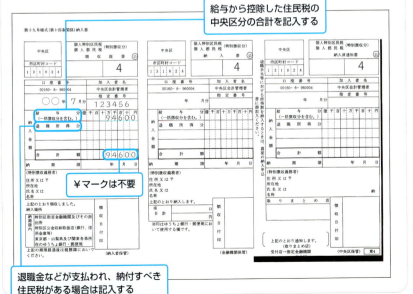

(次頁に続く)

健康保険と厚生年金の保険料は当月末までに納める

① **納付時期**：健康保険と厚生年金の保険料は、毎月20日ごろに日本年金機構から送られてくる「納入告知書(納付書)」で金融機関を通じて納めるか、引き落としになります。保険料は会社と従業員、労使折半となるため、納付額は「給与から控除した全従業員の本人負担分」と、「会社負担分」「児童手当拠出金」の合計額になります(152頁参照)。

② **納付額は前月分**：納入告知書に記載された金額は、前月分です。一般的な翌月控除の会社では、次頁上図のように、前月分の保険料を当月の給与から控除します。控除した本人負担分と、会社負担分をあわせて、当月末までに納付します。たとえば、4月分の保険料は5月支給の給与から控除し、5月末が納付期限となります。なお、あくまでもすでに支給した月の給与が基準となるため、会社の給与締め日の関係でずれることはありません。

雇用保険料は毎月納付しない

① **雇用保険料は原則年1回納付**：雇用保険料は、労働保険料(雇用保険料+労災保険料)として、毎年4月から翌年3月までの年度で計算します。原則年1回、7月10日までに金融機関を通じて都道府県労働局に「概算保険料1年分」を納付します。概算保険料とは、当年度末までの従業員への給与総額(賞与含む)の見込みで計算した1年間の保険料のことです。

② **確定保険料で精算**：年度末(3月)を迎えて給与総額が確定したら、改めて確定保険料を計算します。なお、年度内に確定している給与が対象となるため、賃金締め日が年度内のものはすべて含まれます。確定保険料が計算できたら、概算保険料と比較して差額を求めます。差額は、当年度の概算保険料の納付時に精算します。当年度の労働保険料の申告と納付は、6月1日から7月

ONE POINT

組合健保の健康保険料
組合健保の会社では、健康保険料の納入告知書は健康保険組合から送られてきます。

告知書の金額があわないとき
自社の計算と「納入告知書」の金額があわないことがあります。原因は端数計算方法の違い、入退職者の反映のずれ、70歳以上の厚生年金保険料計上ミス(70歳以上は保険料不要)などが考えられます。不明な場合は年金事務所などに問いあわせましょう。

労働保険の保険料申告書
毎年、5月末までに都道府県労働局から労働保険の保険料申告書が送られてきます。この申告書を使って労働保険の保険料を申告・納付します。

従業員からは毎月徴収
労災保険は従業員の負担分はなく、全額会社負担です。雇用保険料は、毎月の給与や賞与が発生するたびに、従業員から本人負担分を徴収します。

一般拠出金も納付
労働保険料納付時には、石綿(アスベスト)健康被害の救済費用にあてられる「一般拠出金」も納付します。納付額は労災保険料を求める確定給与総額の0.002%です。全額が会社負担です。

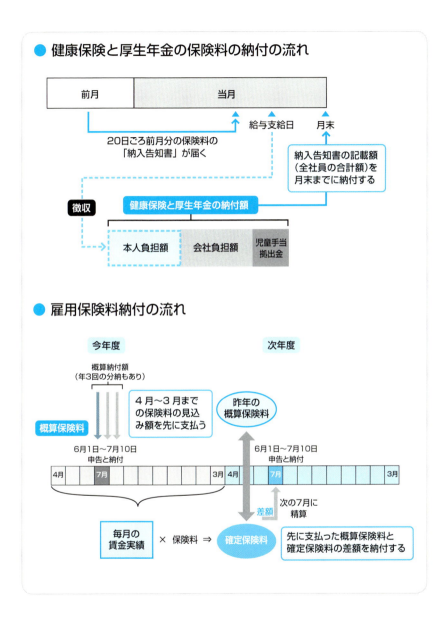

10日までの間に行います。これを「労働保険料の年度更新」と呼びます。差額がプラス（払いすぎ）なら当年度概算保険料から差し引き、マイナス（不足）なら差額分を上乗せして、一般拠出金とともに納めます。

05 申し送りシート・従業員の個別変更情報・入退職・給与変更・住所変更・扶養家族の変更

「申し送りシート」を作成

当月だけで処理しきれない作業は、12カ月分記載できる「申し送りシート」を活用して漏れやミスのないようにしましょう。

定型の「申し送りシート」を作成しよう

① **申し送りシートは毎月の変動を記録**：申し送りシートは、給与項目や従業員の基本情報、社会保険料など毎月の変動があった内容を細かく記録しておきます。これが備忘録になります。いざ給与計算を行うとき、月はじめに生じた変更などを忘れてしまいがちですが、その都度申し送りシートへ記録して確認をすることで、漏れがなくなります。

② **年間で決まっている変更はあらかじめ記録しておく**：給与計算では1年間で必ず決まっているスケジュールがあります。たとえば6月は住民税の徴収開始によって新たな住民税額となります。3月には、健康保険料率が改訂されます（4月控除）。また、7月に年金事務所（健康保険組合）へ提出する「算定基礎届」によって、9月には社会保険料の改定（10月控除）が行われます。これらは毎年決まっているスケジュールなので、各月の欄に申し送りとして記入をしておきましょう。

③ **支給項目の変更は4カ月後に再チェック**：固定的給与が増減したことにより、社会保険料が変更になる可能性があります（154頁参照）。変更後の4カ月後に必ず月額変更に該当するか確認するフローを忘れないようにしましょう。

④ **備考に詳細を必ず記入**：給与計算は月に1度しか行わないため、当月の給与計算終了後に変更した内容や額はきちんと入力しておきましょう。

ONE POINT
給与計算ソフトの盲点
給与計算ソフトを使っている場合は、計算が正確だと安心してしまいがちです。しかし、データの入力ミスがあれば計算結果も正しく出ません。また、法改正の情報が更新されないままだったり、イレギュラーな処理に対応できなかったりすることもあります。ソフトに頼り切るのではなく、手作業での手順や法改正の情報収集など、担当者はスキルの維持向上を忘れないようにしましょう。

●「申し送りシート」例

入退社

	氏名	項目	備考
4月1日入社	吉田　毅	健康保険料・厚生年金保険料	社会保険料控除は5月給与より
4月30日退社	中村進一郎	健康保険料・厚生年金保険料	最終給与で2カ月分控除

勤怠

	氏名	項目	備考
4月15日2時間遅刻	田中　義明	遅早控除	2時間分控除
4月5日欠勤	中井　久子	欠勤控除	5日分控除

支給項目

	氏名	項目	備考
4月1日	竹中　奈々	家族手当　1万円	子ども2人扶養（5,000円 × 2人）
4月10日	佐藤　和也	家族手当　5,000円	子ども出生扶養追加（5,000円 ×1人）
4月分～	片平　和光	通勤手当　6,000円	引っ越しのため通勤経路変更

具体的に内容額も記入しておく

控除項目

	氏名	項目	備考
4月1日	吉田　毅	雇用保険料	4月給与より控除開始
4月給与～	中田　淳	健康保険料・厚生年金保険料	月額変更のため4月給与より控除額変更
6月給与～	対象者	住民税	控除額変更
10月給与～	対象者	健康保険料・厚生年金保険料改定	算定の結果確認すること　厚生年金保険料率を変更

休業・休職者

	氏名	項目	備考
4月～	田中　花子	育児休業	令和3年3月まで　社会保険料免除

● 給与計算スケジュール

	給与・賞与計算ポイント	手続き
4月	・健康保険料・介護保険料改定 ・雇用保険料率変更確認	
5月	・住民税特別徴収税額の通知・確認	
6月	・特別徴収の給与控除開始、通知	・労働保険料の概算・確定保険料申告書の提出
7月	・賞与計算 ・特別徴収税額の給与控除額変更	・賞与支払届の提出 ・算定基礎届の提出
8月		
9月		
10月	・社会保険料改定（算定結果反映）	
11月	・年末調整の準備（従業員へ書類配布）	
12月	・賞与計算 ・年末調整	・賞与支払届の提出
1月	・年末調整の修正 ・給与支払報告書の提出 ・法定調書の提出	
2月		
3月	・健康保険料・介護保険料率改定の確認	

給与の年間イベントを把握して、効率よく業務を進めましょう。

第7章 賞与計算の流れと実務を理解する

01 賞与計算のしかた

02-1 賞与にかかる社会保険料控除

02-2 入社・退職時・休業前後の賞与からの社会保険料

03 賞与から控除する源泉所得税額

04 社会保険料と所得税の納付

01 年に３回以内の支給・支給対象者・支給時期・計算期間・計算方法・賞与支給明細書・標準賞与額

賞与計算のしかた

賞与計算は、総支給額から控除額を差し引く作業は給与計算と同じですが、計算方法は異なります。賞与独自の方法を確認しましょう。

賞与とは

　毎月の給与とは別に支払われるもので、定期または臨時に会社および従業員の勤務成績に応じて支給されるものをいいます。その支給額は、あらかじめ確定されていません。賞与の支給は会社に義務づけられていませんが、支給するときには制度として就業規則などに、定めておく必要があります。内容は制度に応じて記載しますが、支給対象者や支給時期、計算期間、計算方法などを明確にしておきます。

賞与として扱うには法律のルールがある

① **社会保険での取り扱い**：社会保険上では、賞与は年３回以内のものにかぎられていて、４回以上になると給与の扱いになります。一般的な夏冬の一時金以外にも、会社の業績がいいときに支給される決算賞与など、名称は違っても賞与と同じ性質のものは支給回数に数えます。

② **雇用保険での取り扱い**：雇用保険上では給与と賞与の区分はありません。労働の対償として支払われた賃金かどうかの判断をし、控除方法も給与と同様の計算をします。

③ **所得税の取り扱い**：所得税上では、一時金を賞与として扱いますが、年末調整で給与所得として計算します。そのため、明確に違いがあるわけではありません。

④ **欠勤控除などの扱い**：欠勤や遅刻・早退、休業・休職などの不就労控除は賞与でも行う企業もありますが、対象となる計算期間や計算方法を定めておく必要があります。

手順は給与計算と同じでも計算方法が違う

① **社会保険料と税額を控除する**：賞与計算のプロセスは、基本的に給与計算と同じです。（24頁参照）。

ONE POINT

賞与の支給ルール
賞与に関する制度を就業規則に定めた場合は、規定内容にしたがって支給する義務が会社に発生します。業績により支給の有無がある場合も、その旨を明示しておかなければなりません。

賞与の対象者と計算期間
賞与に関する就業規則は「７月支給賞与は12月から５月までを計算期間とし、賞与支給日に在籍の者に支給」などのように定めます。また「出勤率50％以上で対象」のように定めれば、支給対象者を限定できます（ただし、育休・介休・産休は出勤したものと取り扱います）。欠勤控除の場合は、計算期間中の所定労働日数を基準にするなどの方法があります。たとえば、所定労働日数が122日なら欠勤１日につき122分の１を控除します。

● 給与計算と賞与計算の違いと共通点

	給与計算	賞与計算
社会保険料（健康保険〈介護保険〉、厚生年金）の控除額	標準報酬月額で計算 ●標準報酬月額表で求める ●等級（健康保険50等級、厚生年金32等級）に区分 ●健康保険：135.5万円が上限 ●厚生年金：66.5万円が上限	標準賞与額で計算 ●標準賞与額に保険料率（率は給与計算と同じ）を掛けて求める ●健康保険：年間573万円が上限 ●厚生年金：1回につき150万円が上限
雇用保険料の控除額	賃金総額（総支給額）に本人負担保険料率を掛けて求める	給与計算と同じ
源泉所得税	源泉徴収税額表で求める	賞与用の源泉徴収税額表で求める
住民税	市区町村から送られた特別徴収税額通知書の額を控除	なし
その他控除（協定控除）	労使協定の内容にしたがって控除	給与計算と同じ

> 保険料率は同じだが、賞与は表から算出するのではなく実際に保険料率を掛けて計算する

● 賞与支給明細書でわかる賞与計算項目

例 年齢：48歳　業績加算（全員一律）5万円　財形貯蓄：賞与時6万円

② **控除額の計算方法は給与計算と違う**：手順は同じでも、計算方法は賞与と給与で異なります。主な違いは上図のとおりです。賞与によくみられる「その他控除（協定控除）」としては、賞与時に増額で積み立てる財形貯蓄や、賞与一括返済にした会社貸付金の返済などがあります。賞与計算チェックリストが263頁にあるので活用してください。

02-1 標準賞与額・1,000円未満切り捨て・1回150万円（厚生年金）・年間573万円（健康保険）・雇用保険料

賞与にかかる社会保険料控除

賞与に対する健康保険料と厚生年金保険料は標準賞与額、雇用保険料は総支給額に保険料率を掛けます。保険料率は給与計算と同じです。

健康保険料と厚生年金保険料は標準賞与額を使う

① **標準賞与額の上限**：賞与に対する健康保険料と厚生年金保険料の計算のもとになるのは、標準賞与額です。標準賞与額は、「賞与の総支給額から1,000円未満を切り捨てた額」です。標準賞与額には上限がありますが、次頁のように健康保険料（介護保険料）と厚生年金保険料で異なります。健康保険料の上限は年間総額が573万円、厚生年金保険料の上限は1回の賞与額が150万円です。

② **保険料率は標準報酬月額と同じ**：標準賞与額の保険料率は標準報酬月額の保険料率と同じです（149頁参照）。計算された保険料を、会社と従業員とで半分ずつ負担する点も共通しています。

雇用保険料は給与計算と同じ方法で計算する

① **総支給額に保険料率を掛ける**：雇用保険料は給与計算とまったく同じ方法（164頁参照）で、総支給額（賃金総額）に本人負担雇用保険料率を掛けて計算します。

② **賞与は失業給付には反映されない**：賞与からも雇用保険料は徴収しますが、失業給付の計算には反映されません。

③ **賞与の雇用保険料の計算式と本人負担分の出し方**：次の計算式で求めます。

賃金総額 × 本人負担雇用保険料率 ＝ 本人負担雇用保険料

例　賃金総額（賞与支給明細書の総支給額）65万670円の場合
　　65万670円 × 0.3%（一般の事業）＝ 1,952.01円
　　　　　　　　　　　　　　　　　＝ 1,952円（控除額）

ONE POINT
同じ月に2回は合算
同じ月に2回以上の賞与を支給した場合には合算して1回の支給として扱います。

年俸制の賞与計算は
年俸制で確定している額の一部を賞与として支給することは可能です（16カ月割りして4カ月分を賞与で支給など）。ただし、賞与で支給した部分も時間外手当の単価には含めなくてはなりません。賞与部分の計算は通常の賞与と同じく標準賞与額で計算します。

賞与にも児童手当拠出金
標準賞与額に拠出金率（0.36%）を掛けた児童手当拠出金を、給与と同様に会社は負担します。

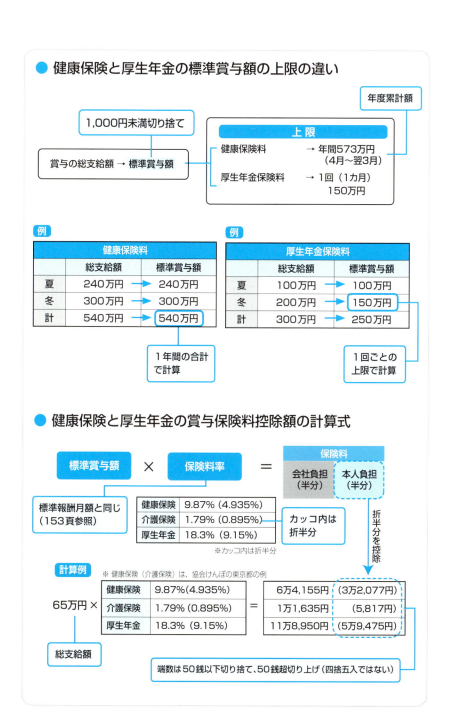

02-2 入社月（入社日）・退職月（退職日翌日）・休業開始月（開始日）・休業終了月（終了日翌日）・介護保険料（40歳時と65歳時）

入社・退職時・休業前後の賞与からの社会保険料

入退職時や休業前後、介護保険徴収開始終了時などに賞与が支給された場合、条件によって社会保険料控除の有無が決まります。

賞与の社会保険料は入社月は控除、退職月は控除なし

① **入社月の賞与からは控除**：入社した月にすぐ賞与が支給される場合には、健康保険料・厚生年金保険料も控除します。ただし、入社日より前に賞与を支給した場合には保険料控除はありません。

② **退職月の賞与は控除しない**：月額給与と同様に、保険料は退職した月の前月に支給した賞与までが控除の対象です。ボーナス月に退職する場合は、月末退職だと保険料控除が発生するため、注意が必要です。

③ **産休・育休の控除**：産休や育休の期間中に賞与が支給される場合があります。免除開始は休業開始日の月、免除終了は復帰日（終了日の翌日）の前月になります。そのため、育児休業終了月に支払われた賞与からは社会保険料を控除します。

④ **介護保険料の控除**：40歳と65歳は介護保険の徴収開始と終了の時期です。控除開始は40歳到達日の月、控除終了は65歳到達日の月になります。到達日は誕生日の前日であることに注意しましょう。

賞与の雇用保険料はすべて控除する

支給する都度控除する：雇用保険料は上記の入退職時期や産休・育休の時期に関係なく、賞与の支給が発生する都度、控除を行います。

ONE POINT

入社前の賞与支給

入社直後や入社前に賞与が支給されることはまれなことですが、賞与支給を条件に入社した場合や支度金などを入社前に支給するといったケースが考えられます。

賞与は月末時点が基準

賞与には、給与のように翌月徴収という概念がありません。そのため、支給日の月末時点を基準に、社会保険料の徴収を判定します。月のどの時期に開始や終了があるかは関係ありません。ただし、1日生まれの人の場合は介護保険料の控除がはじまる40歳到達日が前月となるため、前月に支給された賞与から、社会保険料の控除を行います（次頁図参照）。

03 賞与に対する源泉徴収税額の算出率の表・前月の社会保険料等控除後の給与等の金額・扶養家族等の数・賞与の金額に乗ずべき率

賞与から控除する源泉所得税額

賞与に対する所得税額を計算するには、前月の社会保険料等控除後の給与額から賞与に対する源泉徴収税額の算出率の表を使って税率を求めます。

賞与の税率は前月給与から間接的に求める

① **支給額から社会保険料を控除**：賞与の源泉所得税額を求めるには、まず総支給額から賞与にかかる社会保険料額を控除して、課税対象額を求めます。

② **算出率の表から税率を求める**：課税対象額に掛ける税率は、前月の社会保険料等控除後の給与額から「賞与に対する源泉徴収税額の算出率の表」にあてはめて求めます。扶養親族等の数は給与計算のときの「扶養控除等（異動）申告書」で確認します。

③ **税率を掛けて税額を求める**：最後に課税対象額に税率を掛ければ、賞与から控除する所得税額が求められます。

特殊なケースでは算出率の表を使わない

① **給与の10倍を超えるなら月額表**：社会保険料等控除後の賞与が、前月の社会保険料等控除後の給与の10倍を超える場合には、算出率の表を使わずに通常の給与と同じ「給与所得の源泉徴収税額表（月額表）」を使います。賞与の社会保険料控除後の額（次頁の STEP❶ の課税対象額）を、賞与の計算期間の月数で割った金額に前月の社会保険料等控除後の給与を加算し、月額表にあてはめます。さらに、あてはめた税額から前月の給与に対する源泉徴収税額を控除し、その額に賞与計算期間を掛ければ、賞与から控除する源泉所得税額が求められます。ただし、計算期間が6カ月を超える場合は、12カ月の計算期間で計算します。

② **前月に給与の支給がない場合**：前月に給与支給がなかった場合は、給与の10倍超の際の計算と同様に「給与所得の源泉徴収税額表（月額表）」を用います。賞与の社

ONE POINT

給与5カ月分の税額
賞与から徴収する源泉所得税は、年間5カ月の賞与を支給するとみなした概算税額です。年末調整で再計算することで、給与と1本化された年間税額が決まります。

非課税通勤手当の扱い
給与には非課税通勤手当が支給されているのが一般的です。そのため、賞与計算で使う「前月の社会保険料等控除後の給与」とは、「総支給額－非課税給与－社会保険料」ということになります。

賞与には住民税控除はない
住民税は年額を12カ月に分割して毎月の給与から控除を行います。そのため、賞与からは所得税だけを控除します。

● 賞与の源泉所得税額算出の流れと計算例

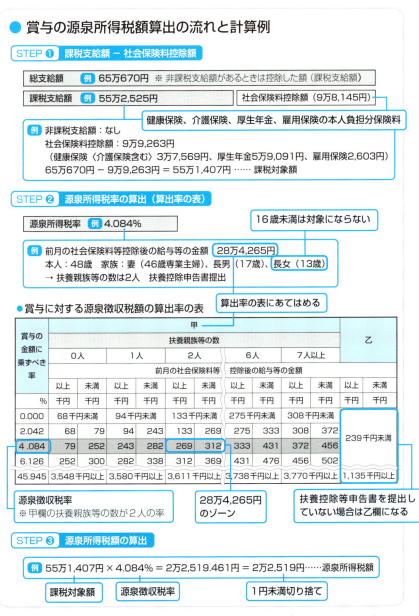

会保険料控除後の額を賞与の計算期間で割り、月額表にあてはめ、求めた税額に賞与計算期間を掛けると賞与から控除する源泉所得税が求められます。給与の10倍の際の計算と同様、計算期間が6カ月を超える場合は、12カ月の計算期間で計算します。

04 賞与支払届・5日以内・保険料納入告知書・翌月10日・所得税徴収高計算書

社会保険料と所得税の納付

賞与の支給が終わったあとには、保険料の納付や納税の作業があります。届出書類の種類と記入のしかたも理解しておきましょう。

年金事務所への届出が必要

① **社会保険料の届出**：賞与を支給したときには、支給日から「5日以内」に「健康保険 厚生年金保険 被保険者賞与支払届」を年金事務所に提出しなければなりません。賞与が不支給であった場合には、「健康保険 厚生年金保険 賞与不支給報告書」を提出します。用紙は賞与の支給予定月の前月までに年金事務所から送られてきます。送られてこない場合は、年金事務所に問いあわせましょう。

② **印字内容を確認する**：届出用紙には、会社名や従業員名（被保険者氏名）、生年月日などがあらかじめ印字されています。印字内容は賞与支給月の前々月の情報で記載されているため、間違いや変更がないかよく確認します。

③ **産休・育休免除者も記入する**：「被保険者賞与支払届」の記入要領は、次頁のとおりです。産休や育休で保険料免除になっている従業員も、賞与支払届に記入する必要があります。

翌月末日までに保険料を納付

① **通知書によって保険料を納める**：「健康保険 厚生年金保険 賞与支払届」を提出すると、年金事務所で内容を確認したうえで「納入告知書」が送られてきます。「納入告知書」が届いたら賞与支給月の翌月末日までに、通常の保険料と一緒に合算で納付します。

ONE POINT

賞与支給予定を登録
会社は、あらかじめ賞与支給予定を年金事務所（組合健保の場合は健康保険組合）などに届けて登録しておきます。

70歳以上の従業員
70歳以上75歳未満の健康保険被保険者の従業員に賞与を支給する場合には、「厚生年金保険 70歳以上被用者 賞与支払届」の提出も必要です。

退職者などの賞与支払届
退職などで保険料を控除しない場合でも、賞与の支給があった場合には「健康保険 厚生年金保険 被保険者 賞与支払届」の提出が必要です。

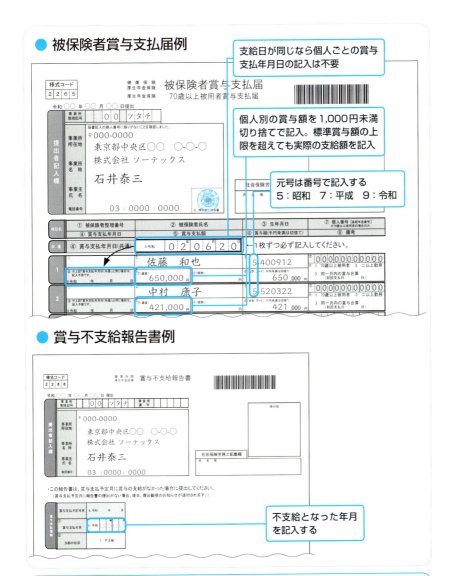

賞与支払届の総括表が廃止

　令和3年4月から、賞与支払届の総括表が廃止となりました。賞与支払予定月に、被保険者および70歳以上被用者に賞与を支給しなかった場合「賞与不支給報告書」を提出することになりました。

源泉所得税は翌月10日までに納付する

① **給与と賞与は別々に記入**：賞与の源泉所得税は、毎月の給与の源泉所得税とあわせて納付します。納付期限は、賞与支給月の翌月10日です。賞与も給与と同じ「給与所得・退職所得等の所得税徴収高計算書」という納付書によって納付します。納付書では、給与、賞与、退職手当（退職金）などは別々の欄になっています。賞与は2段目の賞与の欄に記入します。

② **納期特例の会社は年2回**：従業員10人未満の会社の場合は、「源泉所得税の納期の特例の承認に関する申請書」を提出しておけば、給与・賞与は年2回の納付でいいことになります。特例の適用を受けている会社は、1〜6月の給与・賞与は7月10日、7〜12月の給与・賞与は1月20日が納付の期限になります。

> **ONE POINT**
> **雇用保険料は賞与時には納付しない**
> 雇用保険料に関しては、毎月の雇用保険料と同じく、年度に1回労働保険料として納付するため、賞与分だけ納付することはありません。

● 源泉所得税の納付書例（納期特例のケース）

- 2段目に賞与を記入する
- 賞与と同月の給与を記入する
- ¥マークを入れる

第8章 年末調整の流れと実務を理解する

01 　年末調整の対象者を確認し
　　　スケジュールを立てる

02 　年末調整で配布・回収する書類と
　　　確認のポイント

03 　源泉徴収簿で集計

04 　源泉徴収票を作成し交付する

05 　年末調整後は納税と税務署・市区町村へ
　　　書類提出をする

01 扶養控除等申告書・保険料控除申告書・添付書類・年末調整対象者・過不足金額・源泉徴収票・法定調書・給与支払報告書

年末調整の対象者を確認しスケジュールを立てる

年末調整は従業員の協力を得ながらスケジュールに沿って進めます。記入内容と添付書類の確認や漏れのチェックがポイントとなります。

年末調整の作業期間は10月末から翌年1月

① **年末調整は5段階の流れがある**：年末調整とは、毎月の給与から控除した源泉徴収税額の合計と、実際の1年間の所得税額のずれを調整して所得税額を確定する作業です。❶書類の入手・配布・回収⇒❷回収した書類の確認と内容の確定⇒❸年税額の計算と過不足の反映⇒❹源泉徴収票の作成と従業員への交付⇒❺納税と税務署・市区町村への書類送付といった、5段階の流れがあります。

② **正確な記入と添付書類漏れ防止に目配り**：ほとんどの書類は従業員が記入するため、十分な説明が大切です。扶養控除人数の出し方など、わかりにくい部分や間違いやすい部分の記入例、記入漏れ防止のため、記入内容・添付書類のチェックリストを従業員に渡すといいでしょう。

③ **回収した書類の確認が最も重要**：回収した書類の内容と添付書類のチェックが、年末調整のメインの作業です。内容が正確で添付書類がそろってさえいれば、あとは決まった計算式にあてはめて作業できるからです。内容が不明だったり、添付書類に漏れがある場合は、すぐに本人に確認して書類の再提出を依頼しましょう。

④ **年末調整対象者かどうかを確認する**：年末調整は原則として会社に「扶養控除等申告書」を提出している人全員について行いますが、次項のように年末調整の対象にならない人もいます。また医療費控除のように年末調整できない控除もあるので伝えておきましょう。

ONE POINT
給与または賞与で行う
一般的に、12月には賞与が出ます。最終額がわかっているのであれば、給与ではなく、賞与で年末調整を行ってもかまいません。ただ、その年の最終支給でないと変更があったときに年末調整をやり直さなければなりません。そのため、最終支給の支払いでやるのが原則です。給与のあとに賞与が出る会社なら、賞与で行ってもいいでしょう。

改正事項に注意する
平成28年1月1日から、マイカー通勤の非課税限度額の変更がありました。このように、ときには年末調整にかかわる改正事項もあるので、毎年注意しておきましょう。

● 年末調整のスケジュール一覧

10月末ごろ	税務署から「年末調整の手引き」「給与所得者の扶養控除等（異動）申告書」「給与所得者の保険料控除申告書 兼 配偶者特別控除申告書」など年末調整関係の書類一式が会社に届く	税務署からの書類送付が遅れても、国税庁のホームページからダウンロードできるので配布は予定した時期に実施する
11月第1週	従業員へ「扶養控除等（異動）申告書」「保険料控除申告書」などを配布し、必要な添付書類を知らせる	
11月最終週	書類を回収し、添付書類漏れがないか確認 → 漏れがある場合は従業員へ提出を促す	回収には提出期限を設けておく
12月給与前	回収した申告書の内容チェック ※ 年末調整は賞与で行ってもいいが、通常は最終支給の給与で行う	
12月給与計算中	扶養情報や保険料情報などを反映し、年末調整計算を行う → 過不足金額を反映	12月の給与以外は計算を終えておく
12月給与確定後	源泉徴収票の作成と従業員本人への交付 → 本人への交付は給与支給明細書と一緒に渡すといい	
1月10日まで	税務署へ源泉徴収所得税納付	
1月31日まで	●税務署へ「法定調書」「法定調書合計表」提出 ●市区町村へ「給与支払報告書（総括表）」「給与支払報告書」提出	

● 年末調整の対象者になる人、ならない人

年末に行う一般的な年末調整の対象者
- 1月から12月まで勤務している従業員
- 中途入社で12月まで勤務している従業員

年末以外に年末調整を行う人
- 死亡により退職した人
- 退職後に再就職の予定がない人
- 1年以上の予定で海外子会社などに転勤した人（出国時）

一般的に本人の申し出がないかぎり、退職時に年末調整は行わない。ただし、12月退職者は行うことが多い

年末調整の対象にならない人
- 給与総額が2,000万円以上の人
- 中途退職者で、再就職の予定がある人
- 2カ所以上から給与を受けている人で、扶養控除申告書を自社以外に提出している人（乙欄で税額計算をしている人）
- 非居住者（国内に住所がない人、または現在まで居所〈住む所〉が1年未満の人）
- 日雇労働者（丙欄で税額計算をしている人）
- 災害に遭って災害減免法の源泉徴収の猶予や還付を受けた人

本人が確定申告したり、転職先の会社などで年末調整したりするので、年末調整対象者でなくても源泉徴収票の交付は必要

第8章 年末調整の流れと実務を理解する

02 扶養控除等申告書・保険料控除申告書・基礎控除申告書 兼 配偶者控除等申告書 兼 所得金額調整控除申告書・住宅借入金等特別控除申告書

年末調整で配布・回収する書類と確認のポイント

従業員に記入してもらう申告書の書き方はわかりにくいものがあるので、経理担当者は確認のポイントをしっかり把握しておきましょう。

ONE POINT
扶養控除等申告書と扶養親族
前年回収した「扶養控除等（異動）申告書」は、当年の扶養控除で使われます。同じ用紙を年末に再度配布し、従業員に記入してもらうことで、変更の差額を年末調整で調整します。調整後の扶養を翌年の申告書に記入することで、翌年の扶養控除に反映されます。

年末調整と住民税
住民税は1月1日の住所地の市区町村に納めます。そのため、年末調整のときは翌年1月1日の住所地を記入します。記入された住所地の市区町村に書類を送付し、翌年の住民税が決定します。

境目の年齢に注意
控除額が変わる境目の年齢の扶養親族がいるときには、注意が必要です。たとえば、平成18年5月生まれの子は令和3年申告書では16歳未満（令和3年末時点で15歳）で控除がありませんが、令和4年申告書では16歳以上（令和4年末時点で16歳）の扶養親族となります。この場合、48万円の控除が受けられます。記入欄も変わるので注意します。

扶養控除等申告書の確認手順とポイント

年末調整の実務は、下記の①〜⑧の順番で書類を確認していくとスムーズに正確に事務を行うことができます。なお、令和3年より全ての申告書において押印が不要になりました。

① **扶養控除等申告書は2枚**：年末調整の書類のうち「給与所得者の扶養控除等（異動）申告書」は、全員必須で提出してもらいましょう。申告書は実務上、当年分と翌年分の2枚を配布・回収します。当年分は当年中の扶養控除に関係する変更を確認するためで、これにより当年の扶養控除額が確定します。翌年分は当年の年末調整には使いませんが、翌年の毎月の給与計算の扶養控除額に使います。通常は当年分も翌年分も同じ内容になります（210頁参照）。

② **住所地は翌年1月1日現在**：回収した書類のうち、まず確認するのは本人の住所です。住所地は年末調整した翌年1月1日の住所になります。令和3年の年末調整であれば、令和3年分も令和4年分も令和4年1月1日の住所になります。引っ越しをした場合、当年度の再提出分は昨年と同じ住所のままということもあるので注意しましょう。

③ **扶養親族の年齢は年末時点**：所得控除の対象になる扶養親族には、年齢要件のあるものがあります。年齢により控除額が違ってきますが、わかりにくく記入ミスが多い項目なので次頁の早見表で確認してください。16歳未満の子を ❸ 欄（210頁参照）に記入したり、16歳以上の子を ❸ 欄に記入しないといった間違いがよく見られます。また税法上の対象年齢は、その年の年末

● 控除対象扶養親族の年齢確認早見表

対象者		生年月日					控除額
		70歳以上	23歳以上 70歳未満	19歳以上 23歳未満	16歳以上 19歳未満	16歳未満	
	令和 3年	昭和27.1.1 以前	昭和27.1.2 ～平成11.1.1	平成11.1.2 ～平成15.1.1	平成15.1.2 ～平成18.1.1	平成18.1.2 以後	
	令和 4年	昭和28.1.1 以前	昭和28.1.2 ～平成12.1.1	平成12.1.2 ～平成16.1.1	平成16.1.2 ～平成19.1.1	平成19.1.2 以後	
老人控除対象 配偶者		○					48万円
老人扶養 親族 (同居老親等)		○					48万円 (58万円)
控除対象扶養 親族			○		○		38万円
特定扶養親族				○			63万円
16歳未満の 扶養親族						○	なし

※ 障害者などに該当する場合は、上記控除額にさらに加算がつく

時点（死亡の場合は死亡時点）になります。ただし、法律上は誕生日の前日に年齢が上がるため、年末の翌日にあたる1月1日生まれの場合は、注意が必要です。

④ **障害者の扶養親族欄には人数も書く**：210頁 C欄の2（寡婦）から5（勤労学生）は本人が対象で、該当していれば○印を記入します。1は障害者の欄で、該当者がいれば番号に○印と内容を記入します。対象は本人、同一生計配偶者、扶養親族です。本人と配偶者の欄は○印を記入しますが、扶養親族欄は○印だけでなく人数も記入します。

⑤ **16歳未満でも障害者は扶養控除対象**：税務上、16歳未満の子は扶養控除の対象になりません。そのため、「扶養控除等（異動）申告書」でも B欄には記入せず、「住民税に関する事項」の欄に記入します。しかし、障害者の場合は16歳未満でも扶養控除の対象になります。その場合、名前などは B欄ではなく、同じく「住民税に関する事項」の欄に記入します。このとき、C欄の障害者の扶養親族欄にも○印と人数を記入します。さらに、「左記の内容」欄に氏名、障害の状態（身体障害者手帳の種類や交付年月日など）を記入します。

⑥ **赤ちゃんは控除対象外**：赤ちゃんは健康保険上は扶養控除の対象ですが、税法上では16歳未満のため控除対象になりません。そのかわり、16歳未満の子には児童手当が支給されます。

（212頁に続く）

● 給与所得者の扶養控除等申告書のチェックポイント

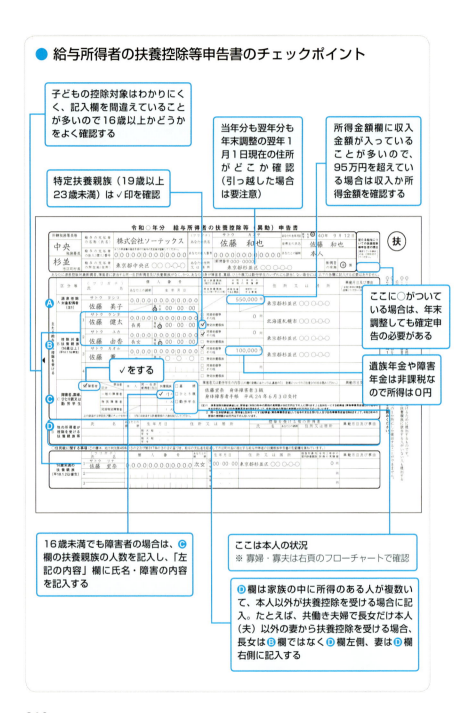

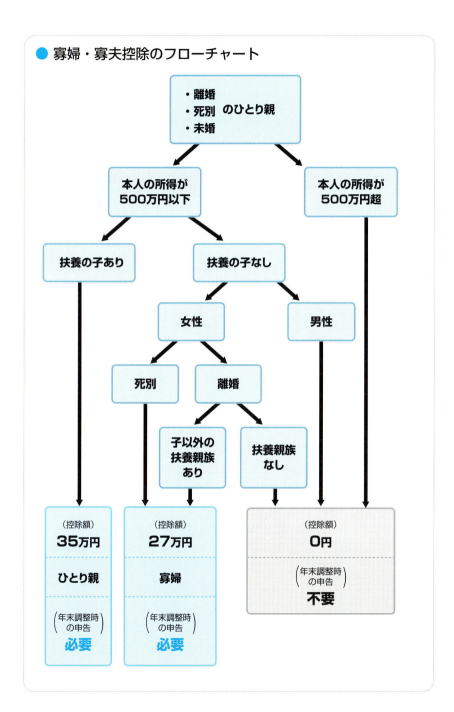

ONE POINT

翌年の所得見積額
当年分の所得見込みは年末調整の時期であればだいたいわかりますが、翌年分の所得見積額は従業員にとってわかりづらいものです。翌年も大きな変動の予定がないなら当年と同じ見積額でかまいません。

中途入社の源泉徴収票
ほかの会社から転職で中途入社した従業員の年末調整を行う場合は、前勤務先の源泉徴収票を添付してもらう必要があります。入社時に提出していない場合は、申告書配布の際に回収時の提出を伝えておきましょう。

従たる給与についての扶養控除等申告書
稀なケースですが、2カ所以上から給与を受けていて、ほかの勤務先にこの申告書を提出している場合があります。給与が低い人が控除枠を使い切れない場合に、提出先でも源泉徴収が受けられます。ただし、ほかの勤務先で年末調整は受けられないので、確定申告が必要になります。

生命保険の契約者でなくても控除は受けられる
生命保険契約では、契約者や受給者が本人ではない場合があります。夫が契約者で妻が受給者、妻が契約者で子が受給者といったケースです。しかし、契約者や受給者が異なっていても、保険料を払っているのが本人であれば生命保険料控除が受けられます。

⑦ **所得金額か収入金額かを確認**：扶養親族の「所得の見積額」も誤りの多い項目なのでよく確認しましょう。控除対象になるのは、配偶者は、給与所得者本人の所得が900万円以下かつ配偶者の年間所得が95万円（収入150万円）以下の場合、扶養親族は、年間所得48万円（収入103万円）以下の場合です。所得は収入から必要経費（給与所得控除額）を差し引いた金額で、「所得の見積額」欄には給与所得控除後の「所得額」を記入します。記入したのが収入か所得かを、しっかりと確認する必要があります。たとえば、配偶者の見積額が96万円と記載されていた場合、「151万円－55万円（必要経費）＝96万円」となり、所得が95万円を超えるため配偶者控除からは外れます。

⑧ **年金受給者の場合**：公的年金等控除（65歳未満60万円、65歳以上110万円）があるため、公的年金収入だけの場合は、65歳未満108万円以下、65歳以上158万円以下の人が控除対象になります。なお、障害年金や遺族年金は非課税のため、金額にかかわらず所得見積額は0円になります。

配偶者控除等申告書の確認方法

① **所得48万円超95万円以下が対象**：配偶者の年間所得は95万円（給与年収150万円）以下でないと、配偶者控除は受けられません。しかし、95万円を超えても「配偶者特別控除」が受けられます。配偶者特別控除は所得95万円超133万円（給与年収201万6,000円）未満の場合に、配偶者の所得と給与所得者の所得に応じて1万～36万円の控除が受けられます。対象となる人は、「給与所得者の配偶者控除等申告書」を提出する必要があります。控除額は「配偶者控除等申告書」に記載されている「控除額の計算」の表でわかります。

② **本人の所得が1,000万円超だと受けられない**：配偶者特別控除は、本人の年間所得が1,000万円（給与年収1,195万円）を超える場合、受けられません。

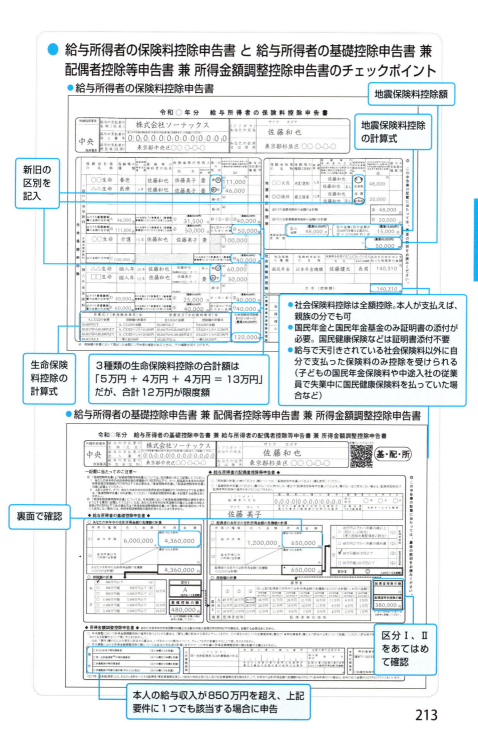

保険料控除申告書の確認方法

① **生命保険料控除は3種類**：生命保険料控除には、「一般」「介護医療」「個人年金」の3種類があります。税制改正で一般生命保険料と個人年金保険料には、「新契約」と「旧契約」があるので注意が必要です。新旧の区別は、平成23年12月以前に契約したものが旧、平成24年1月以降に契約したものが新です。生命保険会社から本人（契約者）に郵送されてくる「保険料控除証明書」で確認できます。なお、介護医療保険料は新設のため、旧契約はありません。

② **生命保険料控除額は3種類合計で最大12万円**：生命保険料の支払額は、「保険料控除証明書」の額を転記します。証明書には「証明額」と「申告額」の2種類が書かれていますが、申告額を記入します。生命保険料控除額の計算方法は申告書に書かれています。保険料の種類ごとに最大4万円ですが、「一般」と「個人年金」の旧の場合は、最大5万円まで認められます。ただし、3種類の合計額はあくまでも「4万円×3＝12万円」です。たとえば、一般が5万円、介護医療と個人年金が4万円の場合は合計13万円となりますが、控除は12万円までしか認められません。

③ **地震保険料控除は最大5万円**：地震保険料控除は、平成18年12月31日前に契約した旧長期損害保険契約も含みます。考え方や計算方法は生命保険料控除と同じです。地震保険料控除は最大5万円、旧長期損保は最大1万5,000円ですが、合計で最大5万円になります。

④ **社会保険料は天引き以外のものを申告**：社会保険料控除は、給与で天引きされている「健康保険料」や「厚生年金保険料」は記入不要です。新入社員が入社前に納めた国民年金保険料、本人と同一生計の配偶者やその他の親族が負担すべき社会保険料を支払った場合は、その金額について所得控除を受けることができます。たとえば大学生の子どもの年金保険料などが該当します。

ONE POINT

1円未満の端数は切り上げ
生命保険料控除額や地震保険料控除額の計算式で1円未満の端数が出たときは、1円に切り上げます。

添付書類の確認が重要
「保険料控除申告書」では、添付書類として保険会社からの「保険料控除証明書」が必須です。回収した申告書で証明書を見ながら、必ず保険料の種別や検算をしてください。

住宅借入金等特別控除の控除期間
住宅借入金等特別控除には控除の対象期間があります。原則として、入居日（居住の用に供した日）が19年1月1日～20年12月31日の場合は10年間または15年間のいずれかを選択、21年1月1日～31年6月30日の場合は10年間の控除となっています。控除額は入居日によって異なってきます。

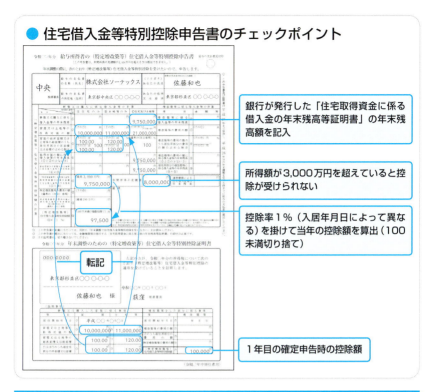

住宅借入金等特別控除申告書は2年目から提出

① **いわゆる住宅ローン控除**：「住宅借入金等特別控除」とは、住宅ローンを利用して新築や増改築をした場合にローン残高に応じて毎年所得控除ができる制度です。一般的に「住宅ローン控除」と呼ばれています。控除を受けるためには、入居日、住宅面積、所得金額、使用方法などの一定の要件を満たす必要があります。

② **1年目は確定申告**：「住宅借入金等特別控除」は、入居1年目は従業員本人が確定申告して控除を受けなければなりません。2年目からは年末調整が可能になるため、「住宅借入金等特別控除申告書」を提出してもらいます。添付書類として銀行から送られてくる「住宅取得資金に係る借入金の年末残高等証明書」も必要です。また、「住宅借入金等特別控除申告書」は、ほかの申告書と違って、会社からの配布書類ではありません。1年目の確定申告のあと税務署から従業員本人に送られてくるので、記入したものを毎年提出してもらいます。

03 源泉徴収簿・給与所得控除後給与等の金額・差引課税給与所得金額・算出所得税額・年調所得税額・年調年税額・過不足額の精算

源泉徴収簿で集計

各申告書から数字を確定して源泉徴収簿ができたら、手順にしたがって過不足額を計算していきます。フローチャートでイメージしましょう。

源泉徴収簿を作成して計算作業の準備を整える

① **1年間の実績と年末時の確定数値の集計一覧表**：毎年税務署から送られてくる年末調整の書類の中に、「源泉徴収簿」があります。源泉徴収簿は、個人別に1年間の月別の総支給金額、控除額、源泉徴収税額などを一覧できます。年末調整のために従業員から回収した各申告書の内容も記入できる欄があるので、源泉徴収簿に集計した数字を書き込めば、年末調整の計算作業の数値がすべてそろった集計一覧表になります（218、219頁参照）。

② **左側に実績額、右側に申告書の数値転記**：源泉徴収簿の左半分は、会社が従業員に支払った給与と賞与の額を記入します。右半分には、年末調整のために回収した各申告書の数字を転記して、控除額を確定させます。さらに転記した数字をもとにそのまま計算できる様式となっています。

計算過程はフローチャートでイメージしよう

① **フローチャートで控除の順番をイメージする**：年末調整の計算というと難しいイメージですが、計算作業そのものは実は大変シンプルです。毎月の税額計算と基本的には同じで、総支給金額から順番に控除額を差し引いていく単純な引き算の考え方であり、引き算が終了した残額に税率を掛けるだけです。

② **源泉徴収簿の計算欄の流れと同じ**：218、219頁の源泉徴収簿の右側に年末調整という計算欄がありますが、基本的にこのフローチャートのプロセスに沿って設けられていることがわかります。

ONE POINT

源泉徴収簿は自社仕様を作成してもいい
源泉徴収簿は、必ずしも税務署から送られてくるものを使わなくてもかまいません。自社にあわせた使いやすい様式を作成し、賃金ソフトと連動させて自動入力できるようにしている会社も多く見られます。

源泉徴収簿は毎月記録しておく
年末調整時期に税務署から送られてくる源泉徴収簿は、翌年分です。つまり年末に一気に記入するのではなく、1年間毎月記入していくためのものなのです。そうすれば、翌年の年末調整の時期に実績値部分だけはすでに作業が終えられているため、申告書の数値を転記すれば、すぐに年末調整の計算に入れます。

● 年末調整の計算プロセスのフローチャート

STEP ❶ 総支給金額の計算

- 総支給額（1年間の給与と賞与の総額）：課税対象支給額
- 非課税支給額
  - 非課税交通費等など
- 中途入社の従業員で前職の給与がある場合は前の会社の源泉徴収票の支給額も加算する

STEP ❷ 給与所得控除後の課税対象額の計算

- 給与所得控除後の給与等の金額得控除後の課税対象支給額
- 給与所得控除
- 年末調整用の給与所得控除後の給与所得金額の表（税務署から送られてくる手引書「年末調整のしかた」の中に掲載）から求める

STEP ❸ 各種所得控除後の課税対象額の計算

- 差引課税給与所得金額（各種所得控除後の課税対象支給額）
- 給与所得控除
- 基礎控除、扶養控除等（配偶者控除、扶養親族控除、障害者控除など）、配偶者特別控除、生命保険料控除、地震保険料控除、社会保険料等控除

STEP ❹ 算出所得税額の計算

- 差引課税給与所得金額 × 税率 = 算出所得税額
- 算出所得税額の速算表（税務署から送られてくる手引書「年末調整のしかた」の中に掲載）を使う

STEP ❺ 年調年税額の計算

- 算出所得税額 − 税額控除額 = 年調所得税額
- 年末調整で対象になるのは住宅借入金等特別控除額のみ
- 年調所得税額 − 102.1% = 年調年税額
  - 復興特別所得税
  - 1年間の確定税額（本来の所得税額）

STEP ❻ 所得税額の過不足の計算

- 年調所得税額 − 徴収済源泉税額 = 年間所得税額の過不足額
- マイナスであれば還付、プラスであれば徴収

第8章 年末調整の流れと実務を理解する

● 税務署が配布している源泉徴収簿例

> 1年間に実際に支払った給与と賞与の集計部分

| | 所属 | 総務部 総務課 | 職名 | | 住所 | (郵便番号)000-0000 東京都杉並区○○ |

甲欄 / 乙欄

令和○年分 給与所得・退職所得に対する源泉徴収簿

区分	月区分	支給月日	総支給金額	社会保険料等の控除額	社会保険料等控除後の給与等の金額	扶養親族等の数	算出税額	年末調整による過不足税額
給料・手当等	1	1/23	375,321円	57,694円	317,627円	4人	2,620円	円
	2	2/25	362,654	57,631	305,023	4	2,130	
	3	3/25	376,935	57,703	319,232	4	2,620	
	4	4/24	392,364	57,780	334,584	4	2,240	
	5							
	6							
	7							
	8							
	9							
	10	10/23	391,545	57,776	333,769	4	3,240	
	11	11/25	386,244	57,749	328,495	4	2,990	
	12	12/24	387,356	57,755	329,601	4	3,110	▲87,725
	計		① 4,581,289	② 692,722	3,888,567		③ 35,770	
賞与等	7	7/10	600,000	91,134	508,866	4	(税率 4.084%) 20,782	
	12	12/10	900,000	136,701	763,299	4	(税率 4.084%) 31,173	
							(税率 %)	
							(税率 %)	
	計		④ 1,500,000	⑤ 227,835	1,272,165		⑥ 51,955	

> 最終支給の給与で過不足額を精算する

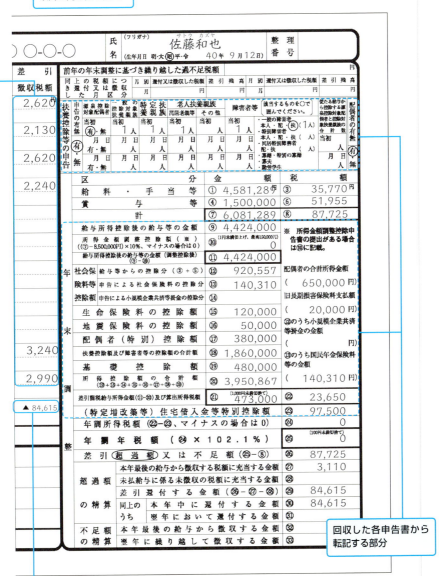

ステップ❶ 総支給金額の計算

① **源泉徴収簿の左側から右側へ転記**：年末調整の計算の第一歩は1年間の総支給金額の計算からです。まず源泉徴収簿の「給料・手当等」の総支給金額の年間合計額を、右側の「年末調整」の集計欄に転記します。次頁の図のように左側下部の①の欄の金額を右側の同じく①の欄に転記します。このように転記元と転記先は同じ番号になっているので、番号を確認して転記してください。同じく年間賞与の合計額④も右側へ転記します。

② **給与と賞与を合計する**：右側への転記がすんだら、①と④を単純に足して「計」の⑦欄に合計額を記入します。⑦欄の金額が、非課税支給額（非課税交通費など）を控除した1年間の課税対象支給額になります。なお、③と⑥欄の算出税額もここで右側に転記して⑧に合計した税額を記入しておきます。⑧は1年間に源泉徴収した税額の合計額です。また、中途入社の従業員が前職の源泉徴収票を提出している場合は、①と④の合計額に源泉徴収票から前職の総支給金額を加えた金額が⑦、③と⑥の合計額に前職の税額を加えた金額が⑧になります。

ステップ❷ 給与所得控除後の給与等の金額の計算

① **最初に差し引く控除**：ステップ❶で求めた総支給金額⑦が、計算のもとになる課税対象支給額です。ここから各種控除の引き算がはじまりますが、まず給与所得控除を差し引きます。

② **年末調整用の金額表を使う**：給与所得控除は計算で求めるのではなく、年末調整用に用意された「年末調整等のための給与所得控除後の給与等の金額の表」を使います。表は税務署から送られてくる「年末調整のしかた」の中に掲載されています。前頁の記入例のように⑦の総支給金額に一致する表の金額（記載例では4,424,000円）を源泉徴収簿の⑨の欄に転記します。

ONE POINT

「年末調整のしかた」に計算ツールが記載されている

毎年税務署から送られてくる年末調整関係書類には、各申告書と一緒に「年末調整のしかた」という年末調整の手引書が入っています。この中には当年度の変更事項と計算手順、計算例などの解説が書かれていますが、年末調整用の税額表や早見表などの計算ツールも記載されています。主なものとして、「給与所得控除後の給与等の金額の表」「配偶者控除額、扶養控除額などの合計額の早見表」「算出所得税額の速算表」「住宅借入金等特別控除額の概要一覧表」などです。

総支給金額は総収入ではない

「源泉徴収簿」左側の総支給金額は、総収入金額ではありません。非課税支給額を除いた支給額です。源泉徴収簿に記入するときに、毎月の給与支給明細書の総支給額欄の金額をそのまま転記しないように注意しましょう。非課税交通費などを控除した額を源泉徴収簿に記入します。

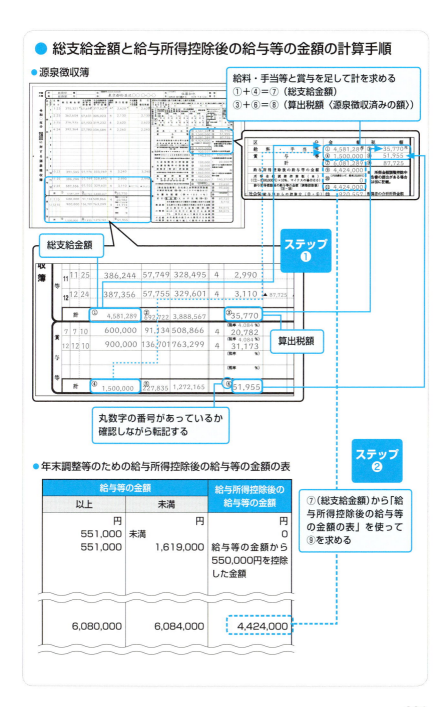

ステップ❸ 差引課税給与所得金額の計算

① **扶養控除等の人数を計算する**：年末調整計算の中でも1番わかりにくいのが、扶養控除等の部分です。扶養親族等の数をどう数えるかは、扶養控除等申告書の記入内容を源泉徴収簿で整理する「扶養控除等の申告」（源泉徴収簿の右側上部分）を活用します（次頁参照）。扶養控除等申告書の内容を、区分にしたがって源泉徴収簿に記入していきます。これは、受けられる控除の種類別に整理し直す作業です。210頁の例では子どもが3人いますが、長男は特定扶養親族、長女は控除対象扶養親族、次女は一般の障害者の扶養親族です。受けられる控除が異なるため、それぞれの区分の欄に分けて記入します。本人と配偶者は○をつけるだけですが、そのほかの扶養親族は人数を記入します。記入し終わったら、合計の人数を計算します。配偶者と本人は「有」に○ならそれぞれ1人、「無」に○なら0人です。そのほかの扶養親族は人数を合計し、配偶者と本人をあわせた人数が、扶養控除等の対象になる人数です。例では4人になります。

② **扶養控除等の人数に応じた控除額を計算する**：扶養控除等の人数が計算できたら、人数に応じた控除額を求めます。注意したいのは、0人でも48万円の控除額があるということです。これは基礎控除の分です。あとは人数に応じて1人38万円ずつ加算していきます。計算式は「38万円＋（38万円×人数）」ですが、6人までは224頁の早見表を使ってください。例では4人なので152万円になります。

③ **扶養控除等の加算額を計算する**：次に、扶養親族等の状況によって加算があります。源泉徴収簿には対象と区分別に記入欄がありますが、すべて控除の内容が異なってきます。224頁下右側の早見表は、源泉徴収簿の欄の対象と区分別に控除加算額を示したものです。対象の欄で○印がついた人は区分の欄の状況となり、控除加算額欄の金額が加算されます。たとえば、次女は16歳未満なの

ONE POINT

年末の扶養などの状況で計算する

扶養などの状況が変わることによって扶養控除等に影響がある場合があります。誕生日（法律上は誕生日の前日）を迎えると年齢が1つ上がりますが、子は16歳になれば控除対象となり、親は70歳になれば老人扶養になります。また障害者になる場合もあります。これらの変化は年の途中で起こるのが普通ですが、年末調整ではあくまでも当年12月31日の状況で計算し、月による変更は考慮しません。

人的控除とその他控除

所得控除のうち、配偶者控除や扶養控除、障害者控除など人に関係する控除を総称して「人的控除」といいます。基礎控除も、申告者に適用する控除なので人的控除です。人的控除以外の年末調整で対象となる所得控除には、「給与所得控除」と「保険料控除」があります。

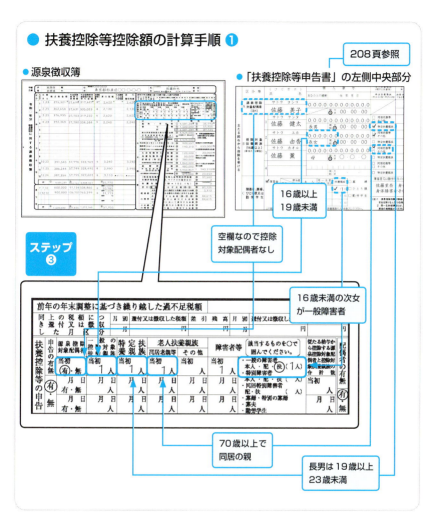

で控除対象扶養親族ではありませんが、一般の障害者なので、人数に含めるとともに早見表の「対象」欄の「扶養親族」「区分」欄の「一般の障害者」があてはまるため、27万円の控除加算額となります。例の家族の場合、人数に応じた控除額と加算額をあわせて186万円が扶養控除等の控除額になります。この186万円は、225頁の源泉徴収簿の⑱欄に記入します。

④ **その他の所得控除額を計算する**：扶養控除等の計算のあとは、⑫欄から⑰欄までの「その他の所得控除」の金額を集計していきます。扶養控

ONE POINT
年末調整の税額控除は住宅借入金控除だけ

税額控除には、「配当控除」や「外国税控除」「政党等寄附金特別控除」などさまざまなものがあります。しかし、年末調整で対象となるのは、「住宅借入金等特別控除」の1種類だけです。同じ住宅改修でも「住宅耐震改修特別控除」など対象にならない住宅関係の税額控除もあります。

除等以外は、各申告書の欄から転記するだけですからほとんど計算は必要ありません。こうして所得控除のすべての欄が埋まったら⑫欄から⑲欄までの合計額を⑳欄に転記して所得控除額の総額が計算できました。あとは、⑪欄から⑳欄の金額を差し引けば差引課税給与所得額が出るので、計算結果を㉑欄に記入します。なお、1,000円未満は切り捨てになります。

● 扶養控除等控除額の計算手順 ❷

基礎控除	48万円

● 控除対象配偶者、控除対象親族の数に応じた控除額

人数	控除額
1人	38万円
2人	76万円
3人	114万円
4人	152万円
5人	190万円
6人	228万円

※1人増えるごとに38万円を加算

＋

● 障害者等がいる場合の加算

対象							区分	控除加算額
本人	配偶者		扶養親族	特定扶養親族	老人			
	一般	老人			同居老親等	その他		
○	○	○	○	○	○	○	一般の障害者	27万円
○	○	○	○	○	○	○	特別障害者	40万円
−	○	○	○	○	○	○	同居特別障害者	75万円
−	−	○	−	−	○	○	老人の加算	10万円
−	−	−	−	−	○	−	同居老親等	20万円
−	−	−	−	○	−	−	19歳以上23歳未満	25万円
○	−	−	−	−	−	−	寡夫（寡婦）	27万円
○	−	−	−	−	−	−	ひとり親控除	35万円
○	−	−	−	−	−	−	勤労学生	27万円

● 上記事例の控除額
- 配偶者控除 ⇒ 38万円（⑰欄へ記入）
- 基礎控除額 ⇒ 48万円（⑲欄へ記入）
- 扶養親族等の人数が3人 → 控除額114万円（上左表より）
- 加算額（特定扶養親族25万円、同居老親等20万円、一般の障害者27万円）
  → 控除額72万円（上右表より）
- 扶養親族等の控除額114万円 ＋ 加算の控除額72万円
  ＝ 合計控除額186万円

源泉徴収簿の⑱欄へ記入

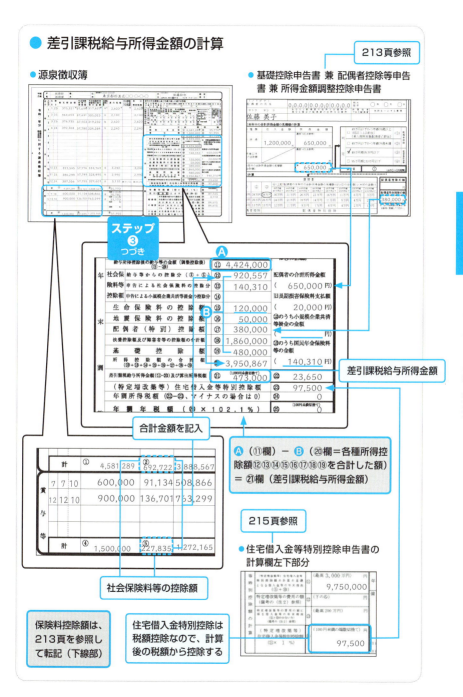

ステップ❹ 税額の計算

① **税率を掛けて算出所得税額を計算する**：㉑欄の金額が当年の最終的な課税対象支給額になります。㉑欄の金額に税率を掛けて当年の本来の税額である算出所得税額を計算します。税率は「年末調整のしかた」の中に掲載されている、次頁のような「速算表」を使います。記載例の場合は税率5％のため、23,650円になります。計算結果は源泉徴収簿の㉒欄に記入します。

② **年調年税額が最終税額**：算出所得税額は「最終税額」ではありません。算出所得税額からはまず税額控除額を差し引いて、年調所得税額を計算します。記載例のように計算結果がマイナスとなる場合には、マイナスの金額を書くのではなく0円と記入します。さらに、令和19年までは東日本大震災の復興を目的とした復興特別所得税が課されるため、年調所得税額に102.1％を掛けた年調年税額が実際の最終税額になります。このとき、100円未満は切り捨てです。

③ **最後は過不足の計算で終了**：年調年税額の計算結果は、⑧欄の当年度の源泉徴収額と照らしあわせて過不足を計算します。超過なら還付、不足なら徴収になります。過不足は最終給与で精算するのが一般的です。例では超過なので、12月の源泉徴収額3,110円を差し引いた84,615円が還付となります。源泉徴収簿の12月の欄に調整額を記入して、年末調整の計算作業は終了になります。

ONE POINT
年末調整資料の保存期間
給与所得者の扶養控除等申告書等の保存期限は7年です。その申告書の提出期限の属する年の翌年1月10日の翌日から7年間保存する必要があります。源泉徴収義務者が保存する申告書は下記のとおりです。
(1)給与所得者の扶養控除等申告書
(2)従たる給与についての扶養控除等申告書
(3)給与所得者の配偶者特別控除申告書
(4)給与所得者の保険料控除申告書
(5)退職所得の受給に関する申告書
(6)公的年金等の受給者の扶養親族等申告書
(7)給与所得者の（特定増改築等）住宅借入金等特別控除申告書

年税額確定後、不足額が出た場合には従業員から問いあわせがくることがよくあります。不足額が出た場合は検証が必要です。

● 最終的な税額の計算手順

ステップ ④

● 速算表

課税給与所得金額 Ⓐ	税率 Ⓑ	控除額 Ⓒ	税額 = Ⓐ × Ⓑ − Ⓒ
195万円以下	5%	――	Ⓐ × 5%
195万円超 330万円以下	10%	9万7,500円	Ⓐ × 10% − 9万7,500円
330万円超 695万円以下	20%	42万7,500円	Ⓐ × 20% − 42万7,500円
695万円超 900万円以下	23%	63万6,000円	Ⓐ × 23% − 63万6,000円
900万円超 1,800万円以下	33%	153万6,000円	Ⓐ × 33% − 153万6,000円
1,800万円超 1,805万円以下	40%	279万6,000円	Ⓐ × 40% − 279万6,000円

※ 課税給与所得金額Ⓐは1,000円未満切り捨て
※ 課税給与所得金額が1,805万円超は年末調整の対象とならない

● 源泉徴収簿

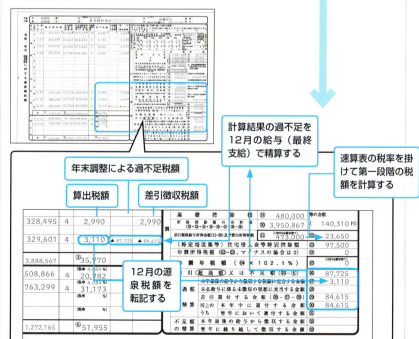

第8章 年末調整の流れと実務を理解する

04 本人用(4枚複写の4枚目)・源泉徴収簿・保険料控除証明書・給与支払報告書・住宅借入金等特別控除可能額

源泉徴収票を作成し交付する

年末調整の計算作業が終わったら計算結果を反映した「源泉徴収票」を作成し、最終給与支給時に「給与支給明細書」と一緒に従業員に交付します。

源泉徴収票は1年間の支給結果の報告書

① **源泉徴収票**:源泉徴収票は、会社の当年の給与・賞与の支給結果を個人別にまとめた一種の報告書類です。そのため、年末調整をした人を含め、会社が1年間に給与・賞与を支給した従業員全員に交付しなければなりません。源泉徴収額が年間0円の人にも交付します。

② **本人用**:源泉徴収票の用紙は税務署から年末調整の書類と一緒に送られてきますが、パソコンソフトなどで同じ様式のものを自社で作成して使用してもかまいません。税務署から送付されてくる用紙は、4枚複写になっていて、1枚目と2枚目は市区町村提出用、3枚目は税務署提出用、そして4枚目が本人交付用です。

源泉徴収票は年末調整の計算書類からの転記で作成

① **主に源泉徴収簿からの転記**:源泉徴収票は新たに計算するのではなく、次頁で示したように、主要な記載項目は年末調整の計算書類からの転記で作成します。つまり、年末調整の計算作業とつながっています。転記のもとになる主な書類は、源泉徴収簿です。231頁の❶〜⓱までの項目の説明が図の左上にあるので参考にしてください。ちなみに源泉徴収票の説明項目⓫は「社会保険料等の控除総額」、つまり、給与天引きの分と本人が納付した申告による控除分の合計となるため注意が必要です。源泉徴収簿の❿から⓬を合計した額(例では1,060,867円)を記載します。

② **保険料控除申告書などからの転記**:源泉徴収簿のほかには、「保険料控除申告書」からの転記も必要です。申告

ONE POINT
源泉徴収票の名称
4枚複写の用紙のうち市区町村提出用の2枚は「給与支払報告書」、3枚目(税務署用)と4枚目(本人用)は「源泉徴収票」という名称になっています。名称が異なっているだけで内容は同じです。

なぜ全員に交付するのか
年末調整をした人は、原則として確定申告の必要はありません。しかし、医療費控除などは確定申告でしか還付を受けることができません。確定申告以外にも、住宅ローンを組むときや、引っ越しによる賃貸契約でも求められることがあります。そのため、従業員全員に発行する法的義務があるのです。

役員は必ず役職名を記載
本人が役員である場合には、必ず役職名を記載します(社長、専務、取締役、工場長など)。役員は税務署への源泉徴収票を提出する給与等の支払金額の基準が異なってくるからです(233頁参照)。

書の欄さえ間違えなければ、単純な転記なのでそれほど難しくはありません。少し手間がかかるのが、算出所得税額より住宅借入金等特別控除額が大きい場合です。本来控除ができた額を示すために摘要欄に「可能額」という形で記載します。これにより、控除しきれなかった額は、翌年の住民税で控除できます。原則として申告は必要ありません。

③ **中途入社の従業員は摘要欄にも記入**：中途入社した従業員の場合は、源泉徴収票の摘要欄に前の会社名や退職年月日、給与等の金額、源泉徴収額などを記入します。

④ **最終給与支給時に本人に源泉徴収票を交付**：源泉徴収票の作成が終了したら、本人交付用を従業員に渡さなければなりません。法律的な期限は特にありませんが、年末の最終給与日に給与支給明細書と一緒に渡すのが一般的です。

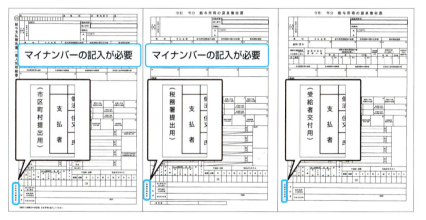

受給者番号は会社が任意につけておくと便利

　源泉徴収票の右上にある「受給者番号」は、会社が任意につけることができます。空欄でもかまいませんが、つけておくと便利です。社員番号などを記入しておけば、社員情報を管理するのに役立ちます。また、受給者番号をつけておくと市区町村から翌年の住民税の税額を通知してくるときに受給者番号を記載して送ってくれるので、給与計算の住民税管理とリンクさせることができます。

● 源泉徴収簿から転記

❶ 翌年の1月1日現在の住所
❷ 給与等の種別
❸ 本年の1月1日から12月31日までに支払いをした給与等の金額(源簿⑦欄を転記)
❹ 年末調整によって算出した「給与所得控除後の給与等の金額」(源簿⑨欄を転記)
❺ ❹の金額から社会保険料控除・生命保険料控除等を控除した金額(源簿⑰欄を転記)
❻ 年末調整をしたあとの源泉徴収税額(源簿㉒欄を転記)。年末調整をしなかった場合は、本年中に徴収した所得税額(復興特別所得税を含む)を記載
❼ 該当に○印(源簿「扶養控除等の申告」欄から転記)
❽ 源簿⑮欄を転記
❾❿ 該当欄に人数(源簿「扶養控除等の申告」欄から転記)
⓫ 社会保険料等の合計金額(源簿「⑩+⑪+⑫」を記入)
⓬ 源簿⑬欄を転記
⓭ 源簿⑭欄を転記
⓮ 通常は源簿⑳欄を転記(㉑欄が0の場合は源簿⑲欄を転記し、⑳欄を摘要欄の「住宅借入金等特別控除可能額に転記」)
⓯ 源簿(a)欄を転記
⓰ 源簿(b)欄を転記
⓱ 源簿(c)欄を転記
※ 源簿=源泉徴収簿

● 源泉徴収簿

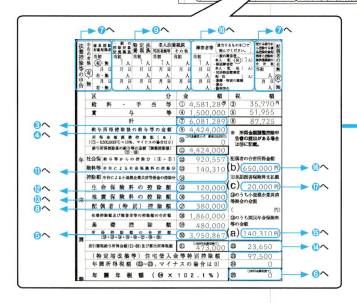

● 源泉徴収票

転記する

空欄でもいい

役員の場合は必ず役職名を記入する

フリガナを忘れない

令和〇〇年分　給与所得の源泉徴収票

支払を受ける者	住所又は居所	東京都杉並区 〇〇 〇-〇-〇 ❶		（受給者番号）		
				（役職名）		
				氏名	（フリガナ）サトウ　カズヤ 佐藤　和也 ❺	

❷ 種別	❸ 支払金額	❹ 給与所得控除後の金額	所得控除の額の合計額	❻ 源泉徴収税額
給与・賞与	内　　6 081 289	4 424 000	3 950 867	内　　　　0

❼（源泉）控除対象配偶者の有無等		配偶者（特別）控除の額	❾ 控除対象扶養親族の数（配偶者を除く。）				16歳未満扶養親族の数	障害者の数（本人を除く。）		非居住者である親族の数
有	従有		特定		老人	その他		特別	その他	
		❽	人	従人	内　　人	従人	人	内　　人	人	人
〇		380 000	1			1	1		1	

⓫ 社会保険料等の金額	⓬ 生命保険料の控除額	⓭ 地震保険料の控除額	⓮ 住宅借入金等特別控除の額
内　1 060 867	120 000	50 000	23 650

（摘要）
住宅借入金等特別控除額　97,500 円
居住開始年月日　令和〇〇年〇月〇日

生命保険料の金額の内訳	新生命保険料の金額	46,000	旧生命保険料の金額	111,000	介護医療保険料の金額	100,000	新個人年金保険料の金額	30,000	旧個人年金保険料の金額	60,000
住宅借入金等特別控除の額の内訳	住宅借入金等特別控除適用数		居住開始年月日（1回目）	〇〇年〇月〇日	住宅借入金等特別控除区分（1回目）		住宅借入金等年末残高（1回目）			
	住宅借入金等特別控除可能額	97,500	居住開始年月日（2回目）	年　月　日	住宅借入金等特別控除区分（2回目）		住宅借入金等年末残高（2回目）			

（源泉・特別）控除対象配偶者		（フリガナ）サトウ　ヨシコ 氏名　佐藤　美子	区分		⓰ 配偶者の合計所得	650,000	⓯ 国民年金保険料等の金額	140,310	⓱ 旧長期損害保険料の金額	20,000
控除対象扶養親族	1	（フリガナ）サトウ　ケンタ 氏名　佐藤　健太	区分			（フリガナ）サトウ　リナ 氏名　佐藤　里奈		区分		
	2	（フリガナ）サトウ　ユカ 氏名　佐藤　由香	区分	16歳未満の扶養親族		（フリガナ） 氏名		区分		
	3	（フリガナ）サトウ　カオル 氏名　佐藤　薫	区分			（フリガナ） 氏名		区分		
	4	（フリガナ） 氏名	区分		4	（フリガナ） 氏名		区分		

未成年者	外国人	死亡退職	災害者	乙欄	本人が障害者			寡婦	ひとり親	勤労学生	中途就職・退職				受給者生年月日				
					特別	その他	一般				就職	退職	年	月	日	明	大	昭	平	年	月	日
																	〇		40	9	12

支払者	住所（居所）又は所在地	東京都中央区 〇〇 〇-〇-〇	
	氏名又は名称	株式会社ソーテックス	（電話）03-0000-0000

第8章　年末調整の流れと実務を理解する

231

● 保険料控除申告書などから転記

● 「給与所得者の保険料控除申告書」の左部分

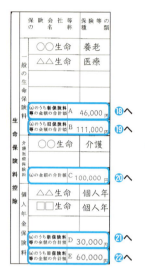

● 「住宅借入金等特別控除申告書」の左部分

> 前頁⑭欄は本来、住宅借入金等特別控除額が入るので、源泉徴収簿(219頁)の㉓欄の金額を転記すればいい。しかし、例のように算出所得税額(源泉徴収簿の㉒欄)から住宅借入金等特別控除額を差し引くとマイナスになってしまう場合(2万3,650円−9万7,500円)は算出所得税額(2万3,650円)を記載し、摘要欄の「住宅借入金等特別控除額」欄に源泉徴収簿の㉓欄の金額(9万7,500円)を転記する。

● 源泉徴収票

		令和○○年分　給与所得の源泉徴収票		

住所又は居所：東京都杉並区○○ ○-○-○
氏名：（フリガナ）サトウ　カズヤ　佐藤　和也

種別	支払金額	給与所得控除後の金額	所得控除の額の合計額	源泉徴収税額
給与・賞与	6,081,289	4,424,000	3,950,867	0

（源泉）控除対象配偶者の有無等：有 ○
配偶者（特別）控除の額：380,000
控除対象扶養親族の数（配偶者を除く。）：特定 1、老人 1、その他 1
16歳未満扶養親族の数：1
障害者の数（本人を除く。）：特 、その他 1
非居住者である親族の数：

社会保険料等の金額	生命保険料の控除額	地震保険料の控除額	住宅借入金等特別控除の額
1,060,867	120,000	50,000	23,650

（摘要）
住宅借入金等特別控除額　97,500円
居住開始年月日　令和○○年○月○日

❶⑱ 生命保険料の金額の内訳
❷⑲ 新生命保険料の金額 46,000
旧生命保険料の金額 111,000
❷⑳ 介護医療保険料の金額 100,000
❷㉑ 新個人年金保険料の金額 30,000
❷㉒ 旧個人年金保険料の金額 60,000

㉓住宅借入金等特別控除の額の内訳
住宅借入金等特別控除適用数
住宅借入金等特別控除可能額 97,500
㉔居住開始年月日（1回目）○○
居住開始年月日（2回目）
住宅借入金等特別控除区分（1回目）
住宅借入金等特別控除区分（2回目）
住宅借入金等年末残高（1回目）
住宅借入金等年末残高（2回目）

（源泉・特別）控除対象配偶者
（フリガナ）サトウ　ヨシコ
氏名　佐藤　美子
区分
配偶者の合計所得 650,000
国民年金保険料等の金額 140,310
旧長期損害保険料の金額 20,000

控除対象扶養親族
1　（フリガナ）サトウ　ケンタ　氏名　佐藤　健太
2　（フリガナ）サトウ　ユカ　氏名　佐藤　由香
3　（フリガナ）サトウ　カオル　氏名　佐藤　薫
4

㉕ 16歳未満の扶養親族
1　（フリガナ）サトウ　リナ　氏名　佐藤　里奈
2
3
4

未成年者、外国人、死亡退職、災害者、乙欄、本人が障害者（特別・その他）、寡婦、ひとり親、勤労学生
中途就・退職、受給者生年月日：昭 40 9 12

支払者
住所（居所）又は所在地：東京都中央区○○ ○-○-○
氏名又は名称：株式会社ソーテックス　（電話）03-0000-0000

㉕の16歳未満扶養親族は扶養親族等申告書の「住民税に関する事項」欄で確認

05 過不足調整・源泉徴収票・法定調書合計表・給与支払報告書・給与支払報告書（総括表）

年末調整後は納税と税務署・市区町村へ書類提出をする

年末調整の計算作業後は、翌年1月10日までに納税、1月31日までに税務署と市区町村への書類提出などの作業を行います。

年末調整後は翌年1月10日までに納税する

① **最終給与は過不足処理して源泉徴収**：12月の最終給与は、年末調整の過不足を調整した源泉徴収とします。218頁の源泉徴収簿の月別の源泉徴収額は、1月から11月までは算出税額と差引徴収税額が同じになっています。しかし、12月だけは年末調整による過不足調整が記載されています。

② **納付書に過不足額を記入**：納税は、通常月と同じく翌1月10日が期限です。通常月と異なるのは、納付書に年末調整結果の過不足を「超過税額」欄または「不足税額」欄に記入することです。

税務署に提出する書類を作成する

① **源泉徴収票は提出不要な人もいる**：年末調整により1年間の税額が確定したら、翌年1月31日までに、税務署に報告書類を提出しなければなりません。主な提出書類は、「源泉徴収票（複写3枚目の税務署提出用）」と「法定調書合計表」です。源泉徴収票は、従業員全員分を提出する必要はありません。提出する必要があるのは次頁の表に該当する従業員です。

② **法定調書合計表は会社全体の年間集計表**：「法定調書合計表」は、年末調整で確定した1年間の支払額や税額を会社全体としてまとめた税務署へ報告するための集計表です。年末調整で作成した源泉徴収簿の全員の分を集計したもので、分離課税の退職所得もここで集計します。なお、年末調整の申告書同様、令和3年よりすべての書類において捺印が不要になりました。

ONE POINT
年末調整のやり直し
年末調整終了後に給与を支払ったり、結婚や出産などで扶養親族に変更があった場合は、年末調整をやり直さなければなりません。やり直しができるのは、翌年1月末日までです。なお1月に給与改定があり、前年にさかのぼって1月に支給される給与は支給時点の所得になるため、年末調整の必要はありません。

3枚複写の源泉徴収票
税務署から送られてくる源泉徴収票には、4枚複写のものと3枚複写のものがあります。3枚複写のものは、税務署に源泉徴収票を提出する必要のない場合に使います。

● 源泉徴収票を税務署に提出する必要のある人

	対象者	給与等の支払金額
年末調整をした人	法人の役員	150万円超
	弁護士・司法書士・土地家屋調査士・公認会計士・税理士・弁理士・海事代理士・建築士等（取得税法第204条第1項第2号に規定する人） ※報酬ではなく給与として支払う場合	250万円超
	それ以外の人（一般従業員など）	500万円超
年末調整をしなかった人	● 本年中に退職した人 ● 災害により被害を受けたため、本年中に源泉徴収税額の徴収の猶予または還付を受けた人	250万円超 ※役員の場合は50万円超
	主たる給与等の金額が2,000万円を超えたため年末調整しなかった人	2,000万円超 ※全員
	扶養控除等申告書を提出していなかった人	50万円超

● 法定調書合計表の書き方とポイント

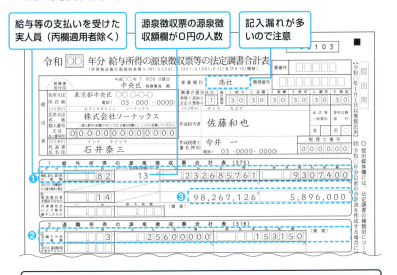

- ❶ 給与等の支払いを受けた実人員（丙欄適用者除く）
- 源泉徴収票の源泉徴収欄が0円の人数
- 記入漏れが多いので注意

❶ 源泉徴収票を税務署に提出するしないにかかわらず、すべての受給者（年の中途で退職した者も含む）について記載。なお年の中途で就職した者が、就職前にほかの支払者から支払いを受けた給与等の金額、および徴収された源泉徴収税額は含めず記入する

❷ 退職手当金等の支払いを受けるすべての受給者について記入する

❸ 源泉徴収票を税務署に提出する人員、支払金額および源泉徴収税額の合計を記入。なお、年の中途で就職した者が就職前にほかの支払者から受けた給与等の金額と源泉徴収税額も含めて記入する（❶と異なることに注意）

市区町村に提出する書類を作成する

① **給与支払報告書は全員分を提出**：税務署と同じように、市区町村にも翌年1月31日までに報告書類を提出しなければなりません。主な提出書類は、源泉徴収票との複写になっている「給与支払報告書（個人別明細書）」と「給与支払報告書（総括表）」です。税務署の場合と異なり、給与支払報告書は一般的に全員分を提出します（その年の給与支払金額が30万円以下の場合は提出しないこともある）。源泉徴収票の複写1枚目と2枚目が市区町村用の給与支払報告書になっており、2枚とも提出します。

② **住民税の計算資料に使われる**：市区町村では、提出された給与支払報告書をもとに翌年の住民税の計算を行います。住民税の計算資料として使われるため、全従業員の分を提出する必要があります。また、税務署への提出は会社の管轄税務署だけですが、市区町村への提出書類は従業員本人の住所地（1月1日現在の住民票のある所）の市区町村へ送付するため、従業員数の多い会社はかなり多くの提出先があることになります。

③ **総括表を付して送付する**：「給与支払報告書」は、総括表と一緒に該当する従業員分を送付しなければなりません。総括表は市区町村によって様式が異なっています（次頁参照）。

④ **市区町村ごとに仕分けする**：従業員の住所地すべてに送付するため、必要書類は市区町村ごとに仕分けしなければなりません。

⑤ **控えがないので返信を要請する**：給与支払報告書は2枚ありますが、2枚とも提出するため手もとに控えが残りません。そのため、コピーを取ったりPDFなどで電子化して保存する必要があります。なお、コピーと返信用封筒を同封して返信依頼をすると、市区町村で受領印を押して返送してくれるため、受付されたことが確認できます。

ONE POINT

法定調書合計表では6つの法定調書が対象

法律で税務署に提出が義務づけられている書類を「法定調書」といいます。種類は何十種類もありますが、年末調整後の1月末までに提出するのは6種類です。これらは、すべて「法定調書合計表」にひとまとめにされています。給与計算に関係する源泉徴収票（給与所得と退職所得の2種類）のほかに、外注先へ支払う報酬・契約金や不動産関係の調書があります。

法定調書合計表だけの提出

もし提出する法定調書が何もないとしても、法定調書合計表だけは提出しなければなりません。

● 給与支払報告書（総括表）の書き方とポイント

令和○年度（○年分）給与支払報告書（総括表）　　1月31日までに提出してください。

❶	2 給与支払者の個人番号又は法人番号	0000000000000
	3 給与支払者郵便番号	〒000-0000
	4 （フリガナ）給与支払者所在地（住所）	東京都中央区○○ ○-○-○ ビル内　電話（03）0000-0000番
	5 （フリガナ）給与支払者名称（氏名）	カブシキガイシャ　ソーテックス　株式会社ソーテックス
	6 代表者の職氏名印	石井泰三
	7 経理責任者氏名	総務課給与　佐藤和也
	8 連絡者の氏名、所属課、係名及び電話番号	総務課　給与係　氏名 佐藤和也　（03）0000-0000番　内線　番
	9 会計事務所等の名称	今井税理士事務所（03 0000-0000番）

	年間分	退職者分
11 給与の支払方法及びその期日	月給 毎月25日	
12 事業種目その他必要な事項	商社	
13 提出先市区町村数 ❷	17	
14 受給者総人員 ❸	82 人	
15 報告人員 ❹	4 人	
16 報告人員のうち退職者人員		人
17 所轄税務署	税務署	
18 特別徴収税額の払込みを希望する金融機関	（名称）（所在地）	
19 前年の特別徴収義務者指定番号		

❶ 給与支払者の個人番号または法人番号を記載する
❷ 給与支払報告書を提出する市区町村数
❸ 1月1日現在の在職者総人数（全社員数）を記載する
❹ 受給者総人員のうち、当該市区町村に給与支払報告書を報告する人数で、特別徴収を行う人と普通徴収を行う人の合計を記載する。個人別明細書の人数と一致するか確認する

● 市区町村への提出

・その市区町村に住む（1月1日現在に住民票のある所）従業員分の「給与支払報告書」をまとめて送付する
　※ 従業員の住所地すべてに送付する

平成30年分以降の配偶者控除および配偶者特別控除の取り扱い

　配偶者控除の控除額が改正され、給与所得者の所得金額が900万円以下の場合には、配偶者の合計所得金額が95万円以下までは控除対象となり、「源泉控除対象配偶者」と名称が変わりました。

　さらに、給与所得者の合計所得金額が1,000万円を超える場合には、配偶者控除の適用を受けることができないこととされました。

　また、配偶者特別控除の控除額が改正され、対象となる配偶者の合計所得金額が48万円超133万円以下と幅が広がりました。

配偶者控除および配偶者特別控除の改正後の控除額のイメージ

● 給与所得者の合計所得金額　900万円以下
　（年収（給与収入の場合）1,095万円以下）

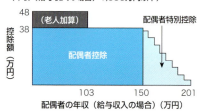

● 給与所得者の合計所得金額　900万円超　950万円以下
　（年収（給与収入の場合）1,095万円超　1,145万円以下）

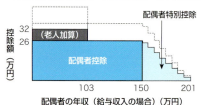

● 給与所得者の合計所得金額　950万円超　1,000万円以下
　（年収（給与収入の場合）1,145万円超　1,195万円以下）

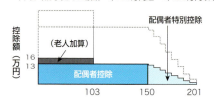

法改正後、扶養親族等の計算をする際には、給与所得者と配偶者の両方の見積もりが必要になります。国税庁の案内では、自分の所得の見積もりが900万円以下（年収1,095万円以下）になる場合にかぎり、扶養控除等申告書における源泉控除対象配偶者の欄に、配偶者を記載することになっています。

第9章 年間スケジュール

01　6月　労働保険の確定申告

02　6月　住民税の変更

03　7月　社会保険の算定

04　8月12月　賞与計算と支払届

05　12月　年末調整とマイナンバー

01 年度更新・確定保険料概算保険料申告書・添付書類・領収済通知書・雇用保険料・労災保険料・一般拠出金

6月　労働保険の確定申告

労働保険の確定申告は、毎年1年間の賃金を集計して保険料を計算します。毎年当年度の概算額と前年度の確定額を集計して、当年度に支払う保険料を算出します。

労働保険は1年に1度申告・納付

① **労働保険は1年に1度納付**：雇用保険と労災保険は、保険料の給付は別々ですが、徴収は「労働保険」として一括で行われています。この労働保険料は1年に1回、4月1日から翌3月31日までの概算保険料を計算し、申告・納付します。そして翌年度に前年度の確定保険料と、すでに納付済みの概算保険料を清算します。その際、同時に翌年度の概算保険料を申告・納付をします。この申告・納付は毎年6月1日から7月10日に行われ、これを「年度更新」といいます。労働保険料のうち、労災保険料は全額会社負担ですが、雇用保険料は会社と従業員が半分ずつ負担をします。

② **一元適用と二元適用**：雇用保険料と労災保険料は2つを一元的にまとめ、労働保険料として申告・納付することになっていますが、建設事業などでは下請負人を元請負事業主が雇用しているわけではないため、雇用保険と労災保険を一括で処理することができません。そのため、「二元適用事業」という扱いで別々に申告を行います。

③ **計算方法は賃金総額 × 労働保険料率**：労働保険料の算出方法は、原則として全労働者の賃金総額にその事業所に適用される保険料率を掛けて計算します。年度更新集計期間（4月1日〜3月31日）に支払われた賞与も労働保険・雇用保険の対象なので、忘れずに集計をしなければなりません。その際、賃金総額の1,000円未満は切り捨てて計算します。計算後、「労働保険概算・確定保険料/石綿健康被害救済法一般拠出金申告書」に計算結果を転記し、提出します。

ONE POINT
労働保険事業所の単位
労働保険では、ひとつの事業所に対してひとつの労働保険率を適用することが原則です。そのため、同じ会社でも支店や工場によって、別の労働保険料率が適用されることもあります。ただし、場所が離れていても規模が小さく独立性がないものについては、直近の事業所に包括してひとつの事業として扱われます。これは規模や程度の問題であるため明確ではありませんが、判断がつかない場合は労働局へ相談するといいでしょう。

継続事業と有期事業
労働保険では、商店や事務所、一般の会社など、永続的に存続する事業のことを「継続事業」といいます。反対に、一定の期間にかぎられている建設工事や立木伐採事業は「有期事業」といいます。

● 労働保険対象者の範囲

区分	労災保険	雇用保険
一般労働者	原則として常用、日雇、パートタイマー、アルバイトなど、名称および雇用形態にかかわらず、労働の対価として賃金をうけるすべての労働者が対象	適用事業場に雇用される労働者は、原則として被保険者となる。ただし、次に掲げる労働者については、雇用保険の適用はない ●雇用保険日雇労働被保険者とならない日雇労働者 ●4カ月以内の期間を予定して行われる季節的事業に雇用される者 ●昼間アルバイト学生および臨時内職的に雇用される者
パートタイム労働者	時間・日数・期間を問わず、すべて対象	その者の労働時間、賃金そのほかの労働条件が就業規則などにおいて明確に定められていると認められる場合で、次のいずれにも該当するときにかぎり被保険者となる (1) 1週間の所定労働時間が20時間以上であること (2) 31日以上の雇用見込みがあること ※ここでいうパートタイム労働者とは、1週間の所定労働時間が、同じ事業所に雇用される正規型従業員よりも短い人を指す
日雇労働者	時間・日数・期間を問わず、すべて対象	雇用保険日雇労働被保険者でない日雇労働者は適用外
派遣労働者	派遣元事業場で適用	以下の2つの要件を満たせば派遣元事業場で適用される (1) 1週の労働時間が20時間以上であること (2) 反復継続して派遣就業する者であること
出向労働者	出向先事業場で適用される(賃金については、出向元で支払われる分についても出向先に含めて計算する)	出向元と出向先の2つに雇用関係を有する出向労働者のように、同時に2つ以上の雇用関係にある労働者は、その者が生計を維持するのに必要な主たる賃金を受けているほうの雇用関係についてのみ被保険者となる

● 労働保険料の納付の流れ

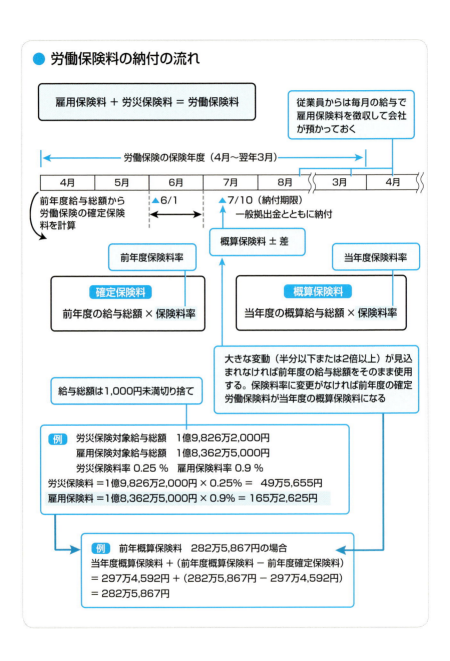

● 労働保険申告書記入例

様式第6号（第24条、第25条、第33条関係）（甲）（1）（表面）
労働保険 概算・増加概算・確定 保険料 申告書
石綿健康被害救済法 一般拠出金
継続事業（一括有期事業を含む。）
標準字体 0123456789
提出用
令和○○年 ○○月 ○○日

提出 32700
130XX000000-000
50　44　0

東京労働局
労働保険特別会計歳入徴収官殿

確定保険料算定内訳

確定期間 令和○年4月1日から 令和□年3月31日まで

区分	今年度（令和○年）確定賃金		今年度（令和○年）確定保険料
労働保険	198262		2974592
労災保険	183625	2.5	495655
雇用保険 適用労働者分	0		
雇用保険 高年齢労働者分	183625	13.5	2478937
一般拠出金	198262	0.02	3965

概算・増加概算保険料算定内訳

算定期間 令和□年4月1日から 令和△年3月31日まで

区分	次年度（令和□年）概算賃金		次年度（令和□年）概算保険料
労働保険	198262		2974592
労災保険	183625		495655
雇用保険 適用労働者分	0		
雇用保険 高年齢労働者分	183625		2478937

納付回数「1」または「3」と記入する。記入がない場合は1回納付とみなされる（分割納付については244頁参照） … 3

2,825,867 ← 昨年申告した概算保険料額
148,725

期別納付額	全期又は第1期 概算保険料額 991,532円	労働保険料充当額 148,725円	不足額 1,140,257円	今期労働保険料	一般拠出金充当額	一般拠出金額 3,965円	今期納付額 1,144,222円
	第2期 991,530円		991,530円	事業又は作業の種類 ○○業			保険関係成立年月日
	第3期 991,530円		991,530円	電話番号 000-0000 (03)0000-0000			事業廃止等理由

加入している労働保険 (イ)労災保険 (ロ)雇用保険　特掲事業 該当する／該当しない
事業 (イ)所在地 東京都中央区○○ ○-○-○
(ロ)名称 株式会社ソーテックス
事業主 (イ)住所 東京都中央区○○ ○-○-○
(ロ)名称 株式会社ソーテックス
(ハ)氏名 石井泰三　記名押印又は署名 印

特掲事業 → 農林水産・清酒製造の事業、建設の事業を指す

代表印を押す（省略可）

第9章 年間スケジュール

243

④ **対象者は事業所で働くすべての従業員**：労働保険の対象者は、その事業所で働くすべての従業員が対象者となります。つまり雇用形態に関係なく、正社員、兼務役員、パートタイマーやアルバイトといった臨時的な従業員も対象に含まれます。兼務役員の場合は役員としての報酬部分は含めませんが、従業員として支払われている賃金分は労働保険料の対象となります。また出向者については、出向者の指揮監督が出向先である場合は、出向先が労働保険料の負担と納付を行う義務があります。

⑤ **対象賃金は労働の対価対償**：労働保険の対象となる賃金は、従業員の働きに対して支払った賃金です。よって実費弁償的な出張旅費や、就業規則・労働協約などの定めのない恩恵的な祝い金などは対象外です（次頁参照）。

⑥ **給与締め日・支払日に注意**：また、給与締め日に対して支払いが翌月の場合も注意が必要です。労働保険はその労働に対して支払った賃金をその月の賃金と考えるので、4月の勤務分を5月に支払う場合、その支払われた賃金は労働保険上では4月分として考えます。たとえば退職する従業員の最後の給与が退職後に支払われる場合、在籍しているかいないかにかかわらず、労働保険の対象として集計しなければなりません。

労働保険料の分割納付

概算保険料額が40万円（労災保険か雇用保険のどちらか一方の保険関係のみ成立している場合は20万円）以上の場合または労働保険事務組合に労働保険事務を委託している場合は、原則として下記のとおり、労働保険料の納付を3回に分割することができます。法定納付期限は次のとおりです。

第1期　7月10日　第2期　10月31日　第3期　1月31日

また、労働保険料を口座振替による納付にされている場合は次のとおりです（口座振替を希望する場合は、所定の申込用紙を口座振替希望の金融機関の窓口に提出）。

第1期　9月6日　第2期　11月14日　第3期　2月14日

ONE POINT
継続事業の一括
会社でいくつかの支店がある場合や、それらのひとつひとつの労働保険を申告すると事務が煩雑になります。そのため、事業主が同一であること、それぞれの事業が継続事業であること、労災保険料率の事業の種類が同じであることなど、一定の要件によっては一括して事務処理を行うことができます。たとえば倉庫業をしている会社で、本社では管理・事務のみ、各倉庫では倉庫業を行っている場合、各倉庫は継続事業の一括として処理することができます。

● 労働保険料の対象となる賃金

保険料の対象となる賃金は、税金その他社会保険料等を控除する前の総賃金額です。
賃金とは、給料・手当・賞与、その他名称のいかんを問わず労働の対償として事業主が労働者（被保険者）に支払うすべてのものをいいます（年度途中の退職者を含む）。
また、保険料算定期間中（例：令和2年4月1日～令和3年3月31日）に支払いが確定した賃金は、算定期間中に支払われなくとも算入されます。

賃金とするもの

基本賃金	時間給、日給月給、臨時・日雇労働者・パートタイマー・アルバイトに支払う賃金
賞与	夏季年末などに支払うボーナス
通勤手当	非課税分を含む
定期券回数券	通勤のために支給する現物給与
超過勤務手当深夜手当など	通常の勤務時間以外の労働に対して支払う残業手当など
扶養手当子ども手当家族手当	労働者本人以外の者について支払う手当
技能手当特殊作業手当教育手当	労働者個々の能力、資格等に対して支払う手当や、特殊な作業に就いた場合に支払う手当
調整手当	配置転換初任給などの調整手当
地域手当	寒冷地手当・地方手当単身赴任手当など
住宅手当	家賃補助のために支払う手当など
奨励手当	精勤手当・皆勤手当など
物価手当生活補給金	家計補助の目的で支払う手当
休業手当	労働基準法第26条に基づき、事業主の責に帰すべき事由により支払う手当
宿直日直手当	宿直・日直などの手当
雇用保険料社会保険料など	労働者の負担分を事業主が負担する場合
昇給差額	離職後支払われた場合でも在職中に支払いが確定したものを含む
前払い退職金	支給基準・支給額が明確な場合は原則として含む
その他	不況対策による賃金からの控除分が労使協定に基づき遡って支払われる場合の給与

賃金としないもの

役員報酬	取締役などに対して支払う報酬
結婚祝金死亡弔慰金災害見舞金年功慰労金勤続褒賞金退職金	就業規則・労働協約などの定めがあるとないとを問わない
出張旅費宿泊費	実費弁償と考えられるもの
工具手当寝具手当	労働者が自己の負担で用意した用具に対して手当を支払う場合
休業補償費	労働基準法第76条の規定に基づくもの。法定額60％を上回った差額分を含めて賃金としない
傷病手当金	健康保険法第99条の規定に基づくもの
解雇予告手当	労働基準法第20条に基づいて労働者を解雇する際、解雇日の30日以前に予告をしないで解雇する場合に支払う手当
財産形成貯蓄等のため事業主が負担する奨励金など	勤労者財産形成促進法に基づく勤労者の財産形成貯蓄を援助するために事業主が一定の率または額の奨励金を支払う場合（持株奨励金など）
会社が全額負担する生命保険の掛け金	従業員を被保険者として保険会社と生命保険など厚生保険の契約をし、事業主が保険料を全額負担するもの
持家奨励金	労働者が持家取得のため融資を受けている場合で事業主が定の率または額の利子補給金などを支払う場合
住宅の貸与を受ける利益（福利厚生施設として認められるもの）	ただし、住宅貸与されない者全員に対し（住宅）均衡手当を支給している場合は、貸与の利益が賃金となる場合がある

02 市町村民税・道府県民税特別徴収税額の決定・変更通知書・特別徴収にかかる給与所得者異動届出書・特別徴収切替依頼書

6月　住民税の変更

毎年6月から、1年間の住民税控除を開始します。税額を正しく控除しているか、また入退社する従業員の住民税を正しく控除、手続きをしているかの確認が必要です。

住民税の1年間の流れ

① **住民税の控除開始は6月から**：第8章の年末調整で市区町村へ提出した「給与支払報告書」によって、6月から控除を開始する1年間の住民税が決まります。市区町村から会社へ、6月から翌年5月までの住民税額の「決定通知書」が送付されるので、記載されたとおりに毎月控除していきます。

② **住民税の端数は6月で調整**：会社が給与から税金の控除を行う特別徴収の場合、住民税は12カ月で割った額が毎月の住民税控除額となります。金額によっては端数が出てくるため、その場合は最初の徴収月である6月に端数分も控除します。市区町村から送付される「決定通知書」にも各月の控除額が記載されているので、重ねて確認をしましょう。

③ **7月も住民税額を確認する**：前述のとおり、住民税額に端数があった場合は6月でその端数を控除します。そのため、7月以降は同額の控除額となります。つまり、6月と7月では住民税額に違いが出るということです。給与ソフトを使用している場合は、正確に金額が反映されているかの確認が必要です。

④ **12月の年末調整で次の6月からの住民税額が決定**：「前年12月の年末調整で作成した給与支払い報告書で当年6月から翌5月までの住民税が決定」→「当年12月の年末調整で作成した給与支払報告書で翌6月から再来年5月までの住民税が決定」というのが毎年のサイクルです。

ONE POINT
外国人も住民税は控除される
日本で支払われた所得があり、日本に住所がある場合は、住民税支払いの対象となります。これは日本人が海外赴任した場合と同様で、1月1日の時点に日本に住所があるかないかで住民税の課税があるか決定します。

● 特別徴収税額決定通知書（会社用）

● 特別徴収税額決定通知書（納税者用）

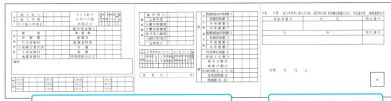

❶ 特別徴収決定通知書（納税者用）は1人分ずつ切り離して各人に渡す（本人用のみ）

❷ 毎月、各市区町村に納付書にて納付する

● 特別徴収納入書（6月から翌年5月分）

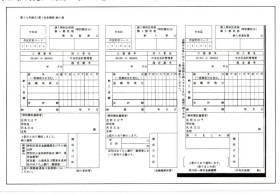

03 算定基礎届・70歳以上被用者算定基礎届・総括表・附表

7月 社会保険の算定

健康保険料、介護保険料、厚生年金保険料は毎年9月に改定をします。これは本来の収入と保険料の徴収額がかけ離れないようにするために、毎年行われるものです。

4月、5月、6月の平均給与で標準報酬月額が決まる

① **標準報酬月額の決定方法**：標準報酬月額は、4月から6月までの3カ月間に支給した給与額で決まるため、翌月払いの給与ではずれが生じるので注意が必要です。たとえば、翌月払いでは4月分は5月支給、5月分は6月支給、6月分は7月支給になりますが、定時決定の対象になるのは、あくまでも4月、5月、6月に実際に支払われた額です。なお標準報酬月額の決定や改定は、定時決定以外にも次頁の表のような臨時的なものがあります。

② **提出時期と保険料改定時期**：定時決定で計算した標準報酬月額は、7月1日〜10日に「算定基礎届」として年金事務所や健康保険組合へ提出します。9月分の健康保険料と厚生年金保険料から適用となります。社会保険料は一般的には翌月徴収のため、10月支給の給与から新しい標準報酬月額の控除を行います。新しい標準報酬月額は、翌年8月（9月支給給与）まで原則1年間変わりません。

③ **算定の対象者**：算定基礎届の提出の対象となるのは、7月1日現在のすべての被保険者です。ただし、以下の（1）〜（3）のいずれかに該当する人は算定基礎届の提出が不要です。
 (1) 6月1日以降に資格取得した人
 (2) 6月30日以前に退職した人
 (3) 7月改定の月額変更届を提出する人

ONE POINT
定時決定とは
実際の給与額と社会保険料との間に大きな差が生じないように行う作業です。毎年7月1日現在で雇用しているすべての従業員に、会社が4月から6月までの3カ月間の賃金を「算定基礎届」によって届け出ます。これに基づいて厚生労働大臣が毎年1回社会保険料を見直し、「標準報酬月額」を決定します。これを定時決定といいます。

保険料率は健保3月に改定
標準報酬月額は毎年9月（10月給与支給分）に改定されますが、健康保険料率は3月（同4月）に改定されます。

非課税通勤手当も標準報酬月額に含まれる
税額計算では、通勤手当のうち非課税部分（1カ月あたり15万円以下）は除かれます。しかし標準報酬月額を計算する場合は、非課税通勤手当も含まれます。よって、通勤手当が高い人は、標準報酬月額も高くなります。

● 標準報酬月額の決定（改定）時期と適用期間

決定（改定）の種類	内容と実施時期	適用期間
定時決定 （年に1度の基本となる改定）	● 毎年7月（7月1日～10日）に年金事務所や健康保険組合へ届出（算定基礎届）。原則として7月1日在籍の全従業員（被保険者）が対象 ● 4～6月の3カ月間の支給給与の平均（平均報酬月額）で決定	● 9月～翌年8月 ※ 一般的には翌月控除なので10月支給の給与から控除開始
資格取得時決定	● 入社したとき	● 1～5月入社の場合 → 入社年の8月まで ● 6～12月入社の場合 → 翌年の8月まで
随時改定	● 固定的給与部分（154頁参照）の変動により、標準報酬月額の等級に2等級以上の差が生じたとき ● 4カ月目から改定 ※ 同日得喪（158頁参照）の場合は翌月から改定	● 1～6月改定の場合 → 当年の8月まで ● 7～12月改定の場合 → 翌年の8月まで
育児休業等終了時改定 産前産後休業終了時改定	● 休業終了時に3歳未満の子（産前産後休業の場合は出生児）を養育し、休業前より1等級以上の差が生じたとき ● 休業終了後4カ月目から改定	● 改定月が1～6月の場合 → 当年の8月まで ● 改定月が7～12月の場合 → 翌年の8月まで

● 定時決定のしくみと1年間の適用サイクル

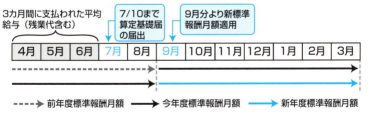

例　前年標準報酬月額32万円、4月給与：32万4,251円、5月給与：34万8,652円、6月給与：33万1,684円、3カ月平均給与 ＝（32万4,251円 ＋ 34万8,652円 ＋ 33万1,684円）÷ 3 ≒ 33万4,862円

健康保険等級	厚生年金等級	報酬（給与）の範囲	標準報酬月額
23等級	20等級	31万円以上33万円未満	32万円
24等級	21等級	33万円以上35万円未満	34万円

以上から、当年度は等級がひとつ上がって標準報酬月額は34万円に改定される

標準報酬月額を決める給与は残業代も含む

① **残業代が多いと標準報酬月額も増える**：標準報酬月額のもとになる給与を「報酬月額」といいます。報酬月額には残業代も含まれるため（次頁表参照）、基本給や固定的な手当が同じ従業員でも、4～6月に残業代が多い従業員のほうが標準報酬月額は高くなります（平均報酬月額が等級の範囲内を超えた場合）。

② **報酬月額に含まれる給与と含まれない給与**：標準月額の計算には、年3回までの賞与は除かれます（194頁表参照）。そのため、一般的な年2回の賞与は計算に含まれません。ただし「標準賞与額」として、別の形で社会保険料が控除されます（196頁参照）。また、通常の賞与とは別の臨時的な賞与（決算賞与など）が発生したとき、通常の賞与とあわせて年4回の支給となった場合は、報酬月額に含めます。

③ **公的休業補償は含まれない**：私傷病で休んだ場合の4日目から支給される健康保険の傷病手当金や、労災で休んだ場合の4日目から支給される労災保険の休業補償給付は、標準報酬月額計算上の報酬月額には含まれません。

④ **現物給付は負担の程度**：現物給付は時価で換算します。ただし住宅と食事については、地方年金事務局長が地方の物価にあわせて告示している一般的な価格を示す「標準価額」で換算します。住宅は畳1畳の単価が基準ですが、玄関や台所、トイレなどを除いた居室部分だけで計算します。従業員負担分がある場合、会社負担部分が現物給与の扱いとなります。ちなみに食事については、従業員負担分が3分の2以上であれば現物給与にはなりません。

計算方法は4月、5月、6月の報酬額÷3

① **3カ月分の報酬の平均を出す**：算定の計算は原則シンプルです。3カ月分報酬額の合計額を3で割って報酬の平均額を出し、標準報酬月額を算出します。ここで、以前の報酬額の等級差に関係なく、全員が標準報酬月額を

ONE POINT

6カ月定期券は6分割
6カ月定期券を現金で支給している場合は、6等分した額を1カ月の報酬月額に加えます。

賞与を4回に分けるとすべて給与になる
賞与の年間支給額を4回に分けて支給すると、どうなるでしょうか。7月1日より前の1年間に支給した4回の賞与総額を12カ月で割り、1カ月分を4～6月の各報酬月額に加算します。3回分は賞与で1回分だけ給与という考え方ではありません。つまり、全額が賞与ではなく、給与の扱いになります。

欠勤日数は支払基礎日数に含まれない
有休は支払基礎日数に含まれますが、欠勤日数は含まれません。ただし、暦日数ではなく、所定労働日数などから差し引いた日数が支払基礎日数となります。

保険者算定のケース
保険者算定になるのは、支払基礎日数がないときのほか、給料の遅配やさかのぼった昇給差額支給、低額の休職給などで、算定結果が著しく実態とあわなくなるときに行われます。従来の標準報酬月額のほか、過去1年間の平均給与が使われることもあります。

● 標準報酬月額の決定要素に含まれる給与（報酬月額）とは

種別	含まれる主な給与	除かれる主な給与
金銭	基本給、諸手当、通勤手当、残業代、賞与（年4回以上）	賞与（年3回以内）、退職金、祝金・見舞金（結婚、災害、病気）、解雇予告手当、傷病手当金（健康保険）、休業補償給付（労災保険）、出張旅費
現物	通勤定期券、**食事や食券の支給**、住宅（社宅・寮）の提供、自社製品	勤務服（制服、作業着など）、**食事や食券の支給（本人負担3分の2以上）**

食事の現物支給は本人負担分の割合によって扱いが変わる

● 算定対象月と支払基礎日数の数え方

例 前給与締め日15日、支給日25日 → 支払対象期間「前月16日～当月15日」

月給の一般従業員の場合 （260頁の報酬月額変更届例参照）

※欠勤控除は1カ月平均所定労働日数21日を基礎に1日につき1万3,000円とする

	4月（欠勤なし）	5月（欠勤なし）	6月（欠勤3日）
報酬月額	28万円	31万円	26万5,000円
支払基礎日数	31日（暦日数）※3.16～4.15	30日（暦日数）※4.16～5.15	18日 ※21－3日
算定対象月	○	○	○

- 支払基礎日数が17日未満の場合は算定対象月とならない
- 欠勤控除がある月は1カ月所定労働日数などから差し引く
- 支払対象期間が月をまたがっているケースのため暦日数は31日になる
- 27万円以上29万円未満の21等級に該当するので、新しい標準報酬月額は28万円

報酬月額の平均額 ＝（28万円 ＋ 31万円 ＋ 26万5,000円）÷ 3
　　　　　　　　　＝ **28万5,000円**

パートタイマー（短時間労働者）の場合

例① 支払基礎日数が15日以上の月がある場合

支払基礎日数	算定対象月
4月：14日	×
5月：15日	○
6月：16日	○

15日以上の月の報酬額の平均で計算

3カ月すべて15日未満の場合は従前の標準報酬月額となる

例② 支払基礎日数が17日以上の月がある場合

支払基礎日数	算定対象月
4月：14日	×
5月：15日	×
6月：17日	○

1日でも17日以上の月があれば17日以上の月だけの報酬額で計算

変更することとなります。

② **支払基礎日数によって算定対象とするか決める**：原則は３カ月の報酬を平均して標準報酬月額を算出しますが、支払基礎日数が17日未満の月がある場合、その月は除いて計算します。たとえば、5月の支払基礎日数が15日だった場合、17日以上の支払基礎日数がある４月と６月の報酬の合計額を２で割って平均額を算出します。

③ **欠勤があった場合は支払基礎日数に注意**：欠勤控除があった場合は、会社が定めた出勤しなければならない日数（所定労働日数）から欠勤日数を差し引いた日数が、その月の支払基礎日数となります。たとえば、賃金規程で欠勤控除の計算が「基本給÷その月の所定労働日数」であった場合、４月に２日欠勤し、所定労働日数が21日であれば支払基礎日数は19日となります。祝日も休み扱いの会社の場合は、休日が多い５月に欠勤があると、算定の対象外の月となる可能性が高くなります。担当者はあらかじめ、会社の定めた日数を確認しておきましょう。

パートタイマーの算定方法

① **パートタイマーは基礎日数の数え方に注意**：パートタイマーの算定は、一般の月給社員とは支払基礎日数の数え方が異なります。原則は一般の算定と同様、支払基礎日数が17日以上の月の平均額を算出します。これが標準報酬月額となります。

② **支払基礎日数がすべて17日未満の場合**：支払基礎日数が17日以上の月がない場合、15日以上17日未満の月の平均を算出します。つまり、パートタイマーの算定の場合は、支払基礎日数17日以上の月がないときは「15日以上」まで日数を引き下げて、算定の計算ができます。

③ **支払基礎日数がすべて15日未満の場合**：パートタイマーの支払基礎日数が３カ月とも15日未満の場合は、以前の標準報酬月額を引き継いで算定を行います。

ONE POINT
資格取得月に注意
４月まではアルバイトだったために社会保険未加入だった従業員が、５月からフルタイム勤務するため社会保険に加入した場合、算定は５月と６月の報酬で計算します。このように４月、５月、６月中に社会保険の資格取得があった場合は、いつの報酬を含むかを確認しなければなりません。

欠勤中、休職中の人も算定対象
欠勤や休職をしていて４月、５月、６月の報酬がない場合でも、７月１日時点で資格取得をしている場合は、算定の対象者として定時決定の届出をしなければなりません。

支払基礎日数とは
給与支払に対して何日分支払っているか、基礎となる日数のことを「支払基礎日数」といいます。欠勤があり、給与で欠勤控除、途中入社をして日割計算した場合などは、支払基礎日数の確認が必須です。これは、算定の目的である給与額と社会保険料との差をつけないようにという考えがもとになっています。

● 算定事例【正社員の場合】

給与締め日・支払日 末日締め当月25日払い
休日 就業規則で土日、祝日と定める
欠勤控除 その月の所定労働日数から欠勤日を控除

●正社員で6月に6日間欠勤した場合（所定労働日数 － 欠勤日数）

年月日	支払基礎日数	報酬月額
29年4月	30日	25万
29年5月	31日	25万
29年6月	16日	18万

6月が17日未満のため4月、5月で計算

●正社員で4月10日に入社した場合

年月日	支払基礎日数	報酬月額
29年4月	15日	15万
29年5月	31日	25万
29年6月	30日	25万

4月途中入社のため5月、6月で計算

最近は、年金事務所による定時決定時調査が増えています。ミスなく申請していれば怖くありません。

原則の考え方では集計方法に迷う事例パターン

算定には原則がありますが、会社にはさまざまな状況の従業員がいるため、時には原則どおりの考えだけでは計算方法に迷うケースも出てきます。

① **給与締め日の途中で入社した場合**：給与締め日は会社によってさまざまなため、給与支払期間の途中で入社する社員も少なくありません。たとえば、給与の締め日が毎月20日の場合、4月1日に入社すると給与支払い期間の途中入社となります。この場合は本来の月額給与額ではなく、日割り計算をした給与を支払います。支払基礎日数が17日あっても、その月は算定の計算対象外となるので注意しましょう。

② **産前産後休業中、育児休業中の場合**：産前産後休業や育児休業などに入った場合でも、原則どおり、支払基礎日数が17日あった場合は算定の対象とします。つまり5月の途中から休業の開始とし、4月の支払基礎日数が30日、5月の支払基礎日数が17日、6月の支払基礎日数が0日の場合、4月と5月が算定対象となります。

③ **賞与が年4回支給となったとき**：賞与が年に4回以上支給となった場合、これは賞与ではなく「報酬」とみなされます。そのため、賞与支払届の提出は不要ですが、この年4回の賞与を12カ月で按分して算定の計算とします。つまり賞与支払いの際、社会保険料控除はなくなりますが、毎月の社会保険料の等級は高くなると考えられます。

④ **定年同日得喪があった場合**：60歳定年後再雇用制度を設け、再雇用後の給与が下がる人が4月、5月、6月に再契約を締結した場合は注意が必要です。考え方としては、新たに雇用契約を結ぶので途中入社した場合と同様の考え方です。つまり定年後再雇用契約を5月10日に結んだ場合、再雇用後の5月は途中入社の扱いとなるため、算定の対象は6月の給与のみとなります。

ONE POINT
同日得喪とは
60歳以上定年後再雇用で、定年退職をした日に1日の空白もないまま再雇用契約を結んだ場合、被保険者の「資格喪失」と「資格取得」が同時にできます。これを「同日得喪」といいます。これによって、再雇用した月に再雇用後の給与にあわせた保険料とすることができます。これは再雇用の場合、給与が下がることをかんがみて、従業員の負担を軽減する措置とされています（158頁参照）。

● 算定事例別の例 【産前産後休業の場合】

> **給与締め日・支払日** 末日締め当月25日払い（月給者）
>   末日締め翌日25日払い（時給者）
> **休日** 就業規則で土日、祝日と定める
> **欠勤控除** その月の所定労働日数から欠勤日を控除

● 算定対象期間の6月途中に産前産後休業（育児休業）に入った場合

年月日	支払基礎日数	報酬月額
令和○○年4月	30日	25万円
〃 5月	31日	25万円
〃 6月	13日	13万円

→ 6月が17日未満のため4月、5月で計算

● 算定対象期間中に産前産後休業（育児休業）の場合

年月日	支払基礎日数	報酬月額
令和○○年4月	0日	0円
〃 5月	0日	0円
〃 6月	0日	0円

→ 3カ月とも0日のため、以前の報酬月額となる。0日であっても算定提出対象者

● 3月途中で育児休業を終えた場合

年月日	支払基礎日数	報酬月額
令和○○年3月	10日	10万円
〃 4月	30日	20万円
〃 5月	31日	20万円
〃 6月	30日	20万円

→ ❶ 3月、4月、5月で育児休業終了時改定
　❷ 4月、5月、6月で計算

● 4月途中で育児休業を終えた場合

年月日	支払基礎日数	報酬月額
令和○○年4月	10日	10万円
〃 5月	31日	20万円
〃 6月	30日	20万円

→ 4月、5月、6月で育児休業終了時改定（7月月額変更）⇒ 算定の対象外

第9章 年間スケジュール

⑤ **70歳以上の算定**：70歳以上の従業員は「月額算定基礎届」に記入し、備考欄の70歳以上被用者算定に○をつけて、他の従業員と合わせて提出します。70歳以上の従業員は厚生年金の資格喪失をしているため、届出しないと在職中に支払われる年金の調整が行われなくなります。必ず提出をしましょう。

計算集計後のダブルチェック

① **計算のミスを防ぐためのダブルチェック**：1人ひとりの集計が終わったら、別の担当者にダブルチェックをしてもらうといいでしょう。計算ミスや考え方の抜けや漏れなどは、経験があっても起こりうることです。手間と時間を要しますが、正確な計算をするためには必要な作業です。

② **特記事項は申し送りする**：給与計算同様、変動がある人や原則と異なる集計方法、欠勤があった場合の基礎日数など、事前に申し送りしておくとチェック担当者も効率よくチェックを進めることができます。

転記作業も記入方法に注意

① **提出書類は原則1種類**：算定のときに年金事務所（健康保険組合）へ提出する書類は、「算定基礎届」です。「算定基礎届」はこの算定の集計結果を転記する書類です。

② **転記ミスに注意**：給与計算や年度更新、年末調整などすべてにいえることですが、転記ミスは常にチェックするようにしましょう。たとえ計算が正確にできていても、転記ミスしてしまうと意味がありません。算定基礎届の転記でも、別の担当者のダブルチェックをするのが理想的です。

③ **提出は7月1日から7月10日まで**：算定の提出期間は短く、7月1日から7月10日までの間です。6月までの給与を1人ひとり集計してこの期間に間にあわせるには、非常にタイトな予定になります。いつも以上に正確な計算と期限内の提出を心がけましょう。

ONE POINT
算定基礎届はCDやDVDでも提出可
算定基礎届は事業所全員の提出となるので、会社によっては膨大な数になります。そのため算定基礎届は磁気媒体でも提出可能で、その場合には「磁気媒体総括表」を提出します。

年金事務所による定時決定調査
年金事務所では毎年、無作為に抽出した事業所に対して定時決定調査が行われます。これは適切な社会保険の加入が行われているか、社会保険の対象となる報酬をきちんと報酬額に算入しているかなどを確認します。違反があった場合、社会保険料の追加徴収などが考えられます。

④ **社会保険料改定は9月から**：年金事務所（健康保険組合）で審査が終了し、決定通知書が発行されたら、算定の標準報酬月額が決定されます。ただし改定は9月からとなるため、給与から翌月徴収の会社では10月給与からの保険料改定とします。従業員全員分、決定通知書に記載があるか最後に念を入れてチェックし、漏れがある場合は年金事務所（健康保険組合）へ確認しましょう。

以前あった「算定基礎届総括表附表」や「算定基礎届総括表」は、「算定基礎届」に統合されました。

● 算定基礎届例

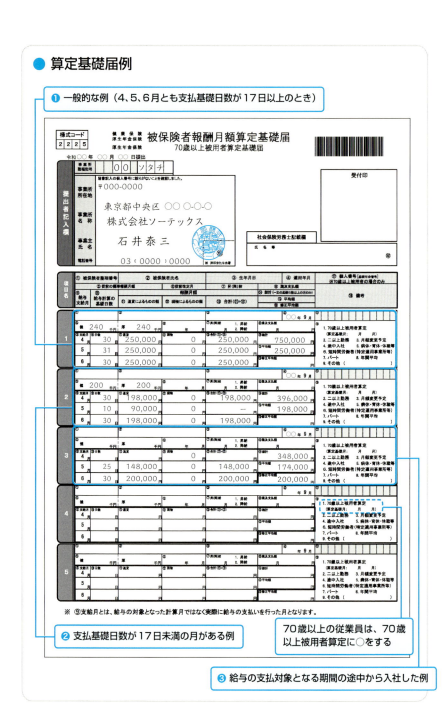

報酬月額変更届記入例

- 251頁 月給の一般従業員の場合

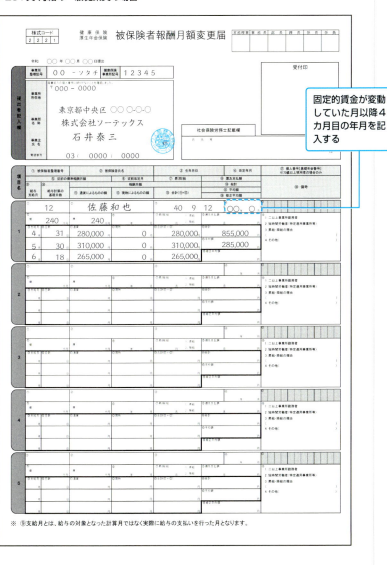

● **事業所業態分類票**

法人項番	個人項番	業態分類	解説及び事業例等
01	51	農林水産業	耕種農業、畜産農業、農業サービス業、園芸サービス業、育林業、素材生産業、製薪炭業、林業サービス業、狩猟業、漁業、水産養殖業等
02	52	鉱業、採石業、砂利採取業	鉱物を掘採、採石する事業所及びこれらの選鉱その他の品位向上処理を行う事業所 〔例〕金属鉱業、石炭・亜炭鉱業、原油・天然ガス鉱業、採石業、砂・砂利・玉石採取業、窯業原料用鉱物鉱業、その他の鉱業
03	53	総合工事業	主として土木施設・建築物を完成することを発注者に対し直接請負う事業所または自己建設で行う事業所 〔例〕土木建築、土木工事、舗装工事、建築工事、木造建築工事、建築リフォーム工事
04	54	職別工事業	主として下請として工事現場において建築物または土木施設などの工事目的物の一部を構成するための建設工事を行う事業所 〔例〕大工工事、とび・土工・コンクリート工事、鉄骨・鉄筋工事、石工・れんが・タイル・ブロック工事、左官工事、板金・金物工事、塗装工事、床・内装工事、解体工事等
05	55	設備工事業	主として電気工作物、電気通信信号施設、空気調和設備、給排水・衛生設備、昇降設備、その他機械装置などの設備を完成することを発注者に対し直接請負う事業所または自己建設を行う事業所並びに下請としてこれらの設備の一部を構成するための設備工事を行う事業所
06	56	食料品・たばこ製造業	食料品・飲料・たばこ・飼料の製造を行う事業所
07	57	繊維製品製造業	繊維製品の製造を行う事業所 〔製品例〕生糸・紡績糸・化学繊維、織物、ニット、綱・網・レース・組ひも・フェルト・外衣・シャツ、下着類、和装製品・足袋・繊維製身の回り品、じゅうたん・寝具・タオル等
08	58	木製品・家具等製造業	製材業その他木製基礎資材の製造及び家具の製造を行う事業所 〔製品例〕ベニヤ板・木材チップ、合板、木・竹・とう製容器・たる・おけ、靴形、木製・金属製・プラスチック製家具・組スプリング、宗教用具、建具、びょうぶ・額縁等
09	59	紙製品製造業	木材、その他の植物原料または古繊維から、主としてパルプ及び紙を製造する事業所、またはこれらの紙から紙加工品を製造する事業所 〔製品例〕パルプ・紙・加工紙・紙製容器・段ボール・その他紙を加工した製品等
10	60	印刷・同関連業	印刷業及びこれに関連した補助的業務を行う事業所 〔製品例〕印刷業、製版業、製本業
11	61	化学工業・同類似業	〔製品例〕化学肥料、無機・有機化学工業製品・塩、油脂加工製品・塗料、医薬品、化粧品、火薬・農薬・香料・写真感光材料、石油製品、プラスチック製品、ゴム製品、ガラス、セメント、陶磁器等

法人項番	個人項番	業態分類	解説及び事業例等
12	62	金属工業	鉄・鋼の製造、圧延鋼材、表面処理鋼材の製造、鉄・鋼の鋳造品・鍛造品、非鉄金属製造業、電線、ケーブル製造業、ブリキ缶・めっき板、食器・刃物・農業用器具、暖房装置・配管工事用付属品、ボルト・ナットの製造等
13	63	機械器具製造業	はん用機械器具・生産用機械器具・業務用機械器具・電子部品・デバイス・電子回路・電気機械器具・情報通信機械器具・輸送用機械器具等を製造する事業所 〔製品例〕ボイラ、ポンプ、農業用機械、建設機械等の生産用機械、測量機械、医療用機械、電子部品・デバイス・電子回路、発電用電気機械、産業用電気機械、通信機械、映像・音響機械、自動車、鉄道車両、船舶、航空機等
14	64	その他の製造業	なめし革・同製品・毛皮製造業及び他のいずれの製造業にも分類されない製品を製造する事業所 〔製品例〕なめし革・革製品・毛皮製品、貴金属製品、楽器・造花、装飾品、がん具・運動用品、鉛筆・絵画用品、漆器、わら製品・畳・マッチ、看板・情報記録物、眼鏡等
15	65	電気・ガス・熱供給・水道業	電気、ガス、熱または水を供給する事業所並びに汚水・雨水の処理等を行う事業所
16	66	情報通信業	情報の伝達を行う事業所、情報の処理、提供などのサービスを行う事業所、インターネットに附随したサービスを提供する事業所及び伝達することを目的として情報の加工を行う事業所 〔例〕通信業、放送業、ソフトウェア業、情報処理業、インターネット附随サービス業、映像情報製作・配給業、出版業等
17	67	道路貨物運送業	主として自動車等により貨物の運送を行う事業所 〔例〕一般貨物自動車運送業・特別積合せ貨物運送業、特定貨物自動車運送業、貨物軽自動車運送業、集配利用運送業、自転車貨物運送業・リヤカー貨物運送業
18	68	その他の運輸業	鉄道業、道路旅客運送業、水運業、航空運輸業、倉庫業、運輸に附帯するサービス業、郵便業（信書便事業を含む） 〔例〕鉄道業、道路旅客運送業、水運業、航空運輸業、倉庫業、港湾運送業、貨物運送取扱業、運送代理店、こん包業、運輸施設提供業、その他運輸に附帯するサービス業
19	69	卸売業	各種商品卸売業、繊維・衣服等卸売業、飲食料品卸売業、建築材料、鉱物・金属材料等卸売業、機械器具卸売業、その他の卸売業
20	70	飲食料品以外の小売業	各種商品小売業、織物・衣服・身の回り品小売業、機械器具小売業、その他の小売業に分類されない小売業 〔例〕百貨店・スーパー、調剤薬局

第9章 年間スケジュール

04 賞与支払届

8月12月 賞与計算と支払届

賞与計算は給与での社会保険料や所得税の控除とは計算方法が異なります。賞与計算後は、年金事務所へ賞与支払届を提出します。

賞与は会社によって決まる

① **法律で定められていない賞与**：会社によって一時金、ボーナス、賞与など呼び方はさまざまですが、法律上は総称して「賞与」としています。賞与は法律で支給義務はありません。そのため、会社によっては年俸制で、賞与の支給がない会社もあります。しかし、就業規則や規程に定められている場合は支払義務が発生するため、まずは会社の就業規則を確認しましょう。

② **賞与額の決め方は会社判断**：賞与額の決め方もさまざまで、月額給与の何カ月分、業績連動、人事考課などで判断して支給額が決定されます。

③ **賞与月もさまざま**：ここでは年間スケジュールとして8月12月に組みこんでいますが、賞与の支払い月は会社によってさまざまで、複数回支払われる会社も多々あります。賞与支給のある会社の場合はあらかじめ賞与月を把握し、計算担当者は支給日にあわせて計算をできるように計画・準備をしておきましょう。

計算後は社会保険の手続きも忘れずに

① **賞与支払届を提出する**：賞与の事務処理は計算と支払処理だけではありません。年金事務所(健康保険組合)へ「賞与支払届」を提出する必要があるため、忘れずに行いましょう。

② **70歳以上の従業員も提出する**：70歳以上の従業員に賞与支払があった場合、算定と同様に備考欄の70歳以上被用者に○をつけて、他の従業員とあわせて提出します(259頁参照)。

ONE POINT
決算賞与
企業の業績がいい年は、決算月に賞与を支給することがあります。決算の結果をもって支給を決めるため、急ぎで計算する必要があるケースが多いです。

● 賞与計算チェックリスト

項　目		詳　細	✔
支給	賞与支給の詳細確認	支給日	
		振込日	
		今年で何回目の賞与か（4回目以降は社会保険料の取り扱いに注意）	
		賞与以外の項目はないか	
		支給対象者（退職者への支給はないか 在籍支給要件の確認）	
控除	賞与の社会保険料について、退職日と支給日の関係から賞与支払届の提出と保険料控除は正しく処理されているか	資格喪失月（例：12月30日退職は12月喪失、12月31日退職は1月喪失）に支給された賞与からは保険料控除しない	
	社会保険料（健保・年金）	保険料率は正しいか	
		賞与支給額の1,000円未満切り捨てた額に料率を掛けているか	
	介護保険料	賞与支給月に40歳到達する者 → 正しく徴収されているか ※介護保険料の徴収開始日が賞与支給月にあたる者については、賞与から保険料を徴収するが、同月の給与では保険料を徴収しない（当月分の社会保険料を翌月徴収の場合）	
	雇用保険料	賞与支給総額に料率を掛けているか	
	健康保険支給上限額は確認したか	保険年度上限540万円	
	厚生年金保険の上限額は確認したか	支給1回あたり150万円	
	産前産後休業対象者または育児休業対象者	支給対象月に取得者がいる場合 → 控除不要	
		支給対象月に復帰者がいる場合 → 控除必要	
	所得税	税法上の扶養人数を確認したか	
		先月の課税対象額を確認したか	
		先月の課税対象額が0円の場合、特例計算にて所得税が算出されるが、きちんと確認したか	
振込	振込先の確認	給与とは別口座への振り込み依頼はないか　FBデータにて確認	
届出	賞与支払届	支給日より5日以内に届け出る	

第9章　年間スケジュール

05 過不足調整・源泉徴収票・法定調書合計表・給与支払報告書・給与支払報告書（総括表）

12月　年末調整とマイナンバー

年末調整は毎年12月に行う作業で、年間所得税額の調整、また次の6月からの住民税決定に向けた作業です。

年末調整は毎年12月の一大イベント

① **毎年繰り返し行われる年末調整**：年末調整は毎年必ず1回、12月に行う作業です。第8章でも述べたとおり、1年間で支払うべき所得税を12月で調整・清算する作業です。

② **次の6月からの住民税も決定する**：年末調整で市区町村へ提出する「給与支払報告書」によって、次の6月からの住民税額を計算します。すなわち、年末調整は1年間の所得税清算のほかに、次回の住民税の計算元ともなるので、重要な作業であるといえます。

年末調整の再調整

① **年末調整を再調整する**：年末調整を通常どおり行ったものの、年内に追加で給与の支払いが発生した場合や年内に扶養人数の変更があった場合には、年末調整の再調整をする必要があります。この場合、計算方法は年末調整と変わりはありません。変更があった部分を訂正し、計算を1からやり直します。この再調整の期限は翌1月末までのため、万が一やり直しがあった場合は期日までに提出する必要があります。

② **再調整が必要なパターン**：再調整が必要な事例には、給与を追加支払いした場合、扶養親族の数が変わった場合、配偶者の所得見積もり額に変動が生じた場合、保険料の支払いがあった場合、住宅控除等特別控除申告書の提出があった場合などです。これらはその申告に基づいて再調整をする必要があります。

> **ONE POINT**
> **年末調整で扱えない所得控除もある**
> 所得控除にはさまざまな種類がありますが、実は年末控除では処理が認められていない控除があります。「医療費控除」「雑損控除」「寄附金控除」の3つです。これらは、本人が確定申告で処理することになります。

● 年末調整とマイナンバー

年末調整においてマイナンバーの記載が不要な書類

1. 給与所得者の保険料控除申告書
2. 給与所得者の配偶者特別控除申告書
3. 給与所得者の（特定増改築など）住宅借入金等特別控除申告書

マイナンバーの記載が必要な書類

1. 給与所得者の扶養控除等（異動）申告書 ← 特例あり
2. 給与所得者の源泉徴収票（給与などの支払いを受ける者に交付するものを除く）

→ 本人配布分には記載せず、役所提出分のみ記載する

扶養控除等申告書について

平成29年1月1日以後に係る扶養控除等申告書については、マイナンバーなどを記載した一定の帳簿を備えている場合には、マイナンバーの記載を不要とすることが可能になりました。
次の事項が記載された帳簿の作成が必要です。

1. 提出者本人、控除対象配偶者、控除対象扶養親族等の氏名、住所、およびマイナンバー（扶養控除等申告書に記載されているもの）
2. 帳簿の記載に用いた、提出申告書の名称（例 扶養控除等（異動）申告書）
3. ❷の申告書の提出年月

コンピュータで管理している場合、データに❷、❸の項目を新たに追加する必要があります。
帳簿には訂正前のものを記載しておく必要はありません。

※ 年内に扶養親族等が増えた場合、どう記載させ、どのように収集するか決めておきましょう。
（個人番号がない場合、マイナンバーは該当の余白に記入してもらうなど）

POINT　マイナンバーの記載を不要にするには

扶養控除等申告書に「記載すべきマイナンバー（個人番号）は給与支払者に提供済のマイナンバー（個人番号）と相違ない」旨を記載することが必要です

第9章　年間スケジュール

第10章

社会保険の手続き

01 社会保険と雇用保険の取得

02 社会保険と雇用保険の喪失

03 社会保険と雇用保険の変更

01 健康保険資格取得届・厚生年金資格取得届・雇用保険資格取得届

社会保険と雇用保険の取得

従業員が新しく入社したときは、社会保険と雇用保険の資格取得手続きが必要です。手続きには期限があるため注意が必要です。

入社時に提出する書類は原則3種類

① **健康保険資格取得届**：新しく従業員を雇ったとき、従業員を健康保険へ加入する手続きをします。これによって従業員が病院で使用する保険証が発行され、また加入期間中に病気やけがで休職した期間には健康保険の給付が受給できることとなります。必要書類の提出には期限があり、原則加入日から5日以内に年金事務所(健康保険組合)へ提出します。手続きが遅れると本来は可能だった時期に加入できなくなることもあるため、担当者は迅速に対応する必要があります。

② **厚生年金保険資格取得届**：従業員を雇ったとき、厚生年金の加入手続も必要です。厚生年金は加入していないと将来の年金額に影響が出てしまうので、加入日から5日以内に提出する必要があります。通常、協会健保の場合は健康保険と同じ用紙で手続きができ、健康保険組合の場合は健康保険組合によって年金事務所へ回送してもらえることもあるので、担当者は回送の可否を確認しましょう。また、手続き後は年金事務所から「決定通知書」が送付されるので、ここで従業員の手続きがきちんと行われたかの確認ができます。

③ **雇用保険資格取得届**：雇用保険も入社時に資格取得手続きをする必要があります。雇用保険の資格取得手続きは、資格取得日から翌月10日までに提出をします。手続きが遅れたり忘れたりすると、従業員の退職後の失業保険などに影響が出るので注意しましょう。

ONE POINT

70歳以上の人を雇うとき

70歳以上の人を雇うときは「資格取得届」の備考欄の「70歳以上被用者該当」に○をつけて、提出します。70歳以上の年金受給者でも、適用事業所に使用される者は60歳代後半の在職老齢年金同様の支給停止のしくみが適用されます。

パートタイマーも対象

パートタイマーやアルバイトなどの非正規雇用の従業員であっても、正社員の労働時間と1カ月の労働日数の両方が3/4以上の場合は、社会保険加入義務があります。1週間20時間以上仕事をする従業員の場合は、雇用保険の加入義務もあります。

● 健康保険・厚生年金保険 被保険者資格取得届例

● 雇用保険被保険者資格取得届例

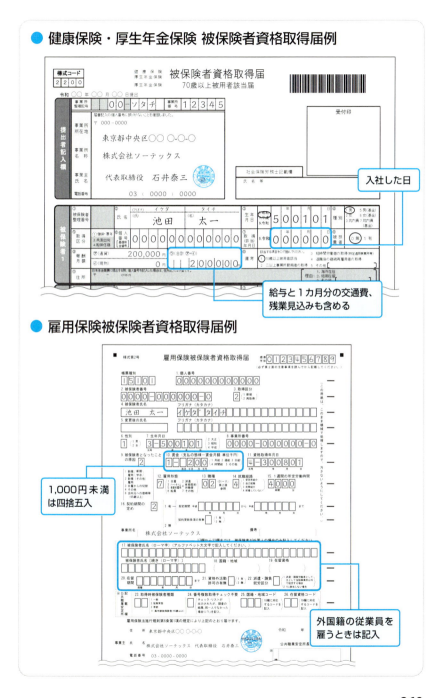

02 健康保険資格喪失届・厚生年金資格喪失届・雇用保険資格喪失届・離職票

社会保険と雇用保険の喪失

従業員が退職するとき、社会保険と雇用保険の資格喪失手続きが必要です。提出には期限があるため、遅れずに手続きを進めることが大切です。

退職時に提出する書類は原則4種類

① **健康保険資格喪失届**：従業員が退職するときには、健康保険の喪失手続きが必要です。その際には保険証を回収し、年金事務所（健康保険組合）へ返却しなければなりません。資格喪失日は退職日の翌日となります。たとえば、7月31日に退職した場合の資格喪失日は、8月1日となります。

② **厚生年金保険資格喪失届**：健康保険同様に厚生年金保険も退職時に資格喪失手続きが必要です。入社時に年金手帳を預かっている場合は、退職時に本人へ返却しましょう。

③ **雇用保険資格喪失届**：会社を辞めたときは、雇用保険資格喪失届の提出も必要です。資格取得時と違い、資格喪失届は退職日の翌日から10日以内に提出する必要があります。

④ **雇用保険離職証明書**：離職証明書は退職した従業員にとって、失業給付などの金額を決める大事な書類です（次頁図参照）。

⑤ **離職証明書の被保険者期間と賃金支払期間**：離職証明書では、離職の日以前2年に通算して被保険者期間が12カ月、賃金支払期間が6カ月必要です。給与締め日と退職日が同じ場合は、被保険者期間と賃金支払い期間が同じ日数になります。給与の締め日が月末で退職日は月中（10日など）の場合は、この被保険者期間と賃金支払い期間にずれが出るので、日数の数え方に注意してください。

ONE POINT
離職理由や年齢によって給付制限・給付日数が異なる

雇用保険の失業給付では、離職した理由によって給付制限の有無や給付が受けられる日数が変わってきます。一般的な「一身上の都合」「自己都合退職」であれば、給付制限は3カ月となります。離職理由を間違えると退職者本人へ影響が出てしまうため、慎重に対応しましょう。

退職後の個人情報取り扱いに注意

マイナンバー法施行により、個人番号記載の書類等は保管から破棄までも厳重に管理しなければなりません。法定期間まで書類を保管し、法定期間がすぎたら破棄も厳密に行わなければ、場合によっては罰則もあります。保管から破棄フローまで、正しく行われているか再度見直しましょう。

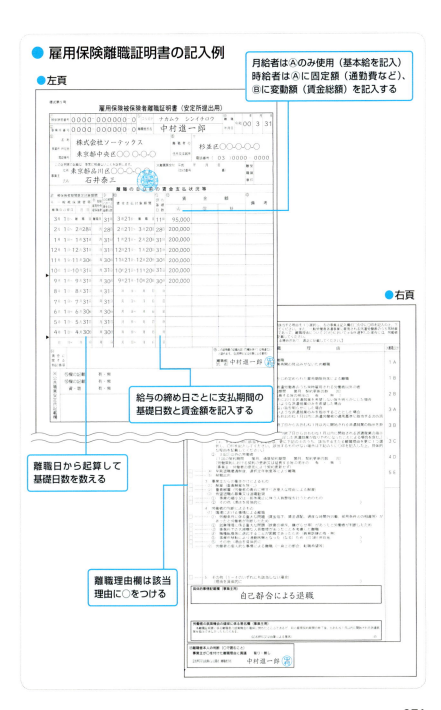

03 社会保険氏名変更届・住所変更届・扶養異動届

社会保険と雇用保険の変更

従業員の氏名や住所が変更した場合、扶養者が増えた場合、変更届の手続きが必要です。

各種変更届は内容によって提出先が変わる

① **氏名の変更は健保組合のみ提出**：マイナンバー法により、雇用保険氏名変更届、社会保険氏名変更届は原則提出不要になりました。ただし健保組合へは提出が必要となります。

② **住所の変更は健保組合のみ提出**：マイナンバー法により、年金事務所への届け出は原則不要になりました。ただし、健保組合へは、被扶養者も含めて提出します。

③ **扶養異動届は社会保険のみ提出する**：家族が増えたり、子どもが就職して扶養から外れたりなど、扶養の変更が出た場合、社会保険では「被扶養者異動届」を提出する必要があります。ただし、社会保険では扶養に入れる要件が定められているので、要件を満たした場合のみ扶養の追加ができます。また、妻や夫を扶養追加する場合は「被扶養者異動届」の被扶養者欄の該当に○をつけ、提出します。

④ **扶養異動届は添付書類に注意**：扶養に追加する場合、収入の有無など、要件を満たしているか確認するため、添付書類が必要な場合があります。大学生の子どもの場合は在学証明書、妻や夫の非課税証明書（課税証明書）、両親の年金額のわかる書類など、扶養する家族によってさまざまです。担当者は管轄の年金事務所（健康保険組合）へ事前に確認するようにします。

ONE POINT
氏名変更・住所変更は必要な場合も
マイナンバーと基礎年金番号が結びついていない場合は、届け出が必要となるので、管理が必要となります。

協会けんぽの場合
協会けんぽで配偶者を扶養追加する場合は「被扶養者異動届」の提出により３号届として受理されます。

● 健康保険 被扶養者（異動）届／国民年金 第3号被保険者関係届例

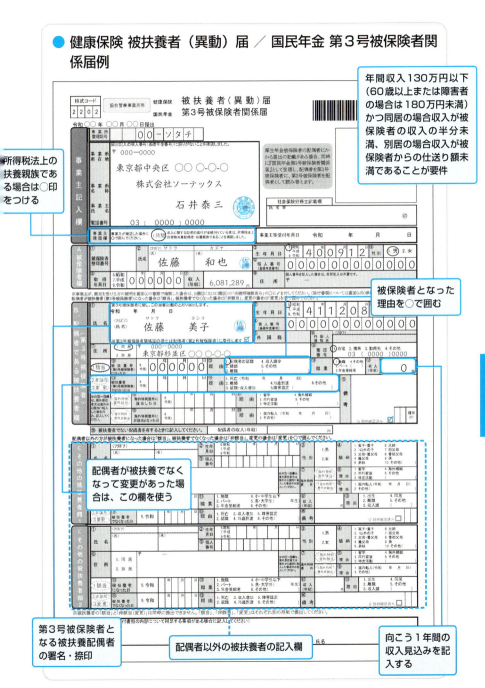

MEMO

索　引

番号

1カ月を超える期間ごとに支払われる賃金.........39
1週間単位の非定型的変形労働時間制........102
24協定..174
36協定..20
60歳以降..158
60歳到達時以後..160
65歳以上..52
70歳以上..256, 268

い

育児休業..78, 79
育児休業給付金..78, 80
育児休業・産前産後休業後の改定................154
育児休業等終了時改定・産前産後休業
　　終了時改定..155
一元適用と二元適用..240
一括徴収..60
一般拠出金..188

え

営業手当..109

か

介護休業..78
介護休業給付金..78
介護保険..148, 166
介護保険料..150
解雇予告手当..47
確定申告..62, 240
課税退職所得金額..65
家族手当......................................39, 73, 109, 110
家族手当変更届..113
寡婦・寡夫..211
完全月給制..82

き

企画業務型裁量労働制..................................106
基準外賃金..36, 109
基準外手当..37
基準内賃金..36, 109
基準内手当..37

基本給..108, 110
休業..50, 74
休業改定..156
休業手当..47, 51
休業特別支給金..76
休業補償..75
休業補償給付..76
休業補償などの災害補償................................47
休憩時間..86
休日残業..126
休日出勤手当..109
休日労働..84, 91, 96
休職..50, 74
給与計算..17
給与計算終了後の作業..................................178
給与計算終了後のチェックシート例............180
給与計算スケジュール..................................192
給与控除項目..146
給与支給項目..108
給与支給明細書.....................18, 19, 149, 184
給与支払報告書..................................172, 236
給与支払報告書（総括表）..............................237
給与所得控除..220
給与所得者異動届出書..............................54, 57
協会けんぽ..148
協定控除..146, 174
銀行口座振込依頼書......................................183
銀行振込..182
勤続年数..64
勤怠..16
勤怠確認..82
勤怠項目..16, 184

く

組合健保..148, 188

け

欠勤..134
欠勤控除..109, 134
決算賞与..24
減給制裁..83

| 減給制裁の制限 47
| 健康保険 148, 188
| 健康保険・厚生年金保険
| 被保険者資格取得届 269
| 健康保険資格取得届 268
| 健康保険資格喪失届 270
| 健康保険氏名変更届 272
| 健康保険被扶養者（異動）届 273
| 健康保険料 23, 148
| 源泉所得税 204
| 源泉所得税額 169, 200
| 源泉徴収票 28, 62, 228, 231
| 源泉徴収簿 26, 27, 28, 184, 216, 218, 230

こ

| コアタイム 102
| 控除項目 16
| 控除対象扶養親族 209
| 厚生年金 148, 188
| 厚生年金と健康保険 166
| 厚生年金保険70歳以上被用者該当・不該当届 ... 166
| 厚生年金保険資格取得届 268
| 厚生年金保険資格喪失届 270
| 厚生年金保険料 23, 148, 150
| 交通費支給ルール例 117
| 公的休業補償 250
| 国民年金第3号被保険者関係届 273
| 固定的賃金 154
| 固定的賃金と非固定的賃金 36
| 固定的手当 108
| 子ども・子育て拠出金 150
| 雇用保険 268
| 雇用保険資格取得届 268
| 雇用保険資格喪失届 270
| 雇用保険被保険者資格取得届 269
| 雇用保険離職証明書 270, 271
| 雇用保険料 22, 23, 58, 164, 166, 188

さ

| 財形貯蓄 174
| 最低賃金法 20, 33
| 最低保証額 46
| 裁量労働 104, 106
| 差引課税給与所得金額 222, 225
| 残業 94
| 産前産後休業 79

| 産前産後休業・育児休業開始・
| 終了時の保険料の扱い 156
| 算定基礎 39
| 算定基礎額 47
| 算定基礎届 259
| 算定基礎届総括表 257
| 算定事例 255
| 算定対象月 251

し

| 時間外手当 109
| 時間外手当の割増賃金 119
| 時間外労働 94, 108, 126
| 時間外労働時間 118
| 時間単価 118, 120
| 時間単価（算定基礎額） 127
| 時季指定権 88
| 時季変更権 88
| 時給 130
| 支給項目 16
| 支給方法 182
| 事業所業態分類票 261
| 子女教育手当 39
| 地震保険料控除 214
| 自宅待機 84
| 市町村民税 54
| 児童手当 72
| 支払基礎日数 251, 252
| 支払届 262
| 支払日 40
| 締め日 40
| 社会保険 52, 268
| 社会保険加入要件 52
| 社会保険の算定 248
| 社会保険料 186, 214
| 従業員情報の確認のチェックシート例 80, 144
| 就業規則 21, 100
| 住所変更 50, 70
| 住宅借入金等特別控除 214
| 住宅借入金等特別控除申告書 26, 215
| 住宅手当 39, 109
| 住民税 23, 54, 172, 186, 246
| 住民税額 22
| 住民税控除 200
| 住民税納付 187

出勤日数 84
出産手当金 76, 79
昇給 110
傷病手当金 74, 77
傷病手当金支給額 74
賞与 24
賞与計算 16, 194, 262
賞与計算チェックリスト 263
賞与支給明細書 195
賞与に対する社会保険料控除 199
所定休日 90
所定労働時間 94
所定労働日数 84
所得控除額 223
所得税 22, 23, 73, 168, 186
所得税納付 187
新卒者 54
深夜勤務手当 109
深夜残業 126
深夜労働 96

す

随時改定 154, 162

せ

精皆勤手当 109
税額通知書 172
生命保険料控除 214
専門業務型裁量労働制 106

そ

早退 134

た

代休 85, 90, 92
退職 50
退職金 64
退職金支給明細書 66, 69
退職金の源泉徴収票 66, 69
退職所得申告書 30, 67
退職所得税額 65

ち

地域別最低賃金 35
遅刻 134
遅早控除 109
中途入社 30
賃金支払いの5原則 20, 33
賃金体系 37
賃金台帳 42, 43, 184

つ

通勤災害 76
通勤手当 39, 109, 114

て

定時決定とは 248
定年同日得喪 254

と

同日得喪 158, 162, 254
特別休暇 84
特別徴収 54, 60, 173
特別徴収税額決定通知書 247
特別徴収税額通知書 186
特別徴収納入書 247
特別徴収への切替申請書 57
都道府県民税 54

に

日給 130
日給月給制 82
入社 50
入社・退職時 140

ね

年間所定労働日数 118
年金 64
年金事務所 202
年金受給者 212
年次有給休暇 86
年次有給休暇の賃金 47
年俸制 130, 132
年末調整 16, 26, 29, 62, 206, 208, 264
年末調整の計算プロセスの
　フローチャート 217

の

ノーワーク・ノーペイの原則 82

は

パートタイマー	130
配偶者特別控除申告書	26, 212
配偶者の扶養判断基準	112
端数処理	122, 152
パパ・ママ育休プラス制度	78
半日有休	142

ひ

非課税通勤手当	200
被保険者賞与支払届	202, 203
被保険者賞与支払届総括表	203
標準賞与額	24, 196
標準報酬月額	22, 148, 161, 248, 250

ふ

歩合給	130, 132
不就労控除	134
不就労項目	18
普通残業	126
普通徴収	54, 60
普通徴収・一括徴収の給与所得者異動届出書	61
扶養異動届	272
扶養家族	72
扶養控除等(異動)申告書	26, 170
扶養控除等控除額	223, 224
扶養控除等申告書	28, 208
扶養親族	22, 170
扶養適用条件	113
振替休日	85, 90, 92
振込依頼書	183
フレキシブルタイム	102
フレックスタイム制	102

へ

平均賃金	46
別居手当	39
変形労働時間制	100

ほ

報酬月額	250
法定休日	90
法定休日労働	90
法定控除	146
法定時間外労働	128
法定調書合計表	234, 235
法定労働時間	94
保険者算定	250
保険料控除申告書	26, 214, 228, 232

ま

マイカー・自転車通勤	115
マイナンバー	264

み

みなし労働時間	104

も

申し送りシート	190

や

役職手当	109

ゆ

有給休暇	142

よ

養育期間	157
養育期間特例	156

り

領収済通知書	186
臨時に支払われた賃金	39

ろ

労災	77
労災給付金	77
労災保険の休業補償	74
労使協定	100, 174
労働基準法	21
労働時間	21
労働者名簿	42, 44, 45
労働保険	240
労働保険事業所	240
労働保険申告書	243
労働保険対象者	241
労働保険料	244, 245
労働保険料の納付	242

わ

割増賃金	36, 38, 92, 94, 108, 126
割増賃金の計算	122

・**多田智子**（ただ　ともこ）

特定社会保険労務士。昭和47年生まれ。中外製薬株式会社に勤務後、平成14年8月社会保険労務士登録と同時に独立。コンセルト社会保険労務士事務所設立。平成18年3月法政大学大学院イノベーションマネジメント専攻にてMBA取得。

現在、東京都品川区で多田国際社会保険労務士法人経営の傍ら、上場・中堅企業の就業規則、労務相談をはじめ、海外労務に関するコンサルティング活動を展開。独立した公正中立な立場を取り、大手金融機関などの主催によるセミナーで講演している。

著書／「社長も社員も納得！わが社のオリジナル退職金制度」（同友館）「新ルール対応非正社員雇用の重要ポイント」（中経出版）「最新 知りたいことがパッとわかる 改正労働基準法がすっきりわかる本」「やりたいことがスッキリわかる社会保険・労働保険の届け出と事務手続き」「最新 知りたいことがパッとわかる 年金のしくみと手続きがすっきりわかる本」（いずれもソーテック社）

最新　知りたいことがパッとわかる
給与計算の事務手続き・届け出ができる本

2017年 4月30日　初版第1刷発行
2021年11月20日　初版第7刷発行

著　者	多田智子
発行人	柳澤淳一
編集人	久保田賢二
発行所	株式会社　ソーテック社

　　〒102-0072 東京都千代田区飯田橋4-9-5　スギタビル4F
　　電話：注文専用 03-3262-5320
　　FAX：　　　　 03-3262-5326

印刷所	図書印刷株式会社

本書の全部または一部を、株式会社ソーテック社および著者の承諾を得ずに無断で複写（コピー）することは、著作権法上での例外を除き禁じられています。
製本には十分注意をしておりますが、万一、乱丁・落丁などの不良品がございましたら「販売部」宛にお送りください。送料は小社負担にてお取り替えいたします。

©TOMOKO TADA 2017, Printed in Japan
ISBN978-4-8007-2043-6